박시백의 일제강점사 35년

7

박 시 백 의   일 제 강 점 사

35년

7

1940——1945

해 방 의   여 명

임진왜란이 발발하고 일본군이 파죽지세로 북상해오자 선조는 도성을 버리고 피난길에 올랐다. 평양을 거쳐 의주에 다다른 선조는 압록강을 건너 요동으로 망명하고 싶어 안달하는 모습을 보였다. 그런데 이순신 장군과 의병들의 분전, 그리고 명나라의 원군 파병으로 전세가 뒤바뀌더니 결국 일본군이 물러났다. 제 한 몸살기에 급급한 모습을 보였던 선조는 왕으로서의 권위와 체면을 되살리기 위해 꼼수를 냈다. 일본군을 패퇴시킨 것은 오로지 명나라 군대의 힘이요, 조선의 군대가 한 일은 거의 없다고 임진왜란의 성격을 규정한 것이다. 그 결과 일본군에 맞서 싸운 장수들보다 명나라에 가서 구원병을 요청한 신하들의 공이 더 높아지게 되었다. 선조를 호종해 의주까지 피난했던 신하들이다. 자신을 호종한 신하들의 공이 높아지니 그 중심인 선조 역시 더 이상 부끄러워하지 않게 됐다.

어려서 비슷한 이야기를 들은 적이 있다. 8·15 해방은 오로지 미군의 덕이요, 원자폭탄 덕이지 우리가 한 일은 아무것도 없었다는…. 선조처럼 공식화하지는 않았지만 선조와 비슷한 처지에 놓이게 된 누군가가 그런 이야기를 만들고 널리 퍼뜨린 것이라고 짐작해볼 수 있다.

결론부터 말한다면 일제 강점 35년의 역사는 부단한, 그리고 치열한 항일투쟁의 역사다. 비록 독립을 가져온 결정적 동인이 일본군에 대한 연합군의 승리임을 부정할 순 없지만 그렇다고 우리가 한 일은 아무것도 없다는 식의 설명은 무지 혹은 의도적 왜곡이다. 자학이다. 우리 선조들은 한 세대가 훌쩍 넘는 35년이란 긴 세월 동안 줄기차게 싸웠다. 나라를 되찾기 위해 기꺼이 국경을 넘었고 필요한 곳이라면 어디든 갔다. 삼원보, 룽징, 블라디보스토크, 이르쿠츠크, 모스크바, 베이징, 상하이, 샌프란시스코, 호놀룰루, 워싱턴, 파리…. 총을 들었고, 폭탄을 던졌으며, 대중을 조직하고 각성시켰다. 그 어떤 고난도, 죽음까지도 기꺼이 감수했다. 그들이 있어서 일제 식민지 35년은 단지 치욕의 역사가 아니라 자랑스러움을 간직한 역사가 되었다.

시대의 요구 앞에 고개를 돌리지 않고 응답했던 사람들, 그들의 정신, 그들의 투쟁을 우리는 기억해야 한다. 그것이 모든 것을 내던지고 나라를 위해 싸웠던 선열들에 대한 최소한의 도리이리라. 마찬가지로 우리는 나라를 팔고 민족을 배반한 이들도 기억해야 한다. 일제에 협력한 대가로 그들은 일신의 부귀와 영화를 누렸고 집안을 일으켰다. 나아가 해방 후에도 단죄되지 않고 살아남아 우리 사회의 주류를 형성했다. 그뿐인가, 민족교육인이니 민족언론인이니 현대문학의 거장이니 하는 명예까지 차지했다. 이건 좀 아니지 않나? 독립운동가는 독립운동가로, 친일부역자는 친일부역자로 제 위치에 자리 잡게 해야 한다.

이 책은 일제 경찰의 취조 자료나 재판 기록, 당시의 신문 같은 1차 사료를 연구하여 나온 결과물이 아니라 기존의 연구 성과들을 요약, 배치, 정리하여 만화라는 양식으로 표현한 대중서다. 주로 단행본으로 출간된 책들을 참고로 했고,

《친일인명사전》(친일인명사전편찬위원회)과 독립기념관 한국독립운동정보시스템 자료인 《한국독립운동의 역사》(한국독립운동사편찬위원회) 60권을 기본 텍스트로 삼았다. 그 밖에도 한국민족문화대백과, 우리역사넷을 비롯해 인터넷 자료의 도움을 많이 받았다. 공부도 부족했지만 공부하는 방법도 미숙해 담아내야 할 내용을 제대로 담아냈는지 걱정이 앞선다. 이후 독자 여러분과 전문가들의 지적을 받아가며 오류를 수정하고 부족한 부분을 채워나갈 생각이다.

한상준 대표와 편집자, 디자이너 등 비아북 출판사 관계자 외에도 일선에서 역사 교사로 재직 중이신 차경호, 남동현, 정윤택, 박래훈, 김종민, 박건형, 문인식, 오진욱, 김정현 선생님 등 아홉 분의 선생님들이 본문 교정과 인물 및 연표 정리 등으로 큰 도움을 주셔서 이 책이 나올 수 있었다.

가급적 더 많은 독립운동가들과 친일부역자들을 알려야 한다는 사명감이 책의 내용을 딱딱하게 만든 듯도 싶다. 독자들의 양해를 바라며 부디 이 책이 일제강점 35년사와 그 시대를 살았던 사람들을 바로 알리는 데 작은 보탬이 되었으면 한다.

2017년 12월

《35년》1권을 출간한 지 7년 만에 개정판을 출간한다.《한국독립운동의 역사》,
《친일인명사전》등의 참고문헌과 '독립운동인명사전', '한국역대인물 종합정보시
스템' 등 국가기관에서 제공하는 데이터를 기반으로 최대한 오류를 잡기 위해 노
력하였고, 현직 역사 교사 9명이 편집위원으로 참여해 교정 작업을 진행했지만
가벼운 오탈자부터 인명, 생몰 연대 등에서 몇 가지 오류가 있었다. 그림 고증의
오류 또한 더러 있어 개정판에서 바로잡았다. 아울러 오랫동안 보관하고 읽을 수
있도록 파손이 적고 소장가치가 있는 양장본으로 바꿨다.

최근 들어 일제강점사와 관련된 논란들이 뜨겁다. 책임 있는 자리에 있는 이들
이 공공연히 일제강점사를 긍정하거나 사상의 덧칠을 하여 독립운동가들을 폄훼
하는 일들이 벌어지고 있다. 후손으로서 바른 역사 인식이 어느 때보다도 중요하
게 부각되는 오늘, 이 책이 작은 도움이 되기를 바란다.

2024년 9월

7 | 1940 — 1945
해 방 의 여 명

陳光華同志

소련의 스탈린그라드전투 승리

제2차 세계대전 중 독일에게 패배를 안겨 전세를 바꾼 전투였다.
독소불가침조약을 깨고 소련의 영토로 진격했던 독일군은
스탈린그라드에서 6개월에 걸친 공방 끝에 결국 패배했다.
시가전 형태로 전개된 스탈린그라드전투는 민간인까지 합쳐
200만 명 이상의 사상자를 냈고 인류사에 가장 참혹한
전투로 남았다.

볼고그라드

히로시마

히로시마, 나가사키 원자폭탄 투하

미국은 태평양전쟁에서 일본에게 승기를 잡고
일본 본토까지 공습했다. 미국, 영국, 소련 등은
포츠담선언을 통해 일본의 무조건 항복을
요구했지만 일본은 거부했고, 이에 미국은
당시 막 개발을 마친 원자폭탄의 사용을 결정했다.
8월 6일 히로시마, 8월 9일 나가사키에
원자폭탄이 사상 최초 인류를 대상으로 투하됐다.

프롤로그

1940년대 후반,
세계는

하와이

진주만 공격

일본이 미국 하와이에 위치한 진주만의 미 태평양함대를
기습 공격해 태평양전쟁의 시작을 알렸다. 미국은 즉각
일본에 선전포고를 하면서 세계대전에 참여했고
미드웨이해전 승리를 기점으로 태평양전쟁의 판도를
바꿔놓았다.

| 1943 | 광복군, 영국군과 연합작전
카이로선언 | 1944 | 조선건국동맹 결성
노르망디상륙작전 | 1945 | 8·15 해방
제2차 세계대전 종전 |

일러두기

❖ 대사의 경우 현장감을 살리기 위해 외래어표기법이나 표준어에서 예외적으로 표기된 경우가 있다.

❖ 연도의 경우 대부분 《한국독립운동의 역사》(한국독립운동사편찬위원회) 제60권 《한국독립운동사 연표》를 기준으로 표기했다.

독일의 침공 가능성을 알리는 정보가 속속 들어오고

독일군이 국경지대에 몰려들고 있습니다.

독일군 비행기의 정찰 활동이 빈번해졌습니다.

독일군이…

처칠도 경고했지만

히틀러의 다음 목표는 소련이오. 곧 행동에 들어가리라는 것이 우리의 판단이오.

스탈린은 믿지 않았다.

독일과 우리를 이간하려는 술책.

ㅋㅋ 이간책이라 믿게끔 우리가 역정보를 좀 흘렸지.

1941년 6월 22일, 독일군이 소련 국경선을 넘었다.

잠에 빠져 있던 소련군을 향해 독일군의 공습이 가해졌다.

콰 쾅

개전 첫날에 떠보지도 못한 전투기 1,200대가 파괴되었다.

대비가 안 된 소련군을
독일군은 일방적으로 밀어붙였다.

초기 몇 달 사이 북부집단군은 레닌그라드를 포위하고
중부집단군은 모스크바 100킬로미터 앞까지 진격했으며
남부집단군은 키예프를 점령했다.

사실 독일과 비교했을 때 소련은 전력 면에서 결코 밀리지 않았다.

우선 두 차례에 걸친
경제발전 5개년계획으로
독일을 능가하는
공업생산력을 이룩했고,

특히나 중공업 우선주의
전략에 기반해
탱크, 비행기의 보유 대수도
더 많았을 뿐 아니라
성능도 빠지지 않았죠.

호!
그러셔

그리고 인구도
우리가 더 많아서
그만큼 병력 수도
우위였고요.

그러나 1937년과 1938년의
대숙청으로 우수한 장교들이
제거돼 효과적인 작전 수행이
어려웠다.

사령관 동지
어떻게 할까요?

마……
막아야지.

어떻게
막을까요?

잘……

이에 반해 독일군은
제1차 세계대전에 대한 연구 끝에
현대전에 걸맞은 전술을 개발했고
실제 전투를 통해 경험을 쌓은
정예의 군대였다.

쿠르르르----

개전 5개월 사이
소련군이 입은 피해는
독일군의 피해를 훨씬 능가했다.

독일군 사상자
70만

소련군 사상자
210만

포로도 우리가
훨씬 많이
잡았지.
수틀리면 마구
죽여버리고
ㅋㅋ

그러나 가을장마와

질퍽 질퍽

뒤이은 혹한의 겨울은 독일군에게 불리하게 작용했다.

스탈린은 지하철역에서
당대회를 열고 조국을 위한
항전을 호소했다.

침략자 나치독일로부터
우리의 사회주의 조국을
목숨으로 지켜내자!

독일군이 점령지에서 보인
잔혹한 행태들은

소련인들로 하여 스탈린의 호소에
뜨겁게 호응하도록 해주었다.

조국을 지키자

손실된 병력은 새로 징집된 이들로 메워졌고

여자, 아이 들까지 나서서 참호를 파고 전쟁에 협력했다.

독일군 점령지에선 파르티잔이 조직되어 적잖이 독일군을 괴롭혔다.

그리고 동쪽의 위협인 일본의 움직임에 대한 확실한 정보가 전해지면서

일본은 남방 진출을 사실상 확정지었음. 동부는 안심해도 됨.

음

대규모의 극동군을 서부전선으로 이동시킬 수 있었다.

이에 힘입어 모스크바를 둘러싼 공방전에서 마침내 소련군이 독일군을 100킬로미터 이상 서쪽으로 밀어냈다.

어떻게 된 거야? 곧 항복할 줄 알았는데 점점 더 세지잖아.

아직도 병력이 저렇게 남아 있었어?

시가전 양상으로 전개된 스탈린그라드전투는

양측 합쳐 200여 만 명의 사상자가
발생했을 정도로 치열했는데,

결국 독일군이 궤멸적 타격을 입고
항복했다.

레닌그라드는 포위된 채 3년에 걸쳐 방어전을 폈고

마침내 독일군을 패퇴시켰다.

이제 전 전선에 걸친 소련군의 반격이 시작되었다.

일본은 진작부터 동남아 쪽의 자원에 눈독을 들여왔다.

꿀꺽

영국, 프랑스, 네덜란드가 그 동안 이 일대를 식민지로 지배해 왔는데

독일의 침공에 지금 다들 허우적거리고 있지.

야긴 즉 이쪽까지 전력을 다해 지켜낼 여력이 없을 거란 거지.

우리가 먹자!

1941년 4월 일본은 소련과 중립조약을 체결했다.

두 나라는 서로 평화, 우호관계를 유지하고 각자의 영토보전, 불가침을 존중한다.

독일의 제안에 잠시 고민했지만

소련을 협공하자. 소련을 치는 건 당신들의 오랜 숙원이잖아.

그렇긴 한데...

어전회의를 통해 다음의 방침을 세웠다.

1. 일본은 당분간 소련 공격에 참가하지 않는다.
2. 미국의 참전을 적극 저지하지만 미국 참전 시 삼국동맹에 기초해 행동한다.
3. 인도차이나 전역의 지배를 확보하고 남방 진출을 계속한다.

이에 따라 프랑스 비시정권과 교섭해 공동 방어 형식으로 인도차이나 진주를 전개했다.

미국이 날카롭게 반응했다.

미국 내 모든 일본 자산을 동결한다!

석유 등 전략자산의 일본 수출 금지!

일본에서 수입하는 석유의 80%가 미국산이었지요.

미국의 조치는 일본에게 중대한 타격이 되는 것이어서 미국과의 전쟁 준비에 박차를 가하는 동시에

다른 한편으론 교섭에 나섰는데 미국의 입장은 단호했다.

다 필요없고 우리의 조치를 되돌리려면 중국과 인도차이나에서 완전 철군하는 것 외에 다른 길이 없어.

결국 교섭론자들이 퇴각하고 주전론자인 육군 대신 도조 히데키가 총리를 겸하게 됐다.

1941년 12월 1일, 어전회의는 미국과의 전쟁을 결정했다.

戰爭!

개전을 책임지게 된 이는
해군 제독
야마모토 이소로쿠.

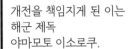

거함거포주의가 주류였던 당시
해군항공대를 육성하고

항공모함에 기반을 두는 항공전을 구현한 인물.

그런데 그는
하버드대학에서 경제학을 공부한 이로
미국의 생산력과 힘을 잘 알았다.

미국의 공업생산력은
우리 일본의 열배.
미국과 전쟁하면
100% 진다.

그래도 해야만 한다면
하와이의 태평양함대를
기습해야 하오.

끄덕

주전론자들도 미국과의 장기전은 어려우리란 걸
알았다. 그들이 내건 전략은 이런 것이었다.

초기 기습으로
승리해서 미국을
평화협상으로
끌어내야.

아시아에서의
우리의 헤게모니를
인정하도록
만드는 거지.

청일전쟁
러일전쟁처럼!

35쪽

유럽에서 대전이 벌어졌지만 미국은 그동안 직접 참전은 피하고 있었다.

뭐 일단 우리의 전쟁은 아니니까.

다만 무기대여법을 통해 영국과 소련 등에 무기를 무료 대여하면서 추축국에 대한 반대 입장은 분명히 해왔다.

일본과 싸우는 장제스 정부에도 무기와 1억 달러의 차관을 제공했지.

일본의 움직임도 예의 주시했고,

우릴 주적으로 상정하고 있는 데다 호시탐탐 태평양을 노리고 있지.

뭔 짓을 벌일지 몰라.

도발 방지를 위해 1940년 5월 태평양함대를 하와이에 전진 배치했다.

1941년 12월 7일, 태평양함대를 치기 위한 일본의 함대가 북쪽의 먼 길을 돌아 하와이로 접근했다.

하와이

그리고 항공모함에서 폭격기가 발진했다. 진주만의 태평양함대에 대한 폭격이 시작된 것이다.

주력 전함 5척이 격침되고, 200여 대의 전투기가 지상에서 파괴되었으며,
2,000명 가까운 미군이 사망했다.

진주만 공격과 동시에
말라야(현 말레이시아)와 필리핀에 대한
공격이 개시되었다.

초기 5개월 동안 일본군이 거둔 성과는 찬란했다.
싱가포르의 영국 해군기지가 함락되었고,

네덜란드령 동인도(현 인도네시아)를
점령했으며,

맥아더가 이끄는 미 극동군도
필리핀에서 패퇴시켰다.

버마(현 미얀마)에서도 영국군을 패퇴시켜 중국으로의 보급로를 끊어버렸다. 괌섬, 뉴기니, 솔로몬제도가 차례로 일본군에 점령되었다.

이오섬
마리아나제도
괌섬
마셜제도
솔로몬제도

일본은 이 전쟁을 대동아전쟁이라 부르며 승리에 들떴다.

영미제국주의로부터 아시아를 해방하고 대동아공영권을 건설하기 위한 성스러운 전쟁!

그런데 미국의 대응은 일본의 예상을 완전히 빗나갔다. 미국은 즉각 대일 선전포고를 했고,

협상따윈 없어!

일본이 항복할 때까지 전쟁이닷!

미국의 막강한 경제력은 전시 체제로 전환되었다.

무기와 군수품이 급속도로 대량생산되었다.

반전이 있기까지는 오랜 시간이 걸리지 않았다. 미국은 일본의 암호를 해독해 미드웨이 공격 계획을 찾아냈다.

역정보를 흘려 알아냈지.

AF가 미드웨이라는 걸.

항모 4척과 함정 165척을 동원한 대규모 작전이었지만

움직임이 읽혔고 철저히 대비한 미군에게 대패했다. (미드웨이전투, 1942년 6월)

항모 4척이 다 침몰하고

200기가 넘는 전투기와 숙련된 조종사들을 잃었지.

이어진 연합군의 첫 대공세인 과달카날전투도 6개월에 걸친 공방전 끝에 일본군의 패배로 끝났다.

일본군은 여전히 강했지만 보급품에서 상대가 되지 않았고 무기의 차이도 점점 커져만 갔다.

우린 굶고 전염병으로 죽어가고 장비도 시원찮은데 쟤넨 보급품이 넘쳐나네.

비행기, 탱크도 무슨 소총 만들어내듯 생산하는 모양이고, 완전 귀족군대구만.

1943년 1월 모로코의 카사블랑카에서 처칠과 루스벨트는 만나 이렇게 결정했다.

이 전쟁의 종결은 축축국의 무조건 항복으로!

이때까지 독일군은 소련 홀로 담당하고 있었다.

헤이! 쳐칠! 루스벨트! 상륙작전을 펼친다더니 왜 이리 꾸물대?

우리가 독자적으로 전세를 역전시켜 나치군을 서쪽으로 물아내고 있지만 피해가 너무 크다고 ~

연합군의 대규모 상륙작전은 1944년 6월에야 이루어졌다. 노르망디상륙작전이다.

동부전선에서 소련군은 거침없이 독일군을 밀어붙여 전세를 결정적으로 바꿔놓았다.

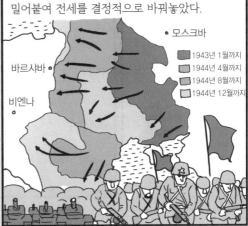

● 모스크바

■ 1943년 1월까지
■ 1944년 4월까지
■ 1944년 8월까지
■ 1944년 12월까지

독일군은 이제 양쪽에서 협공을 받아 후퇴를 거듭해야 했다.

이윽고 소련군이 베를린으로 들어오고 연합군도 독일 역내로 진입했다.

최후까지 싸울 것을 주문하던 히틀러는

후퇴하지마!
죽더라도
거기서 죽어!

소련군이 벙커 가까이 진격해오자

쾅 쾅 탕 탕!

오랫동안 연인이었던 에바와 비밀결혼식을 올린 뒤

이튿날 동반 자살했다.
1945년 4월 30일의
일이다.

둘의 시신은 사전 명령에 따라
부하들에 의해 불태워졌다.

벙커를 접수해보니
재와 뼛조각만

전쟁을 일으켜 유럽을
온통 전쟁터로 만들고

소련을 침공해
수백만 명의 병사와

1,000만 명이 넘는 민간인을
죽게 했다.

아우슈비츠 수용소를 만들어 수백만(최소 100만 이상) 명의 유대인, 정치범, 소련군 포로를 학살했다.

독일군 수뇌부는 1945년 5월 7일, 연합군을 상대로 항복문서에 서명했다.

다음 날인 5.8엔 베를린으로 가서 소련군이 내민 항복문서에 서명했지.

나? 독일국방군 최고사령부 총장 빌헬름 카이텔.

이후 전범으로 교수형에 처해집니다.

이에 앞서 무솔리니는 1943년 7월 연합군이 시칠리아섬에 상륙하면서 실각, 구금되었다.

여기저기로 옮겨 구금되다가 마지막엔 중부 산악지대의 한 호텔에

히틀러가 보낸 독일군 특공대에 의해 구출되고

나치 독일의 괴뢰정부인 망명정부를 세웠다.

독일에 양도

지배 권역

어제까진 동맹이었으나 이제는 단지 내 따까리 ♪

그러나 독일군의 패색이 짙어지자 국외 탈출을 기도했는데

반파시스트 파르티잔에게 붙잡혀 총살되었다(1945년 4월 28일).

무솔리니와 그의 연인 클라라 페타치의 시신은 밀라노의 로레토 광장에 거꾸로 매달렸다.

무솔리니 클라라

이제 추축국 중 남은 것은 일본뿐.

있는 대로 끌어모아 병력은 크게 늘렸지만

병력 규모의 변화

연도	사단 수	병력수(만)	지역별 사단 수					
			본토	조선	만주	중국	남방	대만등
1937	24	95	1	1	6	16	·	·
1940	49	135	9	2	11	27	·	·
1941	51	210	4	2	13	22	10	·
1943	70	290	6	2	15	24	23	
1944	99	420	14	0	9	25	43	8
1945	169	547	58	7	25	26	44	9

생산력의 차이가 어떻게 전력의 차이로 나타나는지 보여준다.

미국과 일본의 항공모함, 함재기 보유 수

연도	항공모함		함재기	
	미국	일본	미국	일본
1941	9	10	618	573
1942	16	10	670	376
1943	54	12	2,112	434
1944	89	6	3,513	226
1945	98	6	3,999	226

그래도 우리에겐 대체불가한 정신력이 있다.!!

가미카제 특공대가 만들어지고

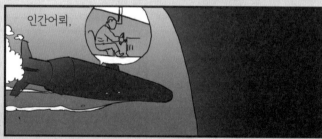

인간어뢰,

옥쇄 전술이 채택된다.

으아아아아

천황폐하 만세—

그러나 일본은 연전연패했다.
1944년 6월 사이판에서 지고

10월엔 필리핀에서 패했으며

1945년 2월에는 이오섬에서 패했다.

이어 본토가 코앞인 오키나와에서도
대패했다.

일본군 12만, 미군이 주도하는 연합군 18만이
80일 넘게 벌인 일대 격전이었다.

피해 규모도 컸다. 미군 전사자 1만 4,000명,
일본군 전사자 7만 7,000명.

우리 측 파해가
훨씬 적긴했지만
이정도라면
일본 본토 상륙시엔
수십 만의 희생이
불보듯 …

아무래도 그걸
써야할 듯.

그리고 민간인 희생자가 15만 명에
이르렀다. 폭격으로 인한 희생도 컸지만

세뇌된 민간인들이

짐승같은 미군놈들의 능욕을 받으며 벌레같이 살바엔

깨끗이 죽어 존엄을 지키자!

집단 자결을 택했기 때문이다.

탕 타타탕

1945년 7월 17일, 처칠, 스탈린, 트루먼이 독일의 포츠담에 모여 포츠담선언을 발표했다.

한마디로, 일본은 무조건 항복하라!

미군 폭격기에 의한 도쿄 공습이 연일 이어져 도시가 불타고 사람들이 죽어갔다.

그래도 일본은 항복을 거부했다.

1억 총옥쇄! 끝까지 싸운다!

이때 미국은 실험에 성공해 원자폭탄 2개를 갖고 있었다. 에놀라-게이라는 애칭을 가진 미 B-29기 전폭기가 히로시마 상공에 폭탄 한 개를 떨어뜨렸다.

내 이름은 리틀보이!

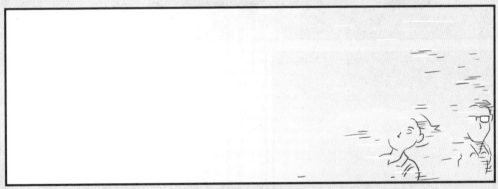

반경 1.6킬로미터 이내 모든 것이 파괴되고 히로시마 인구 24만 5,000 중에서 당일에만 10만이 죽었다.

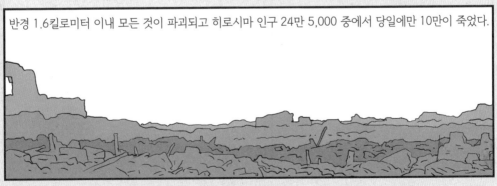

일본은 그래도 항복을 피하고 소련을 중재자로 하여 협상을 하고 싶어 했다.

일찍이 독일 항복 후 3개월 내에 참전하겠다고 공언한 스탈린은 이미 대규모 병력을 극동으로 이동시켰고

일본의 희망과 달리 1945년 8월 8일, 대일 선전포고로 응했다.

직후 나가사키에 두 번째 원자폭탄 '팻맨'이 투하되었다.

2개의 원자폭탄으로 희생된 사람은 1945년 말까지만 해도 21만 명에 이른다.

그리고 이때 희생된 조선인도 4~5만 명으로 추산된다.

소련군은 관동군을 격파하면서 물밀듯이
만주로 밀려들었다.

나가사키에 원폭이 투하된 날 어전회의에서는
항복 여부를 두고 격론이 벌어졌다.
항복 3, 결사항전 3.

천황이 항복 쪽 손을
들어주었다.

황실의 안녕과
지위가 보장된다면
전쟁을 끝내는 것도
…

일본 정부는 연합군에 요구했다.

천황폐하의 특권을
손상시키지 않는다면
연합국의 조건을
받아들이겠소.

미국이 답했다.

천황이 연합군총사령관의
권위에 복종하겠다면!

8월 14일, 일본이 조건 수락을 연합군 측에 알리고
8월 15일, 히로히토 천황이 항복선언으로 알려진
이른바 '옥음 방송'을 내보냈다.

짐은 깊이 세계의 대세와
제국의 현상에 비추어보아
비상한 조치로써 시국을
수습하고자 하여
이에 충량한 그대들 신민에게
고하노라.

수요집회

1992년부터 매주 수요일 일본대사관 앞에서
일본군 '위안부'로 끌려가 피해를 당한 할머니들에게
일본 정부의 공식 사과를 요구하는 집회가 열리고 있다.
2011년 12월 14일 1,000번째 집회가 열렸고,
'위안부' 소녀를 형상화한 '평화의 소녀상'이
일본대사관 앞에 세워졌다.

서울

미치나

버마의 조선인 '위안부'

버마에서 미국군과 중국군이 일본군을 쫓아낸 뒤
현지에 있던 일본군 '위안부'와 찍은 사진이다(1944년).
당시 버마에만 약 27개의 위안소가 있었으며
대부분의 '위안부'가 조선인으로 추정된다.

제1장

발악하는 제국

전쟁이 격화되면서 식민지 조선도 국민정신총동원연맹을 해체하고
국민총력조선연맹을 조직하는 등 본격적인 총력전 체제에 들어간다.
총독부는 대대적인 물자 통제에 나서고, 배급제와 공출제를 시행한다.
인적 수탈도 강화하여 징병제, 징용제, 심지어 일본군 '위안부'까지 운용하며
야만적인 면모를 유감없이 드러낸다.

마셜제도

미군에 구조된 강제징용자들

일본의 강제징용으로 마셜제도에 끌려간 한국인 노동자들은
태평양전쟁 시기 가혹한 노동과 학대, 굶주림에 시달리다
반란을 일으켰으나, 중무장한 일본군에 학살당했다.
소수의 생존자들이 미 해군에 구조됐다.

	광복군, 영국군과 연합작전		조선건국동맹 결성		8·15 해방
1943	카이로선언	**1944**	노르망디상륙작전	**1945**	제2차 세계대전 종전

총력전 체제로

중일전쟁을 일으킨 고노에 후미마로가 총리에 올랐다(1940년 7월).

진작부터 독일이나 소련 같은 일당독재 체제를 연구해온 그는 출범하자마자 기본 국책 요강을 결정지었다.

… 우선 황국의 핵심으로서 일만지의 강고한 결합을 근간으로 하는 대동아의 신질서를 건설하는 데 있으며 … 황국의 외교는 대동아 신질서의 건설을 근간으로 하여 우선 그 중심을 지나사변의 완수에 두고…

다음 날엔 군부, 내각이 합동회의를 열어 '세계정세 추이에 따른 시국 처리 요강'을 결의했다.

내용인 즉, 독일, 이탈리아와의 결속 강화!

그리고, 남,방,진,출!

모든 정당이 해산되고

1940년 10월 대정익찬회가 조직되었다. 일당 체제가 구축된 것이다.

대정익찬회

대정익찬회는 국민통합 기구로 국민총력운동의 주체이자 유일정당적 정치기구다.

대정익찬회의 실천 요항을 보자.

1. 신도 실천에 정신(挺身)한다.
2. 대동아공영에 협력한다.
3. 익찬 정치 체제 건설에 협력한다.
4. 익찬 경제 체제 건설에 협력한다.
5. 문화 체제 건설에 협력한다.
6. 생활 신체제 건설에 협력한다.

본격적인 전시체제, 총력전 체제의 시작이다!

총독부도 즉각 호응했다.

본토의 신체제운동과 국민총력운동을 조선에서도!

다만, 대정익찬회라 하면 말도 어렵고 어딘가 정당운동 느낌도 나서 조선엔 안 맞아.

1940년 10월 총독부는 '조선국민조직신체제요강'을 발표했다.

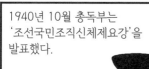

1. 명칭: 국민총력연맹
2. 강령: 국체의 본의에 기초하여 내선일체의 실을 거두고 각각 그 직역에서 멸사봉공의 정성을 바치며 협심육력하여 국방 국가 체제의 완성, 동아 신질서의 건설에 매진할 것을 목적으로 한다.
3. 실천 방책: …
4. 조직
…

이에 따라 국민정신총동원연맹을 해체하고 국민총력조선연맹을 조직하게 된다.

국민총력조선연맹 (총력연맹)

총재는 총독인 내가

중앙에서 지방 말단 행정조직까지 조직되었다.

국민총력조선연맹
|
국민총력도연맹
|
국민총력부군도읍면연맹
|
국민총력정동리부락연맹

부락연맹 산하엔 애국반이 …

정동연맹이 관제민간운동 기구였다면,

총력연맹은 행정조직과 국민운동조직이 일체화된 것!

즉, 완전한 국민동원, 국민통제 조직이지.

명망 있는 인사들은 연일 이런저런 강연회, 좌담회, 궐기대회에 나와 열변을 토했다.

미영격멸대강연회
주최:········ 연사: ○○○, ○

총력연맹 주도의 각종 운동이 조직되고 다양한 행사가 열렸다.

산업전사 증산결의 선양대회 ·····

국어보급 좌담회
주최 : ·······
참여 : ○○○, ○○○, ···

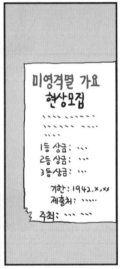

미영격멸 가요 현상모집
······
······
1등 상금: ···
2등 상금: ···
3등 상금: ···
기한 : 1942.×.××
제출처 : ·······
주최 : ···· ···

매달 1일은 애국일로 삼아 모든 애국반에서 반상회를 가졌다.

오늘 반상회의 식순도 개회-궁성요배-묵도-협의, 보고-강화-황국신민서사 제송-폐회 순으로 잔행하겠습니다. 먼저 식순에 따라···

1942년부터는 애국일을 폐지하고 반상회도 매달 10일로 옮겨 개최했지.

애국일을 폐지한 대신 매달 8일을 대조봉대일로 삼아 집집마다 일장기를 게양하게 하고,

8일로 정한 것은 대미대영 선전포고를 한 날이 12월 8일이기 때문이지.

애국일에 하던 행사를 가졌으며

더하여 폐하의 대미대영선전포고 조서 낭독이 있겠습니다.

각급 단위별로 신사참배를 행하게 했다.

매일 아침 라디오나 사이렌 등의 신호에 따라 궁성요배를 행하고

정오엔 정오묵도가 일상적 의무로 자리 잡았다.

각급 학교엔 기존 단체가 해체되고

국민총력학교연맹이 조직되었다.

그렇게 전 조선인이
국민총력조선연맹
일원으로 조직되고
총력연맹의 지휘와
지시에 따라
움직이게 되었다.

착착착

미나미 총독은 총력전 체제를 구축하고
징병제까지 결정되고 나서야 물러났다.

목표 달성,
소원성취!

뒤이은 총독은 고이소 구니아키
(1942년 5월~1944년 7월 재임).

2년여 뒤, 도조 히데키를 이어 총리에 부임하면서 총독에서는 물러나고
총리를 지냈던 아베 노부유키가 새 총독으로 들어왔다.

어서 오세요
아베 총리님.

짝

짝

수고하셨습니다.
고이소 총리님.

짝

마지막 총독이다.

전시 경제, 전시 생활

총력전 체제하에서 총독부는
대대적인 물자 통제에 나섰다.

비상시국이다!
모든 것은
전쟁승리를
위하여!

학생은 국방색 제복을 입게 하고

여성은 '몸뻬'를 입고
일터에 나서게 했다.

남자들은 모두 머리를 깎았고,

보통학교 학생들까지 실습 시간이라는 이름으로
모내기, 김매기 등에 동원되었다.

허리
아퍼~~

잔치를 열지 못하게 하고

여행도 삼가게 하는 등

시국이 어떤 시국인데 여행이야?

각종 규제를 내놓았다.

물자를 절약하고 결혼 예물을 주고받지 말고 묘지를 쓸 때도 허가받도록!

배급제도 확대되었다.

1939년에 이미 못, 철사 등 철물 제품에 대해 배급제를 실시했고

1941년 들어서선 고무, 석탄까지 배급제로.

근데 배급에서도 민족 간 차별이 있었다는 거.

일본인들에겐 쌀을 배급하고 우리에겐 만주의 잡곡이나 안남미를.

설탕, 비누, 치약 등도 일본인에겐 배급한다여?

배급되는 식량이 턱없이 모자라자 식량 도둑이 횡행하고

봄이면 산과 들에 나물을 캐러 나온 사람들이 가득했다.

쌀은 배급제를 기본으로 판매했기에 가격 등이 완전히 통제되었다.

1941년부터 각 도별로 공출량이 할당되고 도는 각 군별로 할당했다.

할당받은 공출량이 채워지기 전까지는 도내 자유거래를 금지한다!

사람들은 공출을 피해 숨길 묘안을 찾아냈고,

관에서는 숨긴 쌀을 찾아내려 혈안이 되었다.

푹

푹

쌀 공출량의 변화를 보자.

연도	1941	1942	1943	1944
공출/생산량	42.8	45.2	55.8	63.9

1943년부터는 강제공출

1943년 8월 총독부는 조선식량관리령을 공포했다.

이제부터는 보리, 밀 등도 관리 대상에 들어간다. 모든 식량은 전쟁 승리를 위하여!

1941년 이후 징용으로 노동력이 빠져나가고

물자부족으로 농기구 공급이 줄어든데다

비료 생산량도 줄면서 곡물 생산량이 감소합니다.

그런데도 공출 배율이 급격히 높아졌다는 건?

농가경제가 완전히 파탄나서 우리가 먹고 살 수가 없게 되었다는 얘기지. 식량이 절대 부족해.

총독부는 광물 생산량 증대와 공출에도 힘을 쏟았다.

전쟁 승리를 위한 물자 공급을 돕자!

금 생산량을 높이기 위한 정책 집행 결과 1942년의 조선 금 생산량이 일본을 능가했다.

조선의 금생산량 24톤
일본의 금 생산량 20톤

그러나 미국의 경제봉쇄령으로 금을 이용한 국제 거래가 힘들어지자

국제 기축통화인 금을 가지고도 전쟁물자를 살수 없다니!

간악한 미국놈들!

1943년에는 무기 생산에 필요한 각종 광물 생산에 진력했다.

캐낼 수 있는건 직접 캐내자!

철광석 생산량도 일본을 앞질렀다.

각종 특수 광물 생산도 급증했다.

마그네사이트, 운모, 흑연은 100%, 형석은 95%, 텅스텐 88%가 조선에서 산출됐지요.

그래도 절대적으로 부족해 1941년 8월에는 금속회수령을 내려 각종 금속류를 공출했다.

철, 동, 알루미늄 등은 다 회수한다!

기념보존물, 절이나 교회의 종, 놋그릇 등등 싹 다 전쟁승리를 위해 바친다. 실시!

중일전쟁부터 권장되어온
저축 장려도

미래도
준비하자!

흥청망청
쓰는 대신
저축해서
애국하고

애국저축

더욱 강력히 추진되었다. 각 도별로 저축 목표액이 할당되고
총력연맹이 앞장서서 독려, 강제했다.

저축의 길이
애국의 길이요
낭비는 매국이다아~

농민들은 쌀을
헐값에 강제공출
당하면서도
대금의 10%는
강제저축을
해야 했지요.

저축 실적은 해마다 목표액을 초과해
달성되었다.

연도	저축목표	저축실적
1938	200	269
1939	300	390
1940	500	576
1941	600	755
1942	900	995
1943	1,200	1,534

단위: 백만 엔

오!
충량한
조센진들!

그렇다면
내년 목표는
과감히 높여서…

1944년에는 23억 저축 돌파 운동이 벌어졌다.

미영격멸을
위한 비행기
증산을 위해!

갖고 있는 현금은 분실,
도난, 화재의 위험이 있으나
저축하면 안전합니다.
통장, 도장을 잃어버려도
찾을 수 있고
적들의 공습에도 걱정없는
저축! 저축합시다~

각종 명목의 국공채도 발행, 강매되었다.

전시저축채권,
대동아전쟁국고채권,
보국채권…

뿌듯…

일제 패망 뒤
휴지 조각이
돼버렸다는…

거 봐요,
그 돈으로 땅을
샀어야지.

징병제, 학도병제

일본 군부는 지원병제를 징병제로 가기 위한 징검다리로 생각했다.

지원병제도 정착되는 거 보면서

1950년 쯤 되면 조선에도 징병제를 실시하자.

그러나 태평양전쟁으로 전선이 크게 늘어나면서

뉴기니전선

기존의 중국전선 외에도

버마전선

말레이전선

그 밖에도 태평양의 섬들 곳곳에 …

일정을 앞당기게 된다.

병력이 부족해. 더 확보해야 하오.

우리 일본인 만으로는 수요를 다 충족시킬 수 없소. 임지 민족을 병력으로 끌어들여야!

1942년 5월, 조선에서의 징병제 실시가 결정된 것이다.

조선인에 대해 징병제를 시행하고 소화 19년(1944)부터 징집할수 있도록 한다!

총독은 그날로 환영 담화를 발표하고

··· 나는 취임 이래 한결같이 이날이 있기를 기대하고 반도 동포의 나아갈 길은 오직 내선일체에 있다는 것을 강하게 창도하여 통치의 진전에 노력해온 바, 이번 획기적으로 좋은 소식을 접하고 그 기쁨 또한 비할 바 없다 ···

집집마다 일장기를 내걸어 환영의 뜻을 표하도록 했다.

총력연맹을 중심으로 한 설명회가 각지에서 열렸고,

징병제가 반도에 실행되게 된 것은 내선일체의 진수를 구현한 것이요,

징병제실시 축하 및 설명회

징병의 의무는 제국 신민에게 부여된 숭고한 의무올시다.

강연회, 반상회, 소책자, 라디오방송 등을 이용한 선전이 뒤따랐다.

징병제를 말

징병제

본국의 결정에 총독부가 호응하는 모양을 취했지만 사실 징병제의 결정은 총독부와 조선군 사령부가 본국과 긴밀히 논의해온 결과였다.

일본군으로 기능하려면 우선 일본어를 쓸 수 있어야 해서 국어 강습을 강화하고 ···

따라서 사전 준비 작업을 해왔던 총독부는 경무국장을 위원장으로 징병제 시행 준비에 본격 착수했다.

먼저 호적 조사에 착수했다.

동시에 조선기류령을 발표해 본적지 이외에 거주하는 자에 대해 기류계를 제출하고 신고토록 했다.

1943년 10월 호적 조사가 마무리되자 징병적령신고를 하도록 했다.

징병 대상 청년들은 즉각 신고토록.

미신고자나 도피자는 추적해 색출, 처벌할 거야.

1944년 각 단위별로 징병검사를 실시했다.

1944년과 1945에 걸쳐 9만 명을 징병하고 해군병, 보충병, 근무병을 포함해 19만 명이 군대로 끌려갔다.

일본 정부와 총독부는 또한 학도지원병제를
실시했다.

이에 따라 총독부도 조선인 학도의
지원 접수를 받고 징병검사를 실시했다.

신문, 라디오, 강연 등을 통해
친일 인사들이 지원 독려 활동에
적극 나섰지만

지원은 저조했다.

결국 협박과 강요가 총동원되었는데
그래도 모집 목표를 달성하지 못했다.

학도지원병은 훈련소를 거치지 않고 바로 입대했다.

강제징용, 위안부

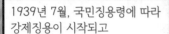

1939년 7월, 국민징용령에 따라 강제징용이 시작되고

노동력이 필요하면 징용명령서를 발부한다. 그걸로 끝~

태평양전쟁 이후 본격화됐다.

전쟁 때문에 많은 노동자들이 전장으로 나가야 했고 전쟁 자원을 위한 노동력은 더 많이 요구되고……

결국 강제징용으로……

1939~45년 징용된 이는 100만 명을 훌쩍 넘었다오.

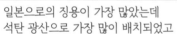

일본으로의 징용이 가장 많았는데 석탄 광산으로 가장 많이 배치되었고

군수공장,

각종 광산, 토건 분야로 보내졌다.

그 밖에도 사할린으로,

태평양의 점령 지역으로 끌려갔다.

막판에는 형무소의 죄수들까지도 끌고 갔다.

감옥보다 훨씬 위험하잖아.

일은 힘들고 위험했으며

대우는 바닥이었다.

툭하면 체벌에,

식사라곤

계약 기간이 강제 연장된 이들은 도주를 택했다.

계약이 종료되는 날만을 기다리며 견뎌왔는데 연장이라니!

붙들리면 죽도록 맞겠지만 남아서 고생을 이어갈 바엔⋯

군무원으로도 15만 명 이상이 징용되었다.

태평양전선까지 끌려가 군사시설 공사, 운수,

포로 감시원 등으로 일했다.

마셜제도의 첼퐁섬과 그 인근은
미 군함으로 포위되어 보급이 끊긴 지
1년이 넘었다.

이 섬에는 일본 군인 148명,
조선인 군속이 184명 있었다.

그런데 조선인들이
하나둘씩 실종되기
시작하더니

무인도에서 허벅지 살이 도려진
시신이 발견되었다.

이 놈들이 그동안 우릴 식량으로 쓰고 있었어.

지난 번 선심쓰듯 나눠준 고기가 ⋯ 이 개××들

인간도 아녀!

조선인 군속들은 반란에 돌입했다.
일본인 7명을 죽이고

탈출에 나섰다.

그러나 중무장한 일본군에 의해 학살당했다.

노동력 징발에는 여자도 예외가 아니었다.
1943년 9월 일본 정부는 여자의 근로 동원을
위한 법을 제정했다.

여자근로동원의 촉진에 관한 건!

땅 땅 땅

조선에서는 '여자정신근로령'으로 법규화되었다.

주요 목적은 징병과 징용으로 부족해진 남성 노동력을 여성 노동력으로 채우자는 거지.

여자정신근로령으로 인해
조혼 바람이 불었다.

14~40세
미혼 여성이
대상이다 보니.

신부는
몇 살?

10살이래.

애기네.

밀양의 열다섯 살 소녀 김복동의 집으로 동네 구장,
반장이 일본인과 찾아왔다.

복동이
어머니.

구장님,
반장님
뭔 일이래요?

정신대에
복동이를 내보내야
되겠습니다.

안 됩니다.
아직 어린 앤데
정신대라뇨?

군복 만드는 일을 하는데
3년만 고생하면
된답니다. 시집갈 밑천도
마련하고요.

반대할 수가 없어서
소녀는 그들을 따라나섰다.

부산으로, 시모노세키로, 타이완으로,
그리고 광둥으로 갔다.

가자마자 성병 검사를 받고

이어 다다른 곳이 위안소였다.

자, 각 방으로 들어간다. 니들 숙소이자 일터다.

악몽 같은 위안부 생활이 시작되었다.

보통 때는 하루 열다섯, 주말에는 훨씬 더 많은 일본군을 상대해야 했다.

홍콩으로 갔다가 싱가포르, 인도네시아, 수마트라로 옮겨 다니면서
전쟁이 끝날 때까지 위안부 생활을 했다.

김복동
(1926~2019)

돈을 벌게 해준다고 속여 데려가고

군복공장? 난 신발공장에서 일할 거라던데.

난 간호사.

헌병이나 경찰을 대동해 강제로 끌고 가기도 했다.

네가 안 가면 느그 엄니 아부지가 잡혀간다.

수많은 소녀들이 중국, 남태평양 등 전선으로 끌려가 죽음의 세월을 살았다.

최전선에 배치되었던 이들 중엔 폭격으로 죽은 이도 상당수에 이른다.

살아서 돌아왔어도 혹여 과거가 드러날세라 숨죽이며 삶 아닌 삶을 살아야 했다.

아니 왜 시집을 안 갔수? 좋은 사람 소개시켜줄까?

아니...

1991년 김학순 할머니를 시작으로 증언이 이어지고 지금껏 싸워오고 있지만 일본 정부는 아직 공식 사과도, 배상도 거부하고 있다.

일본제국은 그렇게 야만스럽지 않고 오히려 합리적이었어. 할머니들의 증언은 믿지 못해. 위안부는 어디까지나 돈벌러 간 자발적 매춘부일 뿐.

이런 사람들도 있다

절약, 저축과 군 위문품 보내기를 선전하는 국민총력조선연맹의 포스터(일부)

창춘

만주국 육군군관학교

만주군관학교는 만주국 육군의 장교를 육성하기 위해
일본군 주도로 1932년 펑톈에서 2년제로 개교하여
제9기까지 모집한 뒤 신징(지금의 창춘)으로 옮겨
4년제로 제7기까지 모집했다. 정일권, 백선엽 등이
펑톈군관학교 출신이고, 박정희는 신징군관학교
제2기 출신이다. 사진은 당시의 신징군관학교.

서울

조선귀족회관

일본은 강제 병합 후 친일 인물들에게 귀족 작위를 줬으며,
일본의 화족회를 모방하여 박영효를 초대 회장으로
조선귀족회를 설립했다. 조선 귀족들은 일본의 편에 서서
각종 단체와 수탈 기구에 참여했고, 집필 활동을 통해
식민통치를 정당화하는 데 중요한 역할을 수행했다.
사진은 농상공부 자리에 들어선 조선귀족회관으로
현재 을지로2가에 위치했다.

제2장

친일 대합창 1

만주침공과 중일전쟁의 승리 이후 많은 사람이 친일로 전향한다.
특히 태평양전쟁 초기의 승전보로 황국신민화는 더더욱 큰 힘을 받고,
친일파들은 전쟁 협력과 내선일체를 선전하는 일에 적극적으로 나선다.

일본 육군사관학교

군국주의 일본이 육군 장교를 육성하기 위해
만들었다. 만주군관학교와 더불어
일제강점기에 이 학교를 졸업한 한국인들은
광복 후 국군의 창설에 중요한 역할을 했고,
이후 한국 현대사에 많은 영향을 끼쳤다.

도쿄

1943		1944		1945	
	광복군, 영국군과 연합작전		조선건국동맹 결성		8·15 해방
	카이로선언		노르망디상륙작전		제2차 세계대전 종전

친일파들의 인식과 주요 친일 단체들

만주침공과 중일전쟁의 승승장구에
많은 이들은 경탄했다.

이로부터 많은 공산주의자, 민족주의자가
전향했다.

중일전쟁의 장기화에
약간의 의구심도
들었지만

태평양전쟁과 연이어 들려오는 승전보는 확신을
더욱 깊게 심어주었다.

친일파들은 더 빠른
황국신민화를 원했다.

몇몇 이데올로그들의 정세 인식을 보자.

1920년대 이전엔 다수의 국가가 난립하여 대립하던 국제관계가 기본이었다면 1930년을 계기로 여러 국가가 블록을 구성하는 경향이 필연적 흐름이다.

소련블록, 아메리카블록, 유럽블록, 동아블록이 구성중인데 이 중 소련블록은 완성됐고 나머지는 진행중이다.

일본제국 주도의 동아블록을 완성하기 위해선 아시아의 물질적 생산력의 증대와 여러 민족의 간고한 결합이 필수불가결한 요소.

현영섭

유럽에선 독일과 이탈리아가 중심이 되는 유럽 권역과 소련 중심의 소련 권역이 성립될 것이고 미주에선 남북미를 통일한 미주권역이, 아시아에선 일본제국이 주도하는 동아의 신질서가 확립될 것이다.

인정식

세계는 구주블록, 아시아블록, 미주블록으로 재편될 것이다. 신동아를 건설하고 아시아에서 공산주의와의 싸움에 승리한 뒤 앵글로색슨의 지배로부터 다수의 피압박민족을 구제한 다음 아시아의 부흥을 완성해야 한다.

김두정

저마다 식견을 뽐내고 있지만 만주사변을 일으킨 이시와라 간지 주장의 작은 변형들.

4대 블록이 형성되고 블록간 준결승전을 거쳐 승자인 일본과 미국 간의 최종전쟁이 벌어진다. 일본이 최종적으로 승리해 진정한 세계평화가 이룩되리라.

바로 일본 군부와 우익의 시각이다.

결국 세계정복! ㅋㅋㅋ

그리고 연이은 일본의 승리에 이들 친일 인사들은 그 시각이 옳다고 확신하기에 이른 것이다.

영국도 미국도 다 제압하는 상황이니 일본 주도의 세계통일이 꿈만은 아닌듯.

이광수는 말한다.

중일전쟁은 세계사에 신기원을 연 대사건이다. 아시아의 장래 운명과 일본의 국가적 의도 및 정신을 보여준다.

중일전을 전환점으로 아시아는 구시대가 무너지고 중국을 비롯해 인도차이나, 남양군도를 포함한 대동아공영권이 건설되고 있다.

일본이 대동아전쟁을 일으킨 목적은 미국과 영국의 악마주의에 의해 유린된 아시아 민중을 구하고 아시아의 정신적 전통에 기반해 도의적 평화세계를 세우기 위한 것이다.

윤치호는 일찍이 미국에서 유학하며 인종차별을 당했던 기억이 있다.

히틀러의 유럽 침공은 앵글로색슨족의 오만을 꺾은 훌륭한 일이며 러시아 침공도 인류역사상 미증유의 천벌이랄 수 있는 볼셰비즘에 대해 치명적 타격을 가하는 일이다.

대동아전쟁은 황인종 대 백인종의 진정한 인종간 전쟁으로 인류 역사상 가장 위대한 전쟁이며, 일본이 앵글로색슨의 민족적 편견과 민족적 오만, 국가적 침략으로부터 유색인종을 해방시키는 데 성공하길 기원한다.

친일파들은 전쟁 협력과 내선일체를 선전하는 일에
적극 나섰다. 각종 행사와 강연회에 나서서 연설했고

내선일체 완성 / 총력 체제 / 영미귀축타도

신문이나 잡지 등을 통해
신체제운동을 찬양하고
황민화를 설파했다.

시국과 우리의 임무
내선일체의 전쟁협력의 깃발 아래
김△△

핵심 내용은 대부분 이런 것.

내선일체의 요구에 걸맞게
진정한 황국신민이 되기 위해
실천해야 한다.
전쟁협력이야말로
진정한 내선일체를 실현하기 위한
조선인의 의무!

총력연맹 외 이 시기
친일 단체들을 살펴보자.

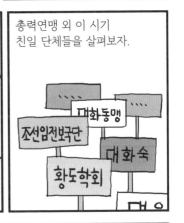

대화동맹
조선임전보국단
대화숙
황도학회
대○

황도학회는 내선일체의 완성을 목표로 하는
황도사상을 교육, 선전하기 위한 조직.

황도학회

발기인 대표
이광수

황도정신을 체득해야
황국신민이 될 수 있는
것이지.

회장
신봉조

대화숙은 전향한 사상범들의 단체.

대화숙

시국대응전선사상
보국연맹'이 해소되고
재조직된 것이라네.

사상범들 선도 외에도
황도정신수련도장 건립 등
황도정신 보급과
일본어 보급에 힘썼지.

1941년 8월에는 임전대책협의회,

임전대책협의회

공출 철저, 전시봉공 등을 위해!

주도자
소설가 김동환

흥아보국단이 결성되는데

흥아보국단

황국정신 선양, 시국인식의 철저를 기하기 위해!

주도자
윤치호

동일한 목적을 가진 단체여서 통합하기로 하고 조선임전보국단이 만들어졌다.

조선임전보국단

미영타도를 위한 대강연회, 결전부인대회 등을 개최하고 군수자재헌납운동 등을 전개했지.

단장
최린

고문 윤치호, 박중양, 한상룡 등

대의당은 1945년 6월 박춘금이 조직한 전쟁 협력 단체.

대의당

대화동맹 역시 유사한 전쟁 협력 단체로 대의당의 자매 단체.

대화동맹

위원장
윤치호

이사
박춘금, 이광수 등

그 밖에도 국민동원총진회, 조선언론보국회 등이 있다.

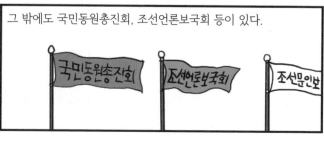

국민동원총진회   조선언론보국회   조선문인보

귀족들

민영휘는 자작 작위를 받았고 조선귀족회 부회장을 역임했다.

대동사문회 회장, 조선교육회 부회장을 역임했고 아, 휘문의숙의 설립자이기도.

귀족들 중 가장 부유한 사람이기도 하다.

조선 부자들 중 다섯 손가락 안에 들었지.

병합 이전에 엄청 해먹은 결과라고나 할까ㅎㅎ

그가 죽자 양아들인 민형식이 작위를 잇고 중추원 참의도 되었지만 민형식은 의외로 친일 활동과는 떨어져 있던 인물.

을사조약 당시 나철 등이 주도한 을사오적암살 미수 사건에 자금을 제공한 혐의로 유배된 바 있고,

신민회 회원이었으며, 무정부주의자들에게 자금을 제공한 혐의도 받았죠.

측실의 자식인 민대식, 민규식은 아비를 닮아 치부에 수완이 좋았다.

민대식은 조선 실업계의 거물로 동민회 평의원, 선만척식주식회사 설립위원, 조선유도연합회 평의원 등을 역임했다.

거액의 국방헌금도 냈지. 뭐 나 정도 되는 부와 지위를 갖고 있다면 그 정도는 당연한 거야.

민규식은 케임브리지대 경제학과를 나왔고, 동민회 평의원,
국민총력조선연맹 평의원, 조흥은행 설립위원장이자 취체역 회장 등을
역임했다.

그 밖에도
흥아보국단 상임위원,
조선임전보국단 상무이사,
조선금융단 평의원,
조선총력기위원회 위원,
조선비행기주식회사 감사
등으로 활동했지.

아, 성공의 상징
중추원 주임관
대우참의도.흥

형 못지않게
국방헌금 등
각종 헌금도
많이 했어.

순종비의 백부인 윤덕영은
경술국적으로 자작이다.

애국금차회
회장 김복수가
내 와이프야.

경학원 대제학 겸 명륜학원 총재, 제국의회 귀족원 의원 등을
지냈는데 엄청난 부자로도 유명했다.

십수 년에 걸쳐 지은 윤덕영의 집
← 조선의 아방궁으로 불림

딸에게
지어준 집

박부양은 을사오적
박제순의 아들로
아버지의 자작 작위를
승계했다.

11살
자작!

1943년 당시 안성군수로 있으면서 장남을
학병에 지원케 했고 이렇게 소감을 밝혔다.

이 영예는 일가의 명예에
그치지 않고 일천오백만
반도인 모두의 것이라
생각합니다.

물론 군수로서의
직책에도 충실해
위문품 모집, 공출 등에도
앞장섰지롱~

군수 박

김석기는 남작 작위를 받은 김사철의 장남으로 작위를 승계했다.

1941년 손자와 사위가 지원병으로 입대했다.

게다가 장남은 지원병 모집 실행위원이외다.

이쯤 되면 진정한 황국신민 가족 아니겠소이까?

송종헌은 백작 송병준의 장남.

당연히 백작을 승계했지.

대동일진회를 주도적으로 만들었고 일본 제국 귀족원 의원, 중추원 참의를 지냈다.

그 외에도 조선유도연합회 평의원, 총력연맹 평의원 조선귀족회 이사 등으로 활동했다네.

이항구는 이완용의 차남으로 1924년에 작위를 받았다.

병합 때 말고 작위를 받은 유일한 경우야 물론 아버지 덕이지만.

조선사 편수회 위원, 국민총력조선연맹 고문 등을 역임했고 천황의 은혜와 전쟁을 찬미하는 글을 다수 지었다.

이왕직 장관으로 오래 일했고, 현금으론 조선제일부자란 세평이 있었다는 것도 알려주고 싶네.

이해승은 후작으로 조선귀족회 이사, 국민총력조선연맹 평의원, 조선임전보국단 발기인이었다.

미나미(남차랑) 총독이 이임하게 되자 〈매일신보〉에 그의 공적을 칭송하고 후임 총독을 환영하는 글을 실었다.

> 남 총독께서 사임했다니 다만 놀랄 뿐이다. 남 총독은
> 작임 이래 내선일체의 실현을 시정의 큰 방침으로 하여
> 침식을 잊고 조선 통치에 다한 것은 자타가 공인하는
> 바인데, 특히 지원병제도와 징병제도는 글자 그대로
> 남 총독이 조선 동포로 하여금 충성한 황국신민이 되어
> 대동아공영권의 지도자가 되게 하자는 어버이의 마음에서
> 나온 선정으로서 감사 감격하여 마지않는 바다.
> 후임으로 오시는 소기(고이소) 대장과 전중무웅(다나카 다케오) 씨는
> 모두 조선과는 특히 인연이 깊은 이들로서
> 조선을 잘 알고 계신 만큼 가장 적임자로서 만족하고
> 마음으로 환영하는 바입니다.

징병제실시 감사운동 자원병기념 헌금운동 등도 열심히 했어.

이택주는 이해승의 3남.

3남? 3남이 어떻게 작위를 승계했지?

아비의 작위를 승계한 게 아니고 자작 이완(完)용의 장남 이해만이 죽자 이해만의 양자로 들어갔고

이완용마저 죽자 작위를 이은 거래.

아항!

자작 신분으로 종로경찰서에 지원병 신청서를 제출해 화제가 되었다.

제국 미증유의 이 난국에는 귀족도 평민도 없다. 특히 반도에서는 우리들 상층부에 있는 사람들이 솔선해 나서지 않으면 안 된다.

오옷!

이봐! 기자 불러!

이 밖에도 조선귀족회 소속 귀족들은 이런저런 친일 활동에 앞장섰다.

승리!!
내선일

관리들

면 서기, 순사 이상의 관리들은 대부분 자의든 타의든 친일 활동에 나섰고,

민족에게 해를 끼쳤다.

그중에서도 상층에서 적극적으로 친일한 자들을 살펴본다.

박중양. 합병하자마자 이렇게 주장했고,

3·1의 불길이 타올랐을 땐 대구자제단, 경성자제단을 조직해 시위 저지에 나섰다.

도지사를 거쳐 시중회 평의원, 조선임전보국단 고문, 중추원 부의장을 역임했다.

해방 후 1953년에 쓴 회고록에서 이렇게 말했다.

한말의 암흑시대가 일제시대에 들어 현대조선으로 개선되었다. 정치의 목표가 인생 복리를 더하는 것에 있었고 관공리의 업무도 위민정치를 집행하는 것 외의 것이 아니었다. …… 일제시대에 고혈을 빨았다고 이야기하는 것은 정치의 연혁을 모르고 일본인을 적대시하는 편견이다.

우와! 대박 뻔뻔…

살아남은 친일파들에게 모범답안을 보여주는 말이네

일제시대는 근대화 과정이었다. 누군가는 해야할 당연한 일을 했을 뿐이다..

손영목. 병합 전인 1909년에 관계에 들어가 이후 군수, 강원도지사, 전북도지사를 역임했다.

1938년 1월 〈경성일보〉에 이런 글을 발표했고

명문일세.

지원병제에 들끓는 열성, 획기적 제도에 감분, 황국신민으로서의 본분을 다하자.

1939년 8월에는 전북도민 대표로 중기관총 두 정, 경기관총 한 정, 실탄 2,400발을 헌납했다.

전북도지사로서 열심히 총독부 시책에 호응했고,

말도 마. 민심 수습 시국안정을 위한 강연회, 좌담회 등을 개최하고 군수품 공출 독려, 위문품 모집, 군인 유가족 후원 등으로 정신이 없었어.

전북도지사를 그만둔 뒤에도
친일 전선의 선두에서 활약했다.

만선척식주식회사 이사,
총력연맹 이사,
임전보국단 감사,
총력연맹 상무이사,
조선방송협회 이사 등으로
엄청 바삐 살았지

김시권. 전북도지사,
강원도지사를 역임했고
조선임전보국단 이사장,
총력연맹 평의원으로
활동했다.

경복중학교를 방문해 지원병 지원을 권유했다.

조선 청소년들로서
광명 있는 기회를
놓치지 말고
한 사람도 빠짐없이
지원병으로 지원하기
바란다.

징병제 실시 등 총독부의
주요 정책이 나올 때마다
환영 담화를 발표하는 등
적극 호응했다.

열렬히
환영함다.

윤치호, 조병상, 이광수 등과 학병, 지원병 대상자들의
가정을 방문해 지원을 독려하는 가정방문위원으로 활동했다.

이성근. 1909년 경부 채용 시험에 합격하고

경시로 있던 1920년, 평북경찰부 고등경찰과장으로서 독립단 간부 12명을 안동(현 단둥)에서 체포해 압송했다.

이후로도 독립운동가 검거에 혁혁한 공을 세우며 승진을 거듭하더니

자세한 활약상은 3권 104, 105쪽을 참조하세요~

1927년 이사관 1932년 참여관

1939년에는 충남도지사가 되었다.

흐 - 내 출세의 끝은 어디일까?

지사 이 성근

1941년에는 지사를 사임하고 매일신보사 사장에 취임했다.

대동아 건설의 완성과 고도국방 체계의 수립을 위해 봉공하겠습니다.

- 취임사 중 -

각종 친일 단체의 간부로 활동하면서 여러 강연과 기고를 했다.

충남유도연합회 회장
조선임전보국단 상무이사
국민총력련맹 이사겸 평의원
대의당 발기인
⋮

징병제를 환영하는 라디오 연설도.

김관현은 일본 육사 출신으로 1921년에 충남도지사가 되었다.

중추원 칙임관 대우참의도.

관직에서 물러난 뒤에는 관변 기구나 친일 조직에서 직책을 맡아 활동을 벌였다.

동민회 평의원 조선국방비행기헌납회 회장 국민총력조선연맹 평의원

최린 등과 조선인징병제 발기인회를 개최하고 북지위문단 일원으로 중국 전선에서 일본군을 위문하기도.

박상준. 강제 병합 전에 순천군수였다가 병합 뒤에도 유임되었다.

하늘이 바뀌었는데도 내겐 변화가 없네 그렇다면

새 하늘에 순응해야지.

군수 박 상 준

3·1운동과 관련해서는 조선 독립이 불가능하다는 글을 기고했고

조선은 사대하여 정신과 실력이 문약해 역량이 안 된다. 민족자결주의는 패전국이 된 동맹 측에 적용되는 것이지 전승국인 연합국과 무관하며 오히려 우려해야 할 것은 열강의 민족적 편견이므로 동양인은 단결하여 대항책을 마련해야 한다. 합병 이후 조선인은 문명화되었다.

이만하면 제국을 향한 나의 충성심을 드러냄에 부족함이 없겠지?

경학원 대제학, 명륜학원 총재, 국민정신총동원 조선연맹과 총력연맹 평의원, 조선유도연합회 회장, 조선임전보국단 발기인 겸 간사, 중추원 참의를 역임했다.

일본제국의회 귀족원 의원이었다는 것도 알려주고 싶네. 조선인은 열 명 밖에 되지 못한 자리거든.

유림을 대표해 육군에 비행기 한 대를, 해군에 5만 원을 헌납했다.

일제와 총독부의 정책을 지지하는 글을 다수 기고했으며 강연에도 적극적이었다.

'신체제하의 반도의 유교',
《녹기》 1941년 2월 호
'대동아전쟁과 국체 본의의 투철',
《경학원잡지》 1943년 1월 호
'축 징병제 실시',
《유도》 1943년 12월 호

백운화는 1918년 판사가 된 이래 다수의 항일운동 관련 사건을 담당했다.

그 뿐이 아니지.
사이토 총독 암살 임무를 띠고 들어와 자금을 청하러 찾아간 우리 의열단원들 밑고했잖아.

시꺼

김준평은 조선인 최초로 부장판사로 승진했고 다수의 시국 사건에 참여했다.

오해하지 말라
씨제 창설에 대하야
- 김준평 판사
....
....

창씨개명
지지 글도.

노용호 역시 항일 사건과 관련한 여러 시국 사건에 참여했고 부장판사에 이르렀다.

부장판사가 된 조선인은 김준평과 나 둘 뿐.

이근창, 나향윤, 민복기 등도 판사로 항일 사건에 다수 참여했다.

민복기
1955년 검찰총장
1963년 법무부 장관
1968~1978년 대법원장

최대교는 1936년부터 검사 생활을 하며
항일운동가 다수를 기소했다.

이병용은 1937년부터 검사 생활을 했고
〈국민신보〉에 창씨개명 지지 글을 기고했다.

朝鮮民事令の
改正に就て
조선민사령의 개정에 대하여
李炳瑢辯士

최대교, 이병용, 엄상섭, 이호,
김윤수, 박종근 등 일제 치하의 검사
12명은 해방 뒤 자기반성의
성명서를 발표했습니다.

이 정도도
매우 드문
일이죠.

계광순은 고등문관시험에
합격하고 경찰 경부로 시작해

일본 중앙 관서인
척무성 식산국
농림과 사무관으로
일했다.

農林科

조선인 관리로
일본 중앙 관서에
일한 건
내가 처음.

총독부 학무국 사회교육과장으로 옮긴 뒤
강원도 참여관에까지 이르렀다.

조선청년단 본부장,
총력연맹 문화상위원회 위원,
조선문인협회 평의원 등도.

부산 지역에서 악랄한 고문으로
독립운동가들을 탄압해 이름 높았던
노덕술은 순사보에서 시작해
경시까지 오른 인물.

해방 직전에는 평남경찰부 수송보안과장으로
화물차들을 징발해 군수품 수송에 제공하는 등
전쟁 수행에 적극 협력했다.

최령도 순사에서 출발해
경시까지 진급했다.

1937년에 그는 경부로 혜산경찰서에
근무하고 있었다.

뭐?
보천보가
비적들에게
습격을?

토벌대 소대장이 되어 김일성 부대를 추격했던 그는
비록 추격전에서 성과를 내지 못했지만

이후 혁혁한 공을 세운다.

어때
이제 생각이
좀 나나?

700명 넘게 검거해 188명을 기소하며 일대의 조국광복회 조직을 일망타진한 이른바 '혜산사건'의 해결에 주도적 역할을 한 것.

1942년 경시로 승진해 황해도 경찰부 보안과장, 경기도 경찰부 형사과장으로 일했다.

혜산사건으로 경찰관리공로기장을 받기도.

최석현도 헌병보조원, 순사에서 시작했다. 독립운동가, 공산주의자 검거에 혁혁한 공을 세워

2차 유림단 사건, 오사카까지 가서 장진홍 검거, (4권 209~213 쪽) 상주공산당 사건, 조선공산당 김천그룹 재건협의회 사건 등 숱한 사건을 해결했지.

1940년에는 경시, 1945년에는 군수에까지 올랐다.

郡守 崔錫鉉

김태석은 경찰에 투신해 군수, 참여관에까지 이르고 중추원 참의를 지냈던 인물.

나의 빛나는 활약상은 3권 104 쪽을 참조하시라.

1938년 경남 참여관으로서 일본군 환송, 전상자 위문, 유가족 후원 등의 임무를 관장했다.

군용물자 조달과 공출 업무도 맡았는데 공출의 귀감이란 평을 들었지.

국민총력조선연맹 평의원, 조선임전보국단 평의원 등을 맡아 활동도.

참여관 김

일본 육사 출신들

홍사익. 지청천과 일본 육사 동기로

일본 육사
26기

엘리트 코스인 육군대학을 나왔다.

조선인으로서
육군대학을 나온 이는
영친왕 이은 등
왕족을 제외한다면
내가 유일.

1933년 중앙육군훈련처(펑톈군관학교)를
지도 감독했고, 이듬해에는 관동군 참모부에
배속되어 근무했다.

관동군 참모부는
일본 육군 엘리트 중의
엘리트들이 모인
집단이라는 거.

1937년 중국전선 파견, 1941년에는 육군
소장으로 진급함과 동시에 여단장을 맡아
화베이 일대에서 팔로군을 상대로 전투했다.

1944년에는
필리핀 포로수용소
소장으로
연합국 포로들을
감시했다.

이 때문에
전쟁이 끝난 뒤
마닐라의
국제군사법정에서
포로학대죄로
사형에 처해집니다.
B급전범!

김석원. 일본군 대좌.

기관총대 대장으로 만주침공 시 헤이룽장성(흑룡강성)에서 전투했고, 중일전쟁에 참여해서는 베이징 부근 전투에서 1개 대대 병력으로 중국군 1개 사단을 상대로 승리해 전쟁 영웅으로 떠올랐다.

1939년 조선으로 귀환해 전국을 돌며 전쟁 참여를 선동했다.

황군영웅 김석원 대좌 강연회
조선청년 나아갈 길에 대하여!

김인욱 중좌.
김석원의 동기다.

1915년 일본육사 27기 졸업

1932년 강계 수비대 제1중대장으로 압록강을 넘나들며 항일 무장대에 타격을 가했다.

1937년에는 김일성, 최현 부대와 간삼봉에서 전투를 벌였다.

공병 소좌 이종찬.
이규원의 아들이고
이하영의 손자다.

이하영은 자작 작위를 받았고
대륙고무공업주식회사라는
조선인 최초의 고무신공장을
창업했다.

중추원
고문도!

아비의 작위를 이은 이규원은
조선귀족회 부회장을 지냈다.

조선유도 연합회
평의원,
조선임전보국단
발기인 겸 이사도

이종찬은 중일전쟁에 소대장으로 참전했는데 〈매일신보〉에는 귀족 이규원의 아들이 참전하고 있다며
그의 활약상이 자주 보도됐다. 1938년 9월 13일 자에는 그의 사진과 진중 시가 여러 편 실렸다.

장하다
내 아들!

왕가진의 십오 용사를 읊다   詠王宅十五勇士

적병들이 왕가진을 사수하니   敵兵死守王家陳
육탄으로 돌격한 십오 용사여   肉彈直入十五士
화염과 폭음이 천지를 뒤흔드니   火焰爆動天地
그 이름 천추에 전해져 천황의 은혜에 보답하네   名傳千秋答皇恩

- 여러 진중 시 중 한 편

1942년 금치훈장을 받았고,

뉴기니에 파견되어 패전까지
태평양 일대에서 전전했다.

1951년 육군참모총장
1976년 유정회 소속
국회의원

최명하. 일본군
항공병 대위.

조선인 출신 최초 항공병 소위로
1940년 11월 남중국 방면에
참전했다.

1942년 수마트라 공습 작전에
참전했다가 부상당해 불시착했고

네덜란드군에 포위되자 권총 자살했다.

탕

대위로 추증되어 야스쿠니신사에 합사되었다.

그의 삶은 노래, 소설
연극으로 만들어지고
찬양되었고요.

무산은
최명하의
일본 명

무산대위를 따라라!
연출:…
출연:…
…극…

최정근. 항공병 소좌.

1943년 항공병 소위로
임관하고

1945년 4월
가미카제 특공대원으로
오키나와전투 시
미 함선에 돌격해
사망했다.

대를 이은 일본 육사 부자들이 있다.
신태영은 시베리아 간섭전쟁에
참전했고

조선으로 돌아와
제19사단, 제20사단에서
근무했다. 육군 중좌.

1949년 육군 참모총장
1952년 국방장관을
맡았지.

아들 신응균은 육군 소좌.

오키나와전투에 참전했고
일본군이 패전한 뒤
숨어 지내다 이듬해 귀국했다.

일본군 장교 전력을
반성하는 의미로 이등병으로
국군에 입대했고,
6·25 시 제1 야전
포병사령관을 맡아
한국 포병의 아버지라는
이름을 얻었다오.

김준원은 일본 육사를 나와
1923년 보병 대위로 전역했다.

시베리아에
출병했다가
전역한 뒤엔
교사로 일하다가
사업에 손대
제법 성공했지.

아들 땜에
여기에
소개된 거지
이름난 친일파는
아니라고.

아들 김정렬은
1941년
항공 소위로
임관하고

그해 12월, 필리핀 공격 작전에 참전했다.

이후로도 숱하게 출격했던 김정렬은 일제가 패망한 뒤 사이공에서 지내다가
한국인 1,110명을 인솔하고 돌아왔다.

1949년
공군 참모총장

1963년
초대 공화당 총재
1987년 국무총리

김준원의 형
김기원도 육사 출신.
공병 중좌였다.

유승렬은 일본군 대좌로
나남 제19사단,
관동군 등에서 근무했다.

태평양전쟁 말기엔
뉴기니전선에서
병에걸려 입원했다가
종전 후에 귀국했지.

6·25 당시
경남 지구 계엄사령관
부산 지구 계엄사령관

아들 유재흥은
1941년에 임관해
1943년에는 대위로
진급, 박격대
대장이 되었다.

1943년 11월 메이지대학 강당에서
이광수, 최남선과 함께 학병 지원을
촉구하는 연설을 했다.

1949년
제주도에서
토벌 작전을
지휘했고

1971년엔
국방장관에

만주군관학교 출신들과 만주의 친일파들

만주군관학교는 만주국 육군의 장교 육성을 위해 일본군 주도하에 만들어졌다.

1932년 펑톈에서 2년제로 개교하여 9기까지 모집한 뒤 폐교되고

이후 신징에 4년제로 설립돼 7기까지 모집했지. (신징군관학교)

펑톈 제4기에는 강재호, 계인주, 김응조 등 5명의 조선인이 있었다. 대부분 만주군 사병으로 있다가 입교한 경우.

강재호
만주군 상위
간도특설대
창설 요원

계인주
만주군 헌병 상위
해방 뒤
육군첩보부대 대장

김응조
만주군 중위
해방 뒤
전북경찰국장

제5기에는 18명의 조선인이 합격했는데 대표적인 인물로는 정일권, 김석범, 김찬규(김백일), 신봉균(신현준), 송석하가 있다.

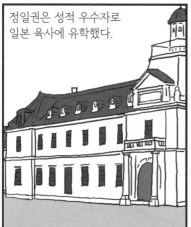

정일권은 성적 우수자로 일본 육사에 유학했다.

하지만 졸업 후엔 일본군이 아니라 만주군 소위로 임관했고

시베리아철도 폭파를 위해 만든 특수부대에서 훈련받은 뒤 독립헌병대에 배치돼 랴오허 방면에서 활동했지.

1942년 모교인 광명중학에서 후배들에게 만주군관학교 입교를 권유했다.

만주군 헌병 상위로 진급한 뒤 간도헌병대 대장으로 근무했다.

1954년 육군 참모총장
1964년 국무총리
1973~1979년 국회의장

김석범도 성적 우수자로 일본 육사 본과에 입학, 졸업하고 만주군 소위로 임관했다.

1940년 12월 만주국 중위로서 간도특설대 정보반 책임자로 활동했다.

정보반은 정예분자로 조직돼 항일무장 세력 체포, 심문 등의 활동을 했어.

동북항일연군은 이미 소련으로 떠나버려서 하얼빈성 일대의 팔로군이 주된 상대였지.

1953년 해병대 사병관

김찬규(김백일), 신봉균(신현준), 송석하는 간도특설대 창설 멤버.

1949년 여순사건 시 계엄사령관으로 진압 작전 지휘

여순사건 진압에 참여 초대 해병 사령관으로 해병대 창설

수석으로 졸업해 만주국 황제의 은사품으로 금시계를 받았지.

역시 여순사건 진압에 참여

백선엽은 평양사범학교를 졸업하고 펑톈군관학교 제9기로 졸업했다.

임관 후 간도특설대에서 근무했다.

1952년 육군 참모총장
1953년 최초로 대장 진급
1969년 교통부 장관

박임항은 신징군관학교 제1기생으로 수석 졸업해 황제가 하사하는 금시계를 받고

일본 육사로 옮겨 졸업했다. 펑톈육군비행학교 조종과를 수료해 수풍댐 방어 임무를 맡았다.

5·16 당시 제5군단장
1962년 건설부 장관
1963년 반혁명 사건으로 체포, 투옥됨

방원철은 광명중 5학년 때 정일권의 입학 권유 연설을 듣고 입교한 경우.

임관 뒤 대팔로군 작전에 참가했다.

1963년
반혁명으로 몰려
예편

박정희는 신징군관학교 제2기다.

대구사범학교를 나와 보통학교 훈도로 일하다가

신징군관학교에 지원했으나 탈락,

재차 지원했는데 그의 사정이 〈만주신문〉 1939년 3월 31일 자에 실렸다. 그의 편지도 소개되었다.

혈서 군관 지원, 반도의 젊은 훈도로부터
29일 치안부 군정사 징모과로 조선 경상북도 문경
서부공립소학교 훈도 박정희(23) 군의 열렬한 군관 지원 편지가
호적등본, 이력서, 교련 검정 합격 증명서와 함께
'한 번 죽음으로써 충성함 박정희'라고 피로 쓴 반지(半紙)를
봉입한 등기로 송부되어 관계자를 깊이 감동시켰다.
동봉된 편지에는
'… 일반적인 조건에 부적합한 것 같습니다. …
일본인으로서 수치스럽지 않을 만큼의 정신과 기백으로써
일사봉공(一死奉公)의 굳건한 결심입니다. 확실히 하겠습니다.
목숨을 다해 충성을 다할 각오입니다. …
한 명의 만주 국군으로서 만주국을 위해, 나아가 조국을 위해
어떠한 일신의 영달도 바라지 않습니다.
멸사봉공, 견마(犬馬)의 충정을 다할 것입니다.'
…

그러나 나이 제한으로
역시 거절되었다.

입학자격은
17~19세인데
귀하는 23세인 바,
충정은 알겠으나
규정상…

하지만 기어이 신징군관학교
선발 시험에 응시했고

240명 중에서 15등으로
합격했다.

입학이
가능했던 것은
대구사범 시절
교련 교관이
마침 관동군
대좌로 있어서
추천해주신
덕이야.

1942년 2월 졸업 시 우등생으로 만주국 황제
푸이가 하사하는 금장 시계를 받았고,

일본 육사 본과에 편입돼 졸업했다.

1944년 12월 일본군 소위에서 만주군 보병 소위로 편입해 팔로군을 상대하는 부대에 있었다.

해방 직전에
중위로 진급

6권에서 살펴본 이범익, 최남선 등 말고도
만주에서 활약한 친일파들이 많다.

김창영은 경찰 출신으로
경시를 거쳐 금산군수에까지
이르렀다.

1937년 미나미 총독의
선만일여 방침에 따라
만주로 와서 만주국
치안부에 자리 잡았다.

김일성의 참모인
임수산 등을
귀순시켰고,

귀순하겠습니다.

역시 김일성의 부하인
김재범 등 수백 명의
항일연군을 체포하는데
단단히 한몫했지.

1943년 국내로 돌아와 전남 산업부장으로
징용과 각종 군수물자의 공출에 앞장섰다.

권혁주는 일본 고등문관시험 사법과에
합격해 일본 사법성에 채용된 뒤
만주국 사법관으로 부임, 심판관으로
근무했다.

조선인 유력자들과
흥아청년구락부를 조직해
활동했으며

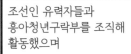

팔로군을 도운 민간인들에게
사형을 선고하기도 했다.

이적 행위는
당근 사형!

1943년 말 사직하고 일본으로 건너가 일심회를 조직하고
활동했다.

우리가
할 일은?

미군 공습을 대비한
시설 건설에
조선인 노동자들을
동원하는 등의 일.

홍순봉은 순사에서 시작해
경부로 승진, 국경에서
반만 항일 세력 소탕에 앞장섰다.

퇴직 후 만주로 건너가 간도성 경무청 간부로 일했다.

해방 후
제주도의 경찰국장을 맡아
4·3 진압 작전을 지휘했고
서울헌병대 대장 등을 맡음

흥아청년
구락부에도
참여했고

만주국 참사관을 지낸 황종률은
협화회 임원, 대동학원 연구원,
동남지구특별공작후원회
간사 등을 역임했다.

1963년 재무부 장관
1967년 체신부 장관 등

김대식은 춘천고보를 졸업하고 광동학교 교원을 지내다 군인의 길을 선택했다.

지금같은 난세에 야망있는 남자라면 교편보다는 총 아니겠어?

국경감시대에서 상사로 근무하다가 간도특설대에 차출돼 준위로 근무했지.

제대한 뒤에는 만주 국군에서 군속으로 근무했다.

해방 후 해병대 창설에 참여했고 1957년엔 해병대 사령관에

염창섭은 육군무관학교를 수료하고 병합 후 일본으로 건너가 일본 육사를 나왔다.

일본군 장교로 시베리아에도 출정했으나 군 생활이 체질에 맞지 않았던 모양.

대위로 제대한 뒤 대학에서 다시 공부하고 만주의 일본영사관에서 근무했다.

민회의 창설과 지도 감독을 비롯해 만주국 건국에 공헌하여 만주건국훈장을 받았다.

이후 이사관, 참사관 등을 거치고 치안 숙정을 위한 조선인 집단부락 건설에도 앞장섰다.

△△지구 집단부락

가곡 〈선구자〉

친일 음악가 조두남이 작곡한 가곡 〈선구자〉는
만주 지역의 독립운동가를 노래한 곡으로 알려져 있다.
하지만 최근 이 노래는 친일 시인이었던 윤해영의 시에
곡을 붙인 것이고, 독립운동가가 아닌 만주국을 위해
일하는 사람을 노래한 곡이라는 지적을 받았다.
사진은 룽징시 일송정에서 바라본 해란강.

옌볜

서울

경교장

금광왕으로 불린 거부 최창학이 1938년에 완공한
별장이다. 최창학은 애국기 헌납을 포함해 많은 재산을
조선군 사령부에 헌납했고, 많은 친일 단체에 참여해
태평양전쟁을 지원했다. 해방 이후 최창학은 김구에게
이 별장을 거처로 내줬다. 원래 이름은 죽첨장이었으나
일본식 이름이라 하여 김구가 경교장으로 개명했다.

제3장

친일 대합창 2

중일전쟁 이후 사회 곳곳에 수많은 친일파가 등장한다.
과거 독립운동에 몸담았던 이광수, 최남선, 최린 등과 같은 명망가들이
일제의 침략 전쟁을 찬양하고 조선인들에게 참전을 권유하며,
문화계에서는 글과 연극, 미술, 음악 등을 통해 적극적인 친일 활동이 벌어진다.
3·1혁명에 앞장섰던 종교계는 이제 일제의 전쟁 승리를 기원하며
전쟁 기금 모금 활동에 앞장서고,
여성계, 언론계, 교육계, 재계 등 사회 각 분야에서
앞다투어 친일 활동을 이어나간다.

김구 동상
1968년 남산공원에
건립된 동상으로 친일파 김경승이
제작했다. 김경승은 친일 미술
단체에서 활동했고, 1944년
결전미술전람회에
〈대동아 건설의 소리〉라는
작품을 출품하는 등 일제에
협력했다. 해방 이후 미술 교육에
많은 영향을 미쳤으며
안중근상, 안창호상 등 다수의
독립운동가 동상을 제작했다.

명망가들

이광수는 수양동우회사건으로 6개월간 수감되었다.

출감 뒤 전향을 선언하고 조선 신궁에 참배하는 등 보다 적극적인 친일의 길에 나섰다.

1939년에는 조선문인협회 발기인 겸 회장이 되고 조선문인협회 문사부대로 지원병 훈련소에서 일일 병영 체험을 했다.

조선문인협회
문사부대
일일 병영 체험

창씨개명에 앞장섰고 각종 친일 단체를 주도했다.

··· 나는 천황의 신민이다. 내 자손도 천황의 신민으로 살 것이다. 이광수라는 씨명으로도 천황의 신민이 못 될 것이 아니다. 그러나 향산광이가 조금 더 천황의 신민답다고 나는 믿기 때문이다 ···
(1940. 2. 20 《매일신보》)

가야마 미쓰로
(香山光郎)

황도학회를 발기하셨고 임전대책협의회를 발기하셨으며 조선인보국회와 대화동맹의 이사이시며 임시특별지원병제도 경성익찬회 실행위원 등을 역임하고 계신 춘원 이광수 선생님을 소개합니다.

先生 강연회

그의 장기는 역시 글. 〈지원병 장행가〉, 〈애국일의 노래〉 등을 작사했고
내선일체와 황민화의 정당성을 그린 소설과 시 외 수백 편의 친일 글을 썼다.

국민은 총동원되었다. 문인도 총동원에 아니 들지 못하였다.
문인도 모두 애국반원이 아니냐. 허위를 참지 못함이 문인의 본색이다.
진실이 문인의 생명이다. 문인의 붓은 마땅히 국민문학의 건설의 일정으로 향할 것이다.
- '국민문학의 의의', 〈매일신보〉 1940년 2월 16일 자

조선의 장병은 분연히 지원병이 될 것이다. 징병이 되기를 기다릴 것도 없다.
지원병의 문이 있지 아니한가? 작년도에도 3,000명 정원에 8만 명의 지원이 있었거니와
금년도에는 500만 명의 청년이 전부 지원하여야 할 것이다. 그래야 충성인 것이다.
- '신시대의 윤리', 《신시대》 1941년 1월 호

모든 것을 바치리

…
자, 조선의 동포들아
우리들이 있음으로써 더 큰 싸움을 이기게 하자
우리들이 있음으로써 대아시아 건설을 완수시키자
이러므로써 비로소 큰 은혜에 보답하여 받듦이 되리라

아아, 조선의 동포들아
우리 모든 물건을 바치자
…
우리 충성에 불타는 머릿속을, 심장을 바치자
…
- 〈매일신보〉 1945년 1월 18일 자

지원병 장행가

만세 불러 그대를 보내는 이날
임금님의 군사로 떠나가는 길
우리나라 일본을 지키랍시는
황송합신 뜻 받어 가는 지원병
…
총후봉공 뒷일은 우리 차지니
간 데마다 충성과 용기 있어라
갈지어다 개선 날 다시 만나자
둘러둘러 일장기 불러라 만세
- 《삼천리》 1939년 12월 호

최남선은 1935년부터 조선과 일본의 문화동원론(文化同源論)을 펴며 일본 신도 보급에 앞장섰다.

근원이 같기 때문에 조선 문화의 일본화야말로 현 시기 가장 중요한 일이외다.

〈만몽일보〉와 〈만선일보〉 편집 고문, 만주건국대 교수를 역임했으며,

동남지구특별공작후원회 고문, 조선임전보국단 발기인으로 활동했고, 1943년에는 학도병 일본 권설대로 이광수, 김연수 등과 일본에 가서 학도병 참여를 촉구했다.

반도출신 출정학도 결기대회

최남선…
이광수…
김연수

미영 격멸의 용사로서 황군이 된 참성심을 발휘하는 가운데 잘싸워주기를 바란다.

신문, 잡지 등을 통해 만주침공, 만주국 건설, 중일전쟁, 태평양전쟁을 찬양하고 학생들에게 참전을 권유하는 글을 많이 썼다.

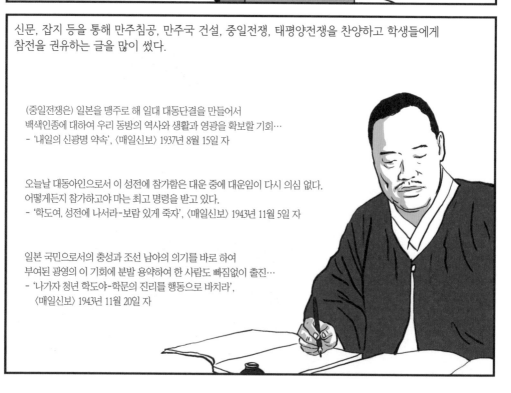

(중일전쟁은) 일본을 맹주로 해 일대 대동단결을 만들어서 백색인종에 대하여 우리 동방의 역사와 생활과 영광을 확보할 기회…
- '내일의 신광명 약속', 〈매일신보〉 1937년 8월 15일 자

오늘날 대동아인으로서 이 성전에 참가함은 대운 중에 대운임이 다시 의심 없다. 어떻게든지 참가하고야 마는 최고 명령을 받고 있다.
- '학도여, 성전에 나서라-보람 있게 죽자', 〈매일신보〉 1943년 11월 5일 자

일본 국민으로서의 충성과 조선 남아의 의기를 바로 하여 부여된 광영의 이 기회에 분발 용약하여 한 사람도 빠짐없이 출진…
- '나가자 청년 학도야-학문의 진리를 행동으로 바치라',
  〈매일신보〉 1943년 11월 20일 자

윤치호는 1938년 중국 쉬저우 함락을 기념해 국방헌금 5만 원을 헌금하는 등 여러 차례 헌금했다.

5만원이나? 명성만 높은 위인인 줄 알았더니 돈도 많은 모양이지.

많다마다. 손꼽히는 갑부란걸 알만한 사람은 다 알지.

흥업구락부사건으로 조사받았지만 바로 풀려났다.

숱한 단체에서 주도적 역할을 했고

내 타이틀을 보면 이광수니 최남선이니 해도 조선의 대표 명망가는 나 윤치호라는 걸 알 수 있을 거야.

조선지원병후원회 회장, 배영동지회 회장, 국민총력조선연맹 이사, 흥아보국단 위원장, 조선임전보국단 고문, 국민총진회 고문, 대화동맹 위원장, 제국의회 귀족원 의원, 조선언론보국회 고문 등

자랑이다.

각종 강연을 했으며

천황 폐하의 일시동인이라 하신 성의를 봉대하여
내선일체를 주장하시는 미나미 총독은
우리의 아버지라고, 우리 민족의 경애를 받고 계십니다.
미나미 총독이 총을 메고 나서라거든 총을 메고 나섭시다.
곡괭이를 메고 나서라거든 곡괭이를 메고 나섭시다.
일언이폐지하고 우리 반도 민중도 내지 동포와 같이
나라를 위하여 살고 나라를 위하여 죽자고 각오합시다.
- 1941년 9월 임전대책연설회 강연 중

금번 일본 제국이 영미를 상대로 일어선 전쟁은
동양 민족을 영미의 압박하에서 구해내자는
동양 민족 해방의 성전인 것이외다.
그러므로 동양 사람이 되어가지고는
누구나 이 싸움에 나서지 않아서는 안 될 것입니다.
- 1941년 12월 결전보국대강연회 강연 중

징병제 참여를 독려하는 글 등을
다수 기고했다.

'대어심(大御心)에 감격', 〈매일신보〉 1942년 5월 10일 자
'징병제 실시의 감격', 《문교의 조선》 1942년 6월 호
'반도 청년에게 바란다', 《대동아》 1942년 7월 호
'총출진하라', 〈매일신보〉 1942년 11월 18일 자
'학병에게 보내는 명사의 말-장하다, 그대들 용단, 오직 순충봉공에
몸을 바치라', 〈매일신보〉 1942년 11월 18일 자

윤치호의 일가에는
친일파 인사들이 많다.
윤치호의 아비인 윤웅렬의
동생은 윤영렬인데

그의 아들들로는 윤치오, 윤치소, 윤치영 등이 있다.

윤치오는 중추원 찬의를
지냈고 그의 아들 윤명선은
만주국 간도성 민생청장을
역임했다.

흥업구락부사건으로
기소유예된 윤치소는
중추원 참의로 있었고
애국기 헌납과 관련한
사무를 보기도 했다.

윤보선 대통령이
내 아들이지.

윤치영 역시 흥업구락부사건으로
체포된 뒤 전향했고
조선임전보국단
평의원을 맡았으며
여러 친일 글을 발표했다.

제헌의원
초대 내무장관
1963년 서울시장

자치운동에 앞장서온 최린. 1936년에 이미 조선인징병제요망운동 발기인으로 참여했다.

자치를 하려면 제국의 신민답게 병역의 의무를 져야 하지.

중일전쟁 뒤에는 시국을 설명하고 전쟁 협력을 독려하는 강연 활동으로 바빴다.

1938~1941년 〈매일신보〉 사장으로 일제의 침략 전쟁을 찬양하는 데 앞장섰다.

言論報國

최린의 타이틀도 윤치호 못지 않지. 조선유도연합회 상임이사, 배영동지회 이사, 국민총력조선연맹 이사, 조선임전보국단 발기인 겸 단장 조선언론보국회 회장 등

화려하시네.

米 영 격 멸!!

정 약 전축은 애국의

洋服

그의 숱한 기고 글 중 몇 대목이다.

병역 의무가 없는 국민은 진정한 국민이 아니라는 한마디를
반도의 여러 모매(母媒)에게 보내 격려와 감사의 뜻을 전한다.
- '지원병 10만 돌파, 지원병 모매에게 보내는 글',《삼천리》1940년 7월 호

국가와 시대를 걸머진 청년 제군,
국가의 원동력이 되는 노무 봉사에 자기를 바쳐서
국가를 위해 살고 국가를 위해 죽어라.
- '읍소',《삼천리》1941년 11월 호

우리들 반도 민중은 창씨도 했고 기쁜 낯으로
제국 군인이 되어 무엇으로 보나 황국신민이 된 것이다.
이제부터는 힘을 다하여 연성을 쌓아서
군국의 방패로서 부끄럽지 않은 심신을 만들지 않으면 안 된다.
- '있는 힘을 다 바치자', 〈매일신보〉 1942년 5월 10일 자

문인들

1939년 10월
이광수, 김동환 등이
앞장서서
학무국장의 알선하에
조선문인협회를
만들었다.

김동환. 장편서사시 〈국경의 밤〉을
발간한 이래 〈동아일보〉, 〈조선일보〉,
〈시대일보〉에서 기자 생활을 했고
프롤레타리아 연극 단체인
불개미연극단을 창단했다.

> 그리고
> 잡지 《삼천리》를 창간했고
> 신간회 중앙집행위원으로도
> 활동했다네.

중일전쟁 이후 본격
친일의 길에 들어서서

1940년 5월에는
친일 연설 모음집인
《애국대연설집》을
편집, 발간했다.

각종 친일 단체에서 주요 역할을 맡는 한편

> 조선문인협회 상무간사
> 조선임전보국단 상무 이사
> 국민총력 조선연맹 참사
> 조선문인보국회 심사부장
> 국민동원총진회 상무 이사
> 뭐 요런 정도.

시와 논설 등 숱한 기고와 강연 활동을 이어갔다.

총, 1억 자루 나아간다

이 총 끝 닿았던 곳, 진주만이요, 보르네오요, 적도 밑이며
이 총소리 들리는 곳, 비율빈이요, 포왜, 인도 사람의 귀라
강적 영미의 심장 찌르려 한다 그 총자루 5억인가 10억인가
…
일본이여, 일본이여 나의 조국 일본이여
어머니여, 어머니여 아세아의 어머니 일본이여
주린 아이 배고파서, 벗은 아이 추워서
젖 달라고 옷 달라고 10억의 아이 우나이다, 우나이다
- 《삼천리》 1942년 1월 호

출정하는 자제에게 주는 말

아들아 오늘 나가거든
마지막까지 참고 버티어서
끝끝내 이기고 돌아오라.
이기지 못하겠거든
신 한 짝이라도 이 아버지는
돌아오기를 원치 않는 줄 알아라
- 《신시대》 1944년 3월 호

권군취천명

…
이인석 군은 우리에게 보여주지 않았던가
그도 병(兵)되어 생사를 나라에 바치지 않았던들
지금쯤 충청도 두메의 이름 없는 농군이 되어
베옷에 조밥에 한평생 묻혀 지냈겠지
웬걸 지사, 군수가 그 무덤에 절하겠나
웬걸 폐백과 훈장이 그 제사상에 내렸겠나
…
- 지원병으로 처음 전사한 이인석 군을 찬양한 시,
〈조선일보〉 1943년 11월 6일 자

김동인. 최초의 순 문예 동인지 《창조》를 창간했고 〈배따라기〉를 비롯해 여러 작품을 발표하며 문단의 스타로 떠올랐다.

〈감자〉
〈광염소나타〉
〈발가락이 닮았다〉
등등…

1933년엔 조선일보 학예부장도 맡았고.

1938년 2월 4일, 〈매일신보〉에 '국기'를 기고해 일장기를 찬양한 것이 본격 친일 행보의 시작이다.

광명의 원천인 태양의 단순 간결한 표시인 일장기는…
실로 국기로서 최우수한 자로 보지 않을 수 없다…
국기란 멀리서도 얼른 알아볼 수가 있고 기억하기 쉽고
그러고도 국체의 위의를 넉넉히 나타내어야 할 것이다.
이러한 의미로 일장기는 가장 우수한 자.

흠~ 진심이 느껴지는 글이군.

1939년 2월, 총독부 학무국을 찾아 제안을 하고

문단 사절을 조직해 화북 지방의 황군을 위문하면 어떨까요?

거 좋은 생각이오.

박영희, 임학수 등과 함께 '북지황군위문문단사절'로 다녀왔다.

북지황군 위문 문단사절

이후 숱한 친일 논설, 소설을 써냈다.

영국도 미국도 감히 태평양은 내 바다다라고 고함쳐보지 못했다.
… 인류에게 향하여 큰 소리로 이렇게 부르짖고
이 권리를 주장할 지위와 실력을 가진 자는 오직 우리 일본밖에 없다.
- '감격과 긴장', 〈매일신보〉 1942년 1월 23일 자

내 몸은 이제부터는 내 것이 아니요, 가족의 것도 아니요,
황공하옵게도 폐하의 것이며 지금 폐하의 어(御)분부로
완적을 멸하려는 성검을 잡고 일어선 바라는 자각을 가지고 나서야 할 것…
- '반도 민중의 황민화-징병제 실시 수감, 〈매일신보〉 1944년 1월 17일 자

'태평양송', 〈매일신보〉 1942년 1월 6일 자
'총동원 태세로', 〈매일신보〉 1944년 1월 1일 자
'일장기 물결-학병 보내는 세기의 감격', 〈매일신보〉 1944년 1월 20일 자
'문화인의 총궐기', 〈매일신보〉 1944년 12월 11일 자

천황을 '그 같은 자'로 표현했다가 8개월간 수감된 적도 있고

내가 왜 그랬지?

1945년 8월 15일 해방되는 날 아침, 총독부 정보과장을 만나 이런 제안도 했다.

시국에 공헌한 새 작가조직을 만들 생각인데 도움 좀…

바보 응

1951년 사망, 1955년 그를 기리는 동인문학상이 제정돼 지금까지 이어져오고 있죠.

모윤숙. 이광수의 문단 제자이고

조선임전보국단 평의원 겸 간사로 각종 강연회, 간담회, 시 낭송회 등에 참여해 일제 시책에 협력했다.

전쟁 협력을 촉구하는 다수의 친일 시와 산문을 썼다.

지원병에게

…
눈은 하늘을 쏘고 가슴은 탄환을 물리쳐
대동양의 큰 이상 두 팔 안에 꽉 품고
달리어 큰 숨 뿜는 정의의 용사
그대들은 이 땅의 광명입니다.

대화혼 억센 앞날 영겁으로 빛내일
그대들 이 나라의 앞잡이 길손
피와 살 아낌없이 내어 바칠
반도의 남아 희망의 화관입니다.
…
- 《삼천리》 1941년 1월 호

우리는 높이 펄럭이는 일장기 밑으로 모입시다.
쌀도, 나무도, 옷도 다 아끼십시오.
나라를 위해 아끼십시오. 그러나 나라를 위해서
목숨만은 아끼지 맙시다.
아들의 생명 다 바치고 나서 우리 여성마저
나오라거든 생명을 폭탄으로 바꿔 전쟁 마당에
쓸모 있게 씁시다.
- 《대동아》 1942년 5월 호

내 어머니 한 말씀에

…
오냐! 지원을 해라 엄마보다 나라가
중하지 않으냐 가정보다 나라가 크지 않으냐
생명보다 중한 나라 그 나라가
지금 너를 나오란다 너를 오란다
조국을 위해 반도 동포를 위해 나가라
폭탄인들 마다하랴 어서 가거라
엄마도 나와 함께 네 혼을 따라 싸우리라
…
- 〈매일신보〉 1943년 11월 12일 자

1950년 대한여자청년단 총본부 단장
1960년 국제펜클럽 한국위원장
1967년 여류문인협회 회장
1970년 공화당 전국구 의원

노천명.
모윤숙과 친구로
1932년에 등단해
〈조선중앙일보〉
기자로
활동했다.

조선문인협회 간사,
조선임전보국단 부인대
간사로 활동하면서
각종 강연, 좌담회,
시 낭송회, 학병 위문
등의 활동을 벌였다.

조선임전보국단부인대

학병 출전을 권유하고 일본군의 승전을 찬양하는 다수의 친일 시, 논설, 참관기 등을 발표했다.

님의 부르심을 받고서

남아면 군복에 총을 메고
나라 위해 전쟁에 나감이 소원이리니

이 영광의 날
나도 사나이였드면 나도 사나이였드면
귀한 부르심을 입는 것을
…
- 〈매일신보〉 1943년 8월 5일 자

싱가폴 함락

아세아의 세기적 여명은 왔다
영미의 독아에서
일본군은 마침내 신가파를 뺏아내고야 말았다

동양 침략의 근거지
온갖 죄악이 음모되는 불야의 성
싱가폴이 불의 세례를 받는
이 장엄한 최후의 저녁

싱가폴 구석구석의 작고 큰 사원들아
너의 피를 빨아먹고 넘어지는 영미를 조상하는
만종을 울려라
…
- 〈매일신보〉 1942년 2월 19일 자

6·25 때 피난을 가지 못해 문학가동맹에
참여한 일로 부역 혐의를 받아
20년 형을 받기도

문인들의 석방운동으로
몇 달 만에 나왔어요.

유진오. 경성제대를 수석으로 입학하고
수석으로 졸업한 수재.

근로대중의 이익을 위한
연극을 앞세운 극단을
결성하기도 했지.

대학 내에 좌익 모임을
조직해 활동했고

단편소설을 발표해
문단에도 이름을
올렸으며

다만 사회주의적 지향은
분명히 하면서도
카프엔 참여하지 않았어.
식민지 상황을 등한시하고
계급만 앞세우는 것 같아서.

보성전문에 출강하고 연구소를 차려 활동하기도 했다.

1939년부터 본격 친일 활동에 나서서 조선문인협회, 국민총력 조선연맹, 임전보국단 등에서 활동하며 강연,

문학자총궐기대회

기고 등으로 적극적인 친일 활동을 이어갔다.

동아의 나라 중에서 서양의 장점을 받아들인 나라는 일본이고 동양 정신의 진수를 가장 순수한 형태로 보지하고 금일 전 정력을 써서 타락한 서양 문화를 되돌릴 수 있는 저력을 가진 나라는 일본이다.
- 〈요미우리호치〉 1942년 11월 6일 자

단순히 언어를 깨닫는 것을 의미하는 것에 그치지 않고 동양 정신을 최고로 순수한 형태로 보지해온 일본 정신을 체득하는 것이고 더 나아가 지역 문화의 수준을 향상시키는 것…
- '일본어의 보급', 〈경성일보〉 1942년 11월 15일 자

우리의 마음은 이미 하나가 되어 미영 격멸을 위하여 불타고 있습니다. … 편협한 개인주의의 미영문학을 격멸하고 웅대하고 장려한 동양의 오래고 새로운 문화를 창조해나가는 것이야말로 우리의 사명…
- 《국민문학》 1942년 11월 호

내선일체를 최종적으로 해결하는 것도 다른 사람이 아니라 조선인 자신인 것이다.
조선 사람이 지금 내지인과 다른 경우에 처해 있는 것이 사실이라 하면 그것은 조선 사람이 내지인에게 지지 않는 힘을 가짐으로써 비로소 해결될 것이다. 이번 특별지원병제도는 조선 사람에게 이러한 힘을 주는 것이라고 생각한다. 병역이 단순한 의무가 아니라 특전이라는 것은 이런 의미에서 용이하게 이해될 것…
- '병역은 힘이다', 〈매일신보〉 1943년 11월 18일 자

'신체제하의 조선 문학의 진로', 《삼천리》 1940년 12월 호
'싱가폴 낙성의 감격', 《신시대》 1942년 3월 호
'조선 문단의 수준 향상', 〈아사히신문〉 1943년 8월 21일 자
'훌륭한 군인으로 정진하라', 〈경성일보〉 1944년 1월 19일 자
'학도병 출진 효암의 감격', 《국민총력》 1944년 2월 호

1948년 헌법기초위원, 초대 법제처장
1952년 고려대학교 총장
1966년 민중당 대통령 후보
1967년 국회의원
1968년 신민당 총재

박영희. 시인, 소설가, 평론가. 1934년 전향선언을 발표했지만

얻은 것은 이데올로기요 잃은 것은 예술이다

1935년 제2차 카프사건으로 1년간 수감되었고 1937년에는 사상범보호관찰령에 따라 경성사상범보호관찰소에 수용되었다.

전향자 대접이 영 시원찮네♪

수용소에서 나온 뒤 적극적 친일의 길에 나섰다.

황군위문작가단 단장,

다녀온 뒤 '북지여행기'를 기고했지.

북지황군 위문 문단사절

조선문인협회 문사부대의 일원으로 훈련소 일일 체험,

시국대응전선사상보국연맹, 조선문인협회, 황도학회, 국민총력조선연맹, 조선임전보국단 등 단체에서 간부로 활동하면서 숱한 친일 문학론, 논설 등을 남겼다.

우리 일본은 다년간 영미의 개인주의, 자유주의, 유물주의의 수입이 있었던 것만큼 국민 생활의 사상과 감정에서 깨끗이 이것을 추출, 청산하고 웅대한 일본적 사상을 고양케 함으로 대동아전쟁의 목적을 완수할 뿐만 아니라 이곳에서 비로소 국민문학의 웅장한 수립이 성취될 수 있다.
- '대동아문학자대회 출석을 앞두고', 〈매일신보〉 1942년 10월 29일 자

'문장 보국의 의의', 〈매일신보〉 1940년 4월 25일 자
'임전 체제의 문학과 문학의 임전 체제', 《국민문학》 1941년 11월 호
'문학인이여 일어나라', 〈경성일보〉 1942년 1월 10일 자
'황민 완성-국어(일어)에 대한 애정', 〈경성일보〉 1942년 11월 25일 자

박영희에 뒤이어 전향한 시인이자 평론가인 김기진(김팔봉)은 〈매일신보〉 사회부장으로 일했다.

1938년 9월 미나미 총독이 호남과 남해안을 시찰할 때 따라가 수행기 세 편을 연재했다.

조선문인협회, 조선문인보국회 간부로 일하면서 평론, 시, 산문 등으로 전쟁을 찬양하고 징병, 학병을 선동했다.

아세아의 피

...
마침내 선전포고다!
영미의 두상에 폭탄의 비를 퍼부어라
...
태평양 동쪽의 언덕 언덕을 구석구석을
기만! 통갈(慟喝)! 회유! 착취! 살육! 강탈!
끝없는 탐욕의 사나운 발톱으로 유린하여오던
오! 저 악마의 사도를 몰아낼 때가 왔다

극동의 해가 찬란한 해가 뚜렷한 일장기가
아침 하늘에 빛난다 이글이글 탄다
황공하옵게도 조서가 내렸다! 선전포고다!
백의 국민이 한꺼번에 일어섰다
기약하지 않고 일치해버렸다
...
- 〈매일신보〉 1941년 12월 13일 자

나도 가겠습니다
- 특별지원병이 되는 아들을 대신하여

한 사람에 천년의 목숨 없고
천 살을 산들 썩어 살면 무엇에 씁니까

대대로 받아 내려온 내 몸의 더운 피
이 피는 조선의 피며 일본의 피요
다 같은 아세아의 피가 아니오니까
반만년 동양의 역사가 가르칩니다

지금 동양의 역사를 동양 사람의 피로
새로 쓸 때-
지금 아세아인의 지도를 동포의 피로써
새로이 그릴 때-
- 〈매일신보〉 1943년 11월 6일 자

1989년부터 팔봉비평문학상이 만들어져 시상하고 있지요.

서정주. 광주학생운동 기념 시위를 주도해 퇴학당했다.

〈동아일보〉 신춘문예에 당선되었고

新春詩選
壁
徐廷柱

1942년 이후 본격 친일 대열에 합류했다.

내 나이 스물여덟

다수의 시, 잡문, 평론, 종군기를 통해 친일에 앞장섰다.

… 이보다 앞서서 이미 우리들의 선배의 지원병들은 우리들의 것이요 동시에 천황 폐하의 것인
그 붉은 피로써 우리들 앞에 모범을 보이어 우리들의 나갈 길을 보여주었습니다.
이미 야스쿠니신사의 영령이 된 한 사람의 이인석 상등병의 피는
절대로 헛되이 흘려져버리고 말 성질의 것은 아닙니다.
가나우미. 땅에 흘려진 피는 또한 늘 귀 있는 자를 향하여 외치는 것이라는 것도
총명한 그대는 잘 알 것입니다. 지원병들의 뒤를 이어서 인제부터 젊은 사람들은
스물한 살만 되면 부절(不絶)히 일어서서 일본 제국 군인으로서의 자기를 단련해갈 것…
- '스무 살 된 벗에게', 《조광》 1943년 11월 호

송정(마쓰이) 오장 송가

…
마쓰이 히데오!
그대는 우리의 신풍특별공격대원
정국대원

정국대원의 푸른 영혼은
살아서 벌써 우리에게로 왔느니,
우리 숨 쉬는 이 나라의 하늘 위에
조용히 조용히 돌아왔느니

우리의 동포들이 밤과 낮으로
정성껏 만들어 보낸 비행기 한 채에
그대, 몸을 실어 나갔다간 내리는 곳
…
조각조각 부서지는 산더미 같은 미국 군함!
…
- 〈매일신보〉 1944년 12월 9일 자

조선인 출신 소년비행병으로 제일 먼저 가미카제 특공대로 전사했다고 알려진 인재웅을 추모하는 내용임.

근데 웃긴 건 1946.1 인재웅이 살아서 돌아왔다는 거.

1972년 서정주는 자전적 성격의 글에서 자신을 친일파, 부일파라 부르는 데 대해 이의를 제기하고 이렇게 변명합니다.

나는 일본의 욱일승천지세 아래 종천순일파로 체념하며 산 것일 뿐.

정비석. 학생 시절 치안유지법 위반으로 구속되었다.

1940년 조선문사부대 자격으로 지원병 훈련소 일일 체험 뒤 《삼천리》에 소감문을 썼다.

… 전 조선 청년들이 모두 한 번씩 훈련소 문을 거쳐 나오는 날이면 조선에는 새로운 광명이 비칠 것이다. 지원병제도야말로 성상이 반도 민초에게 베푸신 일시동인의 결정…

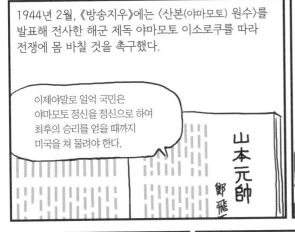

1944년 2월, 《방송지우》에는 〈산본(야마모토) 원수〉를 발표해 전사한 해군 제독 야마모토 이소로쿠를 따라 전쟁에 몸 바칠 것을 촉구했다.

이제야말로 일억 국민은 야마모토 정신을 정신으로 하여 최후의 승리를 얻을 때까지 미국을 쳐 물려야 한다.

山本元帥

鄭飛

1942년 말 간도성 초청으로 채만식, 이무영 등과 재만조선인개척촌시찰단의 일원으로 참가한 뒤 다수의 글을 남겼다.

젊은이들은 군인이 되고싶어 하고

내가 살고싶은 곳은 이 지구상의 단 한곳 낙원으로 조국 일본이 아니면 안된다.

그 밖에도 여러 편의 친일 소설과 산문을 남겼다.

1954년 《자유부인》으로 대박을 쳤지.

《탁류》의 작가 채만식. 등단한 뒤 〈동아일보〉, 〈조선일보〉에 몸담았다.

금광 열풍이 불던 1938년엔 금광 사업에 뛰어들었다가 실패하기도 ㅇㅇ

정비석 등과 간도성 개척촌을 돌아본 뒤
〈간도행〉을 발표했다
(《매일신보》 1943년 2월 자).

또한 노몬한전투에서 죽은 조선인 최초의 전사자
항공병 지인태 대위의 유가족을 취재해 여러 편의
취재기를 썼다.

'지인태 대위의 유족 방문기
-반도 최초로 진 군국의 꽃', 《신시대》 1943년 1월 호
'추모되는 지인태 대위의 자폭
-유가족의 위문을 마치고', 《춘추》 1943년 1월 호

결론은 지인태 대위를
본받아 천황 폐하께
목숨바치자!

그 역시 여러 단체에서 활동하고
숱한 강연, 좌담회 등에 참여했으며
친일 작품을 양산했다.

〈나의 꽃과 병정〉, 《인문평론》 1940년 7월 호
'대륙 경륜의 장도-그 세계사적 의의',
〈매일신보〉 1940년 11월 22일 자
'문학과 전체주의-우선 신체제 공부를',
《삼천리》 1941년 1월 호
'포로의 시사', 〈경성일보〉 1942년 12월 11일 자
'몸뻬 시시비비', 《반도의 빛》 1943년 7월 호
〈군신〉, 《반도의 빛》 1944년 5월 호

1948년 《민족의 죄인》을 발표해
친일 행위를 고백하고 반성했다.

작가로서
최초의
친일 고백.

민족의 죄인

평론가 백철. 좌익계 평론가로
활동하다가 1년 넘게 투옥된 바
있다.

1938년 〈동아일보〉에
전향서를 발표했다.

비애의 성사

백철

〈매일신보〉 학예부장으로 있으면서
조선문인협회, 국민총력조선연맹
등에서 활동했다.

무수한 강연회, 좌담회, 행사 등에서 역할을 맡았고 일제를 찬양, 옹호하는 글을 썼다.

'천황 폐하 어친열 특별관함식 배관근기', 《삼천리》1940년 12월 호
'제국 해군의 위용-기념일과 문화인의 각오', 〈매일신보〉1941년 5월 27일 자
'결의의 시대-평론의 1년', 《국민문학》1942년 11월 호

1943년엔 매일신보 북경지사장에.

1955년 중앙대 문리대 학장
1963년 국제펜클럽
한국본부 위원장

이무영은 〈동아일보〉에서 기자 생활을 하다가

농촌에 내려가 농민문학에 몰두했다. 그러나 일제의 정책을 찬양하는 친일 농민문학이다.

〈흙의 노예〉
〈청기와집〉
〈향가〉
〈화굴이야기〉

특히 〈청기와집〉은 조선에서 조선인 작가가 쓴 최초의 신문 연재 일본어 소설이지.

그 밖에 친일 글도 다수 발표했다.

'대동아전쟁으로 무엇을 배웠는가', 《국민문학》1942년 2월 호
'가련한 처칠의 말로', 〈매일신보〉1942년 2월 19일 자
'싸우는 농촌과 문화 문제', 〈경성일보〉1945년 3월 26일 자

해방 후 친일파 청산 움직임을 비판하고 소설, 희곡 등을 통해 이런 입장을 보임

친일 역시 시대의 희생양이므로 친일 행위를 용서해야!

시인 김억은 1939년 《소월시초》를 발간해 김소월을 세상에 알렸다.

1937년 9월 〈경성일보〉, 〈매일신보〉 주최 '애국가요대회의 밤'에서 작사한 〈정의의 사(師)여〉를 발표했다.

정의의 사여

...

뚜들겨라 부숴라 정의의 사여
저 양키의 작크를 그저 둘 것가

심장이 돌고 돌며 펄펄 끓는 피
두고두고 몇몇 해 별러왔던고
불뚝불뚝 의분에 터지려는 맘
이 이상 참을 길이 하마 있으랴

대동아 같은 민족 손을 잡고서
공존공영 큰 길을 고이 밟으며
즐거운 꽃동산을 지으려 하건만
이 악덕아 무어라 이간질이냐
...

1944년 12월 7일에는 〈매일신보〉에 가미카제 자살 공격으로 죽은 첫 조선인 전사자를 추도하는 글을 실었다.

님 따라 나서자
- 금원(가네하라) 군조 영전에

역천은 부술 것이 순천은 받들 것이
대장부 세상 났다가 그저 열 줄 있는다

이 목숨 귀할시고 모두들 아낀다면
일월의 충의 도고는 보잘 것이 있는고

설사 죽더라도 충혼은 그저 남아
사악을 높히기 전이야 가실 줄이 있과저

신풍이 부는고야 육탄이 튀는고야
풍탄이 튀는 곳에 거칠 것이 없나니

맘들은 한데 모아 역천은 부서지고
님 따라 손 높이 들고 나설 때는 왔나니

— 6·25 때 납북됨

김용제는 일본 문단에서 등단해 좌파 진영에서 활동했고

체포되어 4년간 수감 생활을 한 뒤 조선으로 강제 송환되었다.

이후 친일로 돌아서고 《동양지광》 편집부장으로 일하면서

무수한 친일 시, 글을 발표했다.

내선일체의 노래

지금이야말로 아세아의 풍운은
시련에 불타오른다 비상의 때다
황군 백만 대륙에
조국의 성전을 밀고 나간다
오오 반도는 총후의 관문
내선일체의 깃발을 보라
…

우리 이천만 다 함께
황국신민의 맹서를 지니라
총의와 이상의 발걸음은
동양 평화의 길을 간다
오오 팔굉일우 천황의 위세로다
내선일체 깃발을 보라
- 《동양지광》 1939년 4월 호

1954년 《김립방랑기》 발표

나중에 이런 주장을 →

나의 친일은 지하항일운동을 위한 위장 친일이었어.

이찬은 〈조선일보〉에서 등단했고 카프 중앙위원이었다.

이 일로 2년간 옥살이

1930년대 후반 들어 계급적 경향성이 사라지기 시작하더니

허무한 인생사…

1941년 이후 친일 색채가 뚜렷해졌다. 여러 편의 친일 시, 희곡을 썼다.

송(送) 출진학도

…
일억의 운명을 메고
전 동아의 흥폐를 지고
북변의 끝 남명의 하늘 대륙, 호지(胡地)로…
그러면 다녀오라 사랑하는 나의 청년 학도여

터지는 만세 속에서
기 물결을 헤치며
차는 움직인다 차는 떠난다
아, 떠나는 고향 산천에 최후로 남기는 결코 슬프지
않은 씩씩한 거수!
나는 진정 '사나이의 아름다움'에 처음으로 눈시울을 젖히었노라
- 〈매일신보〉 1944년 1월 19일 자

1946년 4월
〈김일성 장군의 노래〉 작사
북한의 3대 혁명 시인

연극계, 영화계, 무용계

친일 연극 활동은 총력연맹 문화부와
조선연극협회, 조선연예협회 등이 주최한
연극경연대회,

산간벽지 산업 현장 등을 누비는 이동연극,

홍보 효과
끝내주네.

개별 극단의 친일적인 연극 공연
등으로 나타났다.

영화 역시 총독부의 요구에 부응해
제작되었다.

영화나 연극은 모두 대중을 직접 격동시키며
대단한 선전 선동의 도구로 기능했다.

대동아 공영을 위해
이 한몸 바치겠습니다

유치진은 1931년 극예술연구회 창립 동인으로 희곡 창작, 연기, 연출, 평론 등 다방면에서 활약했다.

여러 희곡을 둥아, 조선에 연재도 했고

1935년부터는 극예술연구회를 주도했고 1936년에는 〈춘향전〉을 연출해서 대성공을 거두었다.

이게 그렇게 재밌다며?

난 벌써 두 번 보고 또 보는 거야.

유치진 연극은 믿을만 하지.

1940년 조선연극협회 이사에 취임하면서 본격적인 친일의 길을 걸었다. 친일 어용 극단인 현대극장을 창립해 연극을 공연했고

작품 〈대추나무〉로 1942년 제1회 연극경연대회 최고상인 작품상을 받았지.

나중엔 자체로 이동 극단을 운영하기도 했다.

와! 우리 마을에 유명 연극단이!

흑룡강
금일 오후 7시
국민학교에서

경전보국 강연회

이동극

〈흑룡강〉, 〈북진대〉 같은 친일 희곡을 쓰고 성황리에 공연했다.

北進隊

出本
後演城京大和
日現代新劇
社劇壇
府民館

4月 4·5·6·7日

'북진대'는 러일전쟁 당시 이용구가 이끄는 일진회의 친일 활약상을 다룬 작품.

연출은 주영섭

그 밖에도 다양한 글쓰기로 일제의 침략 전쟁을 찬양했다.

'축 싱가포르 함락', 〈매일신보〉 1942년 2월 19일 자 '반도의 징병제와 문화인-우선 상무 정신', 〈경성일보〉 1942년 5월 30일 자 '개척과 희망-만주 개척지를 보고서', 《녹기》 1942년 8월 호

1943년부터는 희곡보다 연출에 전념했고
조선문인보국회
소설·희곡분과 회장이었다.

해방 후에도 〈자명고〉, 〈조국〉,
〈원술랑〉, 〈나도 인간이 되련다〉 등
다양한 희곡, 시나리오를 창작

1950년 초대 국립극장장
1971년 한국극작가협회 회장

서항석은 유치진 등과 함께
극예술연구회 창립 동인이고
현대극장 창립도 함께했다.

유치진 작 〈대추나무〉, 함세덕 작 〈어밀레종〉을 연출했다.

유치진에 이은
제2대 국립극장장
1964년 연극협회 이사장

어밀레종 전설이
내선일체를
보여주는 최초의
사례라는 게
진짜야?

말도 안 돼!

어밀레종

함세덕 작
서항석 연출

김태진은 영화배우,
영화감독으로 활동하다가

1933년 치안유지법으로
구속되었고

출소 뒤엔 주로
연극계에서 활동했다.

1941년 이른바 국민극이 제창된 이후 이에 부합하여 〈백마강〉을 집필하면서 본격 친일 대열에 합류했다.

이후 조선연극문화협회 이사로 활동하면서 시국에 영합한 작품을 다수 집필, 연출했다.

1947년 월북, 〈리순신 장군〉을 집필해 호평을 받음

나웅은 프롤레타리아영화운동에 참여한 배우로

1938년 이후 시국대응전선사상보국연맹 간사를 맡는 등 적극적 친일의 길로 들어섰다.

〈매일신보〉에 일제의 침략 전쟁을 동아시아 신질서 건설의 성전으로 찬양하며 이동연극을 통한 국민 연극 수립을 역설하는 글을 기고했다.

이동연극 제1대에서 다수의 연극을 연출했고 연극경연대회에 매회 출품했다.

제1회 연극대회에선 연출상을 수상했고

영화도 몇 편 출연했지.

1946년 월북해서 북조선문화예술동맹 중앙위원을 역임

참, 소설가 나도향이 사촌 형이야.

방한준은 토속적인 영화를 주로 제작하다가

이땐 이런 영화가 경쟁력이 있고 일본, 만주에 수출해야 한다는 생각이 널리 퍼져 있었지.

1940년 이후로는 〈헤이따이상(병정님)〉 등 친일 영화를 다수 연출했다.

영화인으로서는 드물게 총력연맹 문화부 위원으로 활동했다.

황철은 〈사랑에 속고, 돈에 울고〉, 〈춘향전〉, 〈단종애사〉 등에서 주연을 한 당대 최고의 인기 연극배우이자 영화배우.

극단 아랑을 조직해 간판 배우로 활동하며 일제 시책에 부응한 연극경연대회에서 매회 수상했다.

연기상엔 황~철~

1948년 월북 공훈배우, 인민배우 교육문화성 부상 등

또야?

아주 맡아놨네.

문예봉은 당대 가장 인기 있었던 여배우.

삼천만의 연인으로 불렸죠.

최승희무용연구소에서
춤을 배우고

아버지가 창단한 극단에서
연극에 데뷔해 주목을 받았다.

나운규의 제안으로
〈임자 없는 나룻배〉에 출연한
이래 본격 영화배우로 활동했다.

춘향전,
장화홍련전,
인생항로 등의
영화에.

1938년부터
〈군용열차〉,
〈지원병〉, 〈그대와 나〉,
〈조선해협〉 등의
친일 영화에 출연했다.

1948년 월북
1952년 공훈배우
1982년 인민배우

안석영은 시나리오작가,
영화감독, 미술 삽화가다.

풍자만화가이기도.

친일 영화의 대표 격인
〈지원병〉을 연출했고
조선영화인협회
상무이사를 맡았다.

참고로 작곡자는
내 아들 안병원

1947년
〈우리의 소원〉
작사

처음엔
우리의 소원은
'독립'이었으나
나중에 통일로
바꿨지.

우리~의 소원은~
도오~옥립
꿈에도 소원은 ♪

허영. 일본에서 영화 평론을 쓰고 조감독 생활을 했다.

조선으로 돌아와 총독부 학무국, 조선군 보도부, 총력연맹 지원하에 영화 〈그대와 나〉의 시나리오를 쓰고 연출했다.

〈그대와 나(君と僕)〉를 소개한 당시 영화 잡지 기사

1942년 장교 대우의 군속으로 인도네시아로 건너가

연극을 통해 인도네시아 민중을 대동아공영권 건설에 끌어들이는 역할을 맡았다.

순회극단을 조직해서 백인을 배격하는 선전 선동을 했지.

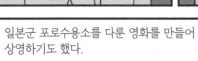

일본군 포로수용소를 다룬 영화를 만들어 상영하기도 했다.

뭐야? 호주군 포로들이 저렇게 안락하게 지낸다고?

말도 안돼. 오버도 좀 적당해야지.

일제의 패전 뒤엔 귀국을 포기하고 인도네시아의 독립을 지지하는 활동을 펼쳤다.

고향으로 돌아가봐야 전범으로 몰리거나 친일파로 쳐단받을 텐데 그럴 바엔 남아서 인도네시아인으로 사는 게…

최승희.

1926년 숙명여고보를 졸업하고 일본으로 건너가 이시이 바쿠로부터 무용을 배웠다.

선생님은 일본 근대무용의 선구자시죠.

3년 뒤 서울로 돌아와 열아홉 살에 최승희무용연구소를 세우고 이듬해 창작무용 발표회를 열었다.

제1회 최승희 발표회

짝짝 와- 짝짝짝 짝짝

이후 조선과 일본에서 활동하며 명성을 쌓았다.

최승희 공연이라면 돈을 빌려서라도 봐야지.

피식 네가 무용을 알기나 해?

무용을 몰라도 최승희 공연은 그냥 감동이 몰려오니까.

반도의 자랑 최승희 연속 공연

조선의 자랑 최승희 연속 공연

1937~1940년 미, 남미, 유럽 등을 누비며 공연했고

벨기에 신문에 실린 최승희 공연 평론

1939년에는 국제무용콩쿠르 심사위원으로 활동했다.

심사위원으로 피선됐음을 알리는 〈매일신보〉 보도

半島女性의 자랑

舞姬崔承喜 歐洲에서 活躍中 國際舞踊콩쿠르審査員被選

1937년부터 국방헌금, 황군위문금, 조선문인협회 기부금 등 각종 기부금이 7만 5,000원에 이르렀다.

이쯤 되면 진정 기부의 여왕

1942년 싱가포르 함락을 축하하기 위한 공연을 했다.

이때 공연한 창작무용 〈무혼〉은 영화 〈그대와 나〉, 음악 〈지원병행장가〉와 함께 총력연맹 제1회 문화 표창을 받았지.

같은 해부터 종성, 온성, 옌지, 투먼 등의 공연을 시작으로 본격 위문 공연에 나섰고 베이징, 상하이, 난징 등을 돌며 황군 위문 공연을 펼쳤다.

해방을 맞은 것도 위문공연차 베이징에 있을 때였어.

1946년 월북 이후
최고인민회의 대의원
조선무용가동맹 중앙위 위원장
무용학교 교장
국립무용극장 총장
공훈배우, 인민배우

말년에 숙청됐고

전국정구선수권자이기도 한 조택원.

블라디보스토크 조선학생음악단의 고국 방문 공연, 이시이 바쿠 공연, 최승희 공연 등을 접하며 무용에 매료됐다.

아!…

무용가로서의 삶을 살기로
결심하고 일본으로 건너가
이시이 바쿠로부터 무용을
배웠다.

1934년 제1회
조택원 무용 발표회를 열었고

남자가 뭔
무용이야 했는데
멋지던 걸

제1회 조택원 무용 바표회

그래, 완전히
남자 최승희드만

이후 승무를 현대적으로
재해석한 춤으로
전국 순회공연을 할 만큼
인기를 얻었다.

유럽으로 건너가 80여 차례 공연하며
호평을 받았다.

1941년 공연 실패로 빚더미에 앉게 되자
총독부 학무국으로 찾아가 자금 지원을 받기로 하고
본격 친일 무용, 국책 무용의 길로 나섰다.

홧팅~

조선 무용가로서
대일본무용연맹
이사에 선출되기도.

해방 직전까지 무용가, 음악가 12명으로 황군위문공연단을
조직해 조선, 중국, 만주, 몽골 등지에서 위문 공연을 했다.

황군위 연단

내가 단장을 맡아
1천 여 회의 공연을
했지.

해방 후 친일 행위에 대해
공개 자아비판을 했고
미국 부통령에게
이승만을 비판했다가
금족령이 내려져
4·19 뒤에야 귀국

1962년 한국무용협회 이사장

미술계

미술계는 총후미술전, 결전미술전 같은 전람회를 통해
침략 전쟁을 찬양하고

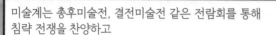

종군 화가, 위문,
시화 발표 등으로 협력했다.

김은호는 스물한 살에 경성서화미술회에
들어가자마자 실력을 인정받아 송병준, 윤택영
등 당대 실력자들의 초상화를 제작했다.

오! 젊은 친구가
대단하네.

괜찮죠?
실물보다 좀
못하지만ᄒ

순종의 어용 화사로 발탁되어
순종 어진도 그렸다.

3·1과 관련해 2년간
옥고를 치렀다.

독립신문을
배포하다가

이후 변관식과 함께 일본으로 유학해 일본식 화법을 익혔고,
각종 전람회에서 수상 경력을 쌓았다.

1927년
전국미술전람회 입선
1928년 동양회화전 1등
조선미술전람회 특선
⋮

김기창, 장우성 등의 후배를 양성했다.

선생님의 제자들인 우리는 '후소회'를 조직했는데,

이때 3대 획전 양성 통로는 우리 후소회와 이상범 선생의 청전화숙, 허백련 선생의 연진회였다오.

후소회는 일본식 채색화풍을, 청전화숙은 일본 남화풍을 가미한 산수 계열을, 연진회는 전통적인 남종화풍을 그렸죠.

〈금차봉납도〉를 그리고

각종 군국주의 전람회에 작품을 출품했으며, 조선미술가협회 일본화부 평의원으로 일했다.

書筆報國

繪畫奉公

총독부 정보과가 후원한 반도총후미술전 일본화부 심사위원 등으로 활동했다.

조선인 화가로 심사위원이 된 것은 내가 처음.

김기창은 장티푸스로 후천성 청각장애인이 되었다.

!

김은호 문하로 들어간 뒤 6개월 만에 조선미술전람회 (선전)에 입선하더니

호! 열여덟 소년이 이런 재예라니!

김화백 문하라며?

제16~19회 연속 수상하며 추천작가에 올랐다.

20대에 추천작가라…

천재여, 천재!

신문, 잡지에 일제 찬양, 징병 찬양의
삽화를 그리고

결전미술전에 〈적진육박〉을 출품했다.

장우성은 김은호 문하로

선전 제20~23회에 연속 수상해 추천작가에 올랐고,
제22회에는 조선인 화가 최초로 답사를 했다.

제22회 조선미술 전□□회

총후 국민예술
건설을 위하여
심혼을 경주해
매진할 것입니다.

김은호, 김기창, 장우성은 해방 뒤 역사 인물 표준 영정 제작에도 많이 참여했다.

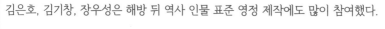

김은호가 그린
신사임당, 이이,
논개 →

김기창이 그린
세종대왕 →

장우성이 그린
이순신, 유관순, 윤봉길
→

작가의 친일 논란
등으로 인해
김은호의 〈논개〉와
장우성의 〈유관순〉은
표준영정 지정 해제되고
교체됐습니다.

이상범은 선전에서 1925년 이후 10년 연속 특선을 했다.

10년 연속? 우와! ~

전무후무!

신문사에 취직해 삽화를 담당하던 중

다 체포해!

일장기말소사건 관련해서 40일간 구치소에 수감되기도 했다.

1941년부터 총력연맹 문화부 위원, 조선미술가협회 일본화부 평의원 등으로 활동했다.

1935년부터는 추천작가로, 1938년엔 심사위원으로 참여해왔지.

한마디로 김은호와 함께 조선화단의 양대 산맥?

국방헌금 마련을 위한 조선남화연맹전 같은 각종 총독부 주도의 전람회에 빠짐없이 작품을 출품했고

침략 전쟁을 찬미하는 삽화를 많이 그렸다.

김경승은 조각가. 조선미술가협회의 평의원과 조각분과 위원으로 활동했다.

결전미술전람회에 심사위원으로 참여하는 한편 스스로도 〈대동아 건설의 소리〉라는 작품을 출품했다.

조각 분야는 내가 워낙 독보적이니까.

해방후 잔해의 이순신장군상, 남산기념관의 김구선생상, 인천의 맥아더장군상, 도산공원의 안창호선생상, 전봉준상, 안중근상, 김유신상, 김성수상 등 엄청 많이 작업했지.

서양화가 김인승은 조선미술가협회 서양화부 평의원, 총력연맹 문화부 위원 등을 역임했고,

선전에서 4회 연속 특선을 해서 추천작가가 되었지.

이름 보고 느꼈겠지만 내 형이야.

〈유기권납도〉, 〈간호병〉, 〈무찔러라 적미영〉 같은 친일 삽화를 그렸다.

노수현은 이상범과 함께 안중식의 화숙에서 배웠다.

스승님의 호는 심전(心田)인데 나는 '심'자를 이어받아 심산(心汕)

나는 '전'자를 받아 청전(靑田)으로 호를 지었지.

〈동아일보〉에서 미술 담당 기자로 일하다가 〈조선일보〉로 옮겨 '멍텅구리 헛물켜기'를 그려 유명세를 얻었다.

그렇다고 나를 만화가로만 알면 곤란해. 1926년 선전에서 특선한 산수화가여.

1941년부터 잡지 《신세대》에
중편 〈멍텅구리〉를 수차례 연재했다.

전시국민생활
체제의 확립을
위한 홍보물이네.

미술도 전쟁에
복무해야
한다고들
난리잖아.

척추 장애가 있었던 구본웅은 야수적 화풍으로
센세이션을 일으켰다.

내 절친인
시인 이상

평론가로서도 활발히 활동하며 선배 작가인
김은호, 이상범 등을 강하게 비판했다.

김은호는 도화사
역할을 버리고
화가의 역량을
발휘하시라.

이상범은
매너리즘에서
벗어나시고.
안 되겠지만.

독특한 화법을 구사하고
있지만 독특함만으로
예술이 될 순 없다는 걸
알아야.

↑ 김환기의 구본웅 비판

조선 화단의 일본 화단화를 주장하며 친일적 글을 많이 썼다.

우리들 미술인은 적극적으로 역할을 다해 사변 승리를 위해
신동아 건설을 위하여 미술의 무기화에 힘쓸 것이며,
나아가 신동아 미술의 탄생을 꾀할 것…
아, 미술인이여! 우리는 황국신민이다.
가진 바 기능을 다하여 황국에 보(報)할 것.
- '사변과 미술인', 〈매일신보〉 1940년 7월 9일 자

'조선화적 특이성', 〈동아일보〉 1939년 5월 1일 자
'채필보국의 일념', 〈매일신보〉 1940년 1월 3일 자

해방 후
친일 행위를
후회하는 글을
남기기도

음악계

음악계의 친일 활동은
침략 전쟁과 신체제를
찬양하는 노래의 창작과

적극적 보급 활동이 주류를
이루었다.

국민합창 시간이
돌아왔습니다.
오늘 배울 노래는
황군의 무운장구를
기원하는 …

총독부 등이 주도한 다양한
군국 가요 공모전에 적극
참여했고,

미영격멸의 가요
현상모집

반도 청년의 노래
현상모집

레코드 취입,

가창 지도대를 통한 국민개창운동 등으로 보급에 앞장섰다.

아시아의 원수, 미영격멸!   결전의 길에 한마음으로

황군 위문 활동이나 전쟁 협력을
선동하기 위한 찾아가는 공연 같은
연예대 활동에도 적극 참여했다.

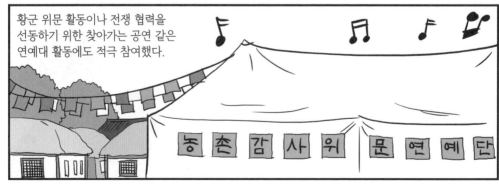

농 촌 감 사 위 문 연 예 단

홍난파. 〈고향의 봄〉, 〈봉선화〉 등 150곡이 넘는 곡을 작곡했다.

수양동우회사건으로 검거되어 '사상 전향에 대한 논문'을 제출했다.

부끄러움을 금할 수 없다. 따라서 사상전향을 결의하고 나의 그릇된 생각과 마음가짐을 바꿔 과거를 청산하고 금후론 일본제국의 신민으로서 본분을 다하고 …

〈정의의 가마〉(최남선 작시), 〈공군의 노래〉(스기모토 나카오 작시), 〈희망의 아침〉(이광수 작사) 등의 친일 노래를 작곡했고

각종 친일 연주회에서 연주, 지휘했다.

현제명. 1936년 미국에서 음악 박사 학위를 따고 1937년 귀국했다.

역시 수양동우회사건으로 검거되었다가 대동민우회에 가입하면서 전향선언서를 발표하고 친일의 길에 나섰다.

조선 민중의 행복은 내선 두 민족을 하나로 하는 대일본 신민이 되어 신동아 건설에 매진함에 있다.

조선임전보국단 발기인 겸 평의원,
조선음악협회 이사,
경성후생실내악단 이사장 등을
맡아 활동했다.

〈후지산을 바라보며〉를
작곡했고,

연극 〈북진대〉의 음악을
담당했다.

조선음악회가 성전 완수를 돕기 위해
개최한 음악경연대회 심사위원도
맡아 보았다.

징병제 시행을 경축하는 '야외 음악과 영화의 밤'에 출연해
〈항공 일본의 노래〉, 〈대일본의 노래〉를 독창하는 등
각종 행사나 라디오 등에서
노래했다.

김성태는 광주학생운동
연대 시위와 관련해
퇴학당했다.

도쿄에서 작곡을 배우고 돌아와
경성보육합창단, 경성방송혼성합창단
지휘를 맡았다.

일제의 침략 전쟁을 찬양,
선전하는 〈군국의 어머니〉,
〈어머니의 합창〉, 〈바다〉,
〈배〉 등을 작곡했다.

김기수.
이왕직 아악부의
아악부원 양성소를
수석으로 졸업하고

이왕직 아악부
아악수로 근무했다.

일본 기원 2600년 기념 창작 공모에 〈황하만년지곡〉을 출품해
당선했다. 이 곡은 일본의 주요 기념일마다 연주되었다.

1973년
국립국악원장

조두남은 1932년
만주로 이주해 연주 활동,
작곡 활동을 하다가

만주작곡가협회 회원으로 가입하고 일본의 정책을 찬양하는 작곡에
적극 나선다.

〈징병령만세〉,
〈아리랑만주〉,
〈황국의 어머니〉 등이
이때 작곡한 곡들이라오.

징병제를 찬양하고
낙토만주와 오족협화로서
대동아공영권을 건설하자는
군가풍 노래들이죠.

조두남의 대표곡은
〈선구자〉인데
근래에 와서
친일곡으로
밝혀졌지?

친일 시인이었던
윤해영의 시에
곡을 붙인 노래로 원제는
〈용정의 노래〉였대.

심지어 곡도
박태준이 작곡한
〈님과 함께〉의
표절이란 지적이
...

일송정 푸른 솔은 늙어 늙어 갔어도 ♪
한 줄기 해란강은 천년 두고 흐른다.
지난 날 강가에서 말달리던 선구자…

가만, 그럼 선구자가
독립운동가가 아닌 거야?

안익태. 일본에서 음악 공부를 했고

다시 미국으로 건너가 첼로를 전공하며 지휘 공부도 했다.

음악학 석사를 받고 유럽으로 건너갔다.

헝가리에서 교향악단 객원으로 자작곡 〈교향적 환상곡 조선〉을 지휘하더니 역량을 인정받아 부다페스트 교향악단을 지휘했다.

1938년 〈관현악을 위한 환상곡 에텐라쿠〉를 발표했다.

에텐라쿠는 일본의 전통아악으로 천황 즉위시 연주되는 음악이지.

1941년 베를린으로 진출, 나치의 제국음악원 총재이자 협력자 리하르트 슈트라우스와 독일협회 후원으로 관현악단을 지휘하게 된다.

우리의 동맹국 일본에서 온 재능 출중한 에키타이 안을 소개하네.

여기에 활발한 작품 활동을 더해 국제적 명성을 얻었다.

에키타이 안!

Ekitai Ahn!

1942년 만주국 건국 10주년 경축곡을 의뢰받아
〈만주환상곡〉을 완성하고 지휘했다.

1943년 나치 정부의 제국음악원
회원증을 받아 정회원이 되었다.

1944년 파리에서 오케스트라를 지휘해
슈트라우스의 〈일본축전곡〉을 연주했고

독일의 패색이 짙어지자 스페인으로 피신했다.

스페인에서
마요르카 교향악단
상임지휘자로 활동하며
런던필하모닉 오케스트라를
비롯해 여러 악단을
객원 지휘

조명암. 대중가요 작사가, 극작가, 시인.
오늘날까지 불리는 수백 곡의 대중가요를
작사했다.

〈알뜰한 당신〉,
〈세상은 요지경〉,
〈꿈꾸는 백마강〉,
〈목포는 항구다〉,
〈무정천리〉등이
다 내 작품이지.

1940년대 들어 〈군사우편〉, 〈애국반〉, 〈그대와 나〉,
〈지원병의 어머니〉, 〈이 몸이 죽고 죽어〉,
〈아들의 혈서〉 등의 군국 가요를 40여 곡 작사했다.

지원병의 어머니

1. 나라에 바치자고 키운 아들을
   빛나는 싸움터로 배웅할 게
   눈물을 흘릴쏘냐 웃는 얼굴로
   깃발을 흔들었다 새벽 정거장

3. 살아서 돌아오는 네 얼굴보다
   죽어서 돌아오는 너를 반기며
   용감한 내 아들의 충의충성을
   지원병의 어머니는 자랑해주마

1948년 월북
1960년 교육문화성 부상

김준영은 〈사랑에 속고 돈에 울고〉, 〈홍도야 울지 마라〉 등의 가요를 작곡했다.

군국 가요로는 〈반도의용대가〉, 〈어머니가 노래한다〉, 〈일본남아〉, 〈승전가〉 등 네 곡이 있다.

군국 영화의 음악 작업도

김해송. 가수 겸 작곡가로 이난영과 결혼했다.

〈오빠는 풍각쟁이〉, 〈역마차〉, 〈선창〉 등을 작곡했고

〈강남의 나팔수〉, 〈이 몸이 죽고 죽어〉, 〈총후의 자장가〉 등 아홉 곡의 군국 가요를 작곡했다.

총후의 자장가

1. 울지 마라 아가야 우리 애긴 잘도 자
   아버지는 용감하게 지원병으로
   총을 메고 칼을 차고 떠나가셨다
   떠나가신 몽강 땅은 먼 곳이란다.

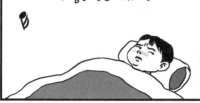

반야월은 가수로 데뷔해 〈불효자는 웁니다〉, 〈꽃마차〉 등을 불렀다.

가수 때 예명은 진방남!

1942년 반야월이라는 예명으로 〈일억총진군〉, 〈결전태평양〉, 〈조국의 아들〉, 〈지원병의 노래〉 등을 작사했다.

일억총진군

1. 나아가자 결전이다 일어나거라
   간닌부쿠로(堪忍袋)의 줄은 터졌다
   민족의 진군이다 총력전이다
   피뛰는 일억일심 함성을 쳐라

4. 대동아 재건이다 앞장잡이다
   역사는 아름답고 평화는 온다
   민족의 대진군아 발을 맞추자
   승리다 대일본은 만세 만만세

해방 후엔 〈울고 넘는 박달재〉, 〈산유화〉, 〈유정천리〉, 〈무너진 사랑탑〉, 〈열아홉 순정〉 등을 작사

박시춘은 〈애수의 소야곡〉,
〈감격시대〉, 〈세상은 요지경〉,
〈무정천리〉 등을 작곡했다.

군국 가요로는 〈아들의 혈서〉, 〈아세아의 합창〉, 〈혈서지원〉,
〈결사대의 아내〉 등 13곡을 작곡했다.

해방 후엔
〈가거라 삼팔선〉, 〈고향초〉,
〈낭랑 18세〉, 〈신라의 달밤〉,
〈비 내리는 고모령〉, 〈전우야 잘 자라〉,
〈전선야곡〉, 〈봄날은 간다〉,
〈남성 넘버원〉, 〈이별의 부산 정거장〉
등을 작사

손목인은 〈타향(타향살이)〉,
〈목포의 눈물〉 등을
작곡했고

〈총후의 기원〉, 〈보내는 위문대〉 등 네 곡의 군국 가요를 작곡했다.

보내는 위문대 (함경진 작사)

눈 차인 변방에서 눈위에 서서
찬 달빛 바라보며 밤을 셀 제
이 샤쓰를 입으소서 이 조끼를 입으소서
これが 私の 慰問袋
(이것이 저의 위문대)

나라에 바친 몸 고마울세라
적 군사 물리치신 고요한 밤에
이 시집을 읽으소서 고향소식 읽으소서
これが 私の 慰問袋

해방 후엔
〈슈샨보이〉,
〈아빠의 청춘〉
등을 작곡

이재호는 〈나그네 설움〉,
〈불효자는 웁니다〉,
〈번지 없는 주막〉, 〈꽃마차〉,
〈대지의 항구〉 등을 작곡했다.

군국 가요로는 〈결전태평양〉, 〈조국의 아들〉, 〈일억총진군〉,
〈전선의 달〉 등을 작곡했다.

해방 후엔
〈귀국선〉, 〈산유화〉,
〈물레방아 도는 내력〉,
〈단장의 미아리 고개〉
등을 작곡

이봉룡은 이난영의 오빠로 〈낙화유수〉,
〈목포는 항구다〉 등을 작곡했고

군국 가요로는 〈마지막 필적〉, 〈아가씨 위문〉 등
여섯 곡을 작곡했다.

♪♩♩

남인수는 가수로 〈애수의 소야곡〉, 〈감격시대〉,
〈무정천리〉 등을 히트시켰고

해방 후엔
〈가거라 삼팔선〉,
〈이별의 부산정거장〉,
〈산유화〉,
〈무너진 사랑탑〉 등을
히트시켰지.

군국 가요로는 〈강남의 나팔수〉,
〈그대와 나〉 등 여섯 곡을
불렀다.

♪
그대는 반도 남아
이내 몸은
야마토사쿠라 ~ ♩.

백년설은 〈나그네 설움〉,
〈번지 없는 주막〉, 〈대지의 항구〉,
〈마도로스 박〉 등을 불러
인기를 얻었다.

군국 가요로는
〈아리랑 만주〉,
〈아들의 엽서〉,
〈조선해협〉,
〈혈서지원〉 등
일곱 곡을 불렀다.

♩ 무명지 깨물어서
붉은 피를 흘려서
일장기 그려놓고 ♪

〈역마차〉를 부른 장세정은
군국 가요 〈지원병의 어머니〉,
〈지원병의 집〉 등 다섯 곡을 불렀고
황군위문연예단으로도 활동했다.

여성계, 교육계, 언론계

김활란. 이화여전 교수로 있으면서 기독교 단체 활동도 활발히 했다.

국제 선교회도 참석하고

문맹퇴치운동도 벌이고 …

애국금차회 발기인으로 참여해 간사를 맡았고 이화애국자녀단을 결성해 단장을 맡았다.

이화애국자녀단

총후군국을 내조하는데 앞장서야!

기독교 친일화에 앞장섰고 1939년 4월, 아펜젤러에 이어 이화여전, 이화보육학교 교장에 자리했다.

기독교학교 교장을 외국인에서 조선인으로 바꾸자는 게 우리의 뜻. 물론 말 잘듣는 조선인으로 ㅎㅎ

미나미 총독과 자주 만났고

이렇게 평가했다.

총독각하는 솔직하고 검소한 인품으로 집안의 아저씨 같다고나 할까.

국민총력조선연맹 이사, 조선임전보국단 평의원 등으로 있으면서
징병제와 침략 전쟁을 찬양하는 강연, 좌담, 기고 활동을 활발히 했다.

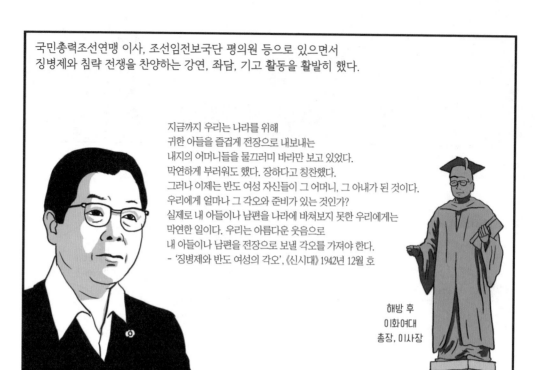

지금까지 우리는 나라를 위해
귀한 아들을 즐겁게 전장으로 내보내는
내지의 어머니들을 물끄러미 바라만 보고 있었다.
막연하게 부러워도 했다. 장하다고 칭찬했다.
그러나 이제는 반도 여성 자신들이 그 어머니, 그 아내가 된 것이다.
우리에게 얼마나 그 각오와 준비가 있는 것인가?
실제로 내 아들이나 남편을 나라에 바쳐보지 못한 우리에게는
막연한 일이다. 우리는 아름다운 웃음으로
내 아들이나 남편을 전장으로 보낼 각오를 가져야 한다.
- '징병제와 반도 여성의 각오', 《신시대》 1942년 12월 호

해방 후
이화여대
총장, 이사장

임숙재. 숙명여전 교수, 임전보국단
지도위원으로 각종 단체, 강연,
기고 활동을 펼쳤다.

1955년
숙명여대
초대 총장

황신덕.
경성가정여숙 숙장으로
조선임전보국단 평의원 겸
부인대 지도위원,
국민동원총진회 중앙위원
등으로 활동했다.

경성가정여숙 학생을 여자근로정신대로 차출해
일본 군수공장에 보냈다.

경성가정여숙 여자근로정신대

1961년 추계학원 이사장
추계예대 설립자

이화여전 교수 고황경은 애국금차회 발기인, 총력연맹 부인지도위원, 조선임전보국대 부인대 지도위원으로 활동하면서

황군만세!

침략 전쟁, 황민화 정책을 지지하는 글을 다수 기고했다.

1943년 8월 1일은 조선에 징병제가 시행되는 날로서
우리나라 병제사 위에 영구히 기록할 만한 일인 것이거니와
… 임금님의 군사로 나서는 젊은이들, 젊은이들아.
그 집안 사람들아. 임금 위하여 참마음 하나로 일어서라 하노라.
- 〈매일신보〉 1943년 8월 5일 자

1961년
서울여대
초대 총장

이화여전 교수, 덕성여자실업학교 교장 송금선은 애국금차회 간사, 조선임전보국대 부인대 지도위원으로 활동했고,

대동아공영!

다수의 친일 글을 발표했다.

'부인부대와 지원병 - 여자도 훈련 필요',
《삼천리》 1941년 1월 호
'대미 개전과 부인의 결의',
〈매일신보〉 1941년 12월 10일 자
'가장 기꺼운 소식 - 우리 학병은 잘 싸운다',
〈매일신보〉 1944년 6월 4일 자

1952년
덕성여대
초대 총장

역시 이화여전 교수였던 박마리아는 조선임전보국단 부인대 지도위원을 맡아 각종 강연, 좌담회, 기고 등의 활동을 이어갔다.

징병령이라는 것은 천황 폐하께옵서 내리신
여간한 큰 은사가 아닙니다.
… 황은에 어그러짐 없이 충용하고 훌륭한 황국신민이 되도록
노력하는 것이 이 혜택에 보은하는 최선의 길입니다.
- '자식 둔 보람, 어미 된 면목', 〈매일신보〉 1942년 5월 13일 자

4·19 직후
부통령이었던
남편 이기붕과
동반 자살

상명실천여학교 교장 배상명은
조선임전보국단 평의원 겸
부인대 지도위원으로

징병제 찬양 글을 다수 기고하는 등 친일에 앞장섰다.

'긴장과 용기와 신념으로 총후를 꿋꿋이 지키자',
〈매일신보〉 1941년 12월 10일 자
'징용은 영광스러운 길, 장병의 의기로 나서기를',
〈매일신보〉 1944년 5월 26일 자
'오직 승리 하나뿐. 우리는 총칼 대신 근로',
〈매일신보〉 1944년 8월 27일 자

1965년
상명여자사범대학
초대 학장

백낙준. 미국에서 박사를 받고
목사 안수도 받았다.

1927~1939년에 연희전문학교 교수로
있었으며, 임전대책협의회에 참여하고
조선임전보국단에 발기인으로
참여했다.

임전대책협의

백낙준교수

애국기헌납기성회 부회장으로 활동했고

애국기헌납기성회는
조선예수교장로회에서
비행기 헌납을 위해
만든 조직이죠.

〈기독교신문〉 편집위원으로 〈기독교신문〉에
징병제 찬양 글 등을 실었다.

… 우리에게 병역의 의무를 주심은
천황께옵서 우리를 신뢰한다는 분부이옵니다.
… 우리는 조국 일본을 결사 수호하고
황화(皇化)를 우내(宇內)에 펴고
황위(皇威)를 사해에 떨치옵시다.
- '내 아버지의 집', 〈기독교신문〉 1942년 5월 20일 자

해방 후
연희대(연세대)
초대 총장

현상윤. 중앙고보 교장으로 1937년 학무국 주최 시국순회강연회의 연사로 활동했다.

국민정신총동원 조선연맹 참사, 조선유도연합회 평의원, 국민총력조선연맹 참사, 조선임전보국단 발기인 등 친일 단체 활동에 참여하고

여러 매체에 친일 글을 기고했다.

대동아전쟁 발발 이래 반도 청년의 충의는 여실히 나타나 마쓰이 오장과 가네하라 군조는 반도 청년들의 갈 바를 몸소 지시하였다. 반도의 청년들아! 이 선배의 뒤를 따라서 몇 천, 몇 만의 마쓰이와 가네하라가 나와주기를 바란다.
- '승리는 정신력, 신취(新鷲)를 따르자 반도 청년', 《매일신보》 1944년 12월 12일 자

해방 후
고려대 초대 총장

장덕수.
1923년 〈동아일보〉 부사장 겸 주필로 미국 유학을 떠나 12년간 체류했다.

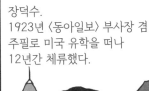

귀국 후 흥업구락부사건으로 기소유예 처분을 받았다. 이후 본격 친일의 길에 나섰다.

국민정신총동원 조선연맹, 국민총력조선연맹 참사, 조선임전보국단 이사 등으로 활동했고,

전쟁승리에 반도인이 앞서

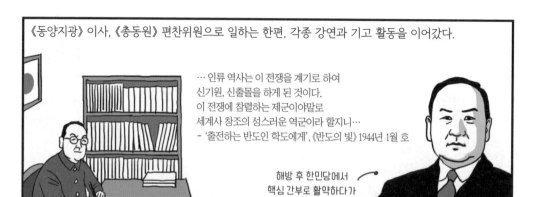

《동양지광》 이사, 《총동원》 편찬위원으로 일하는 한편, 각종 강연과 기고 활동을 이어갔다.

… 인류 역사는 이 전쟁을 계기로 하여
신기원, 신출물을 하게 된 것이다.
이 전쟁에 참렬하는 제군이야말로
세계사 창조의 성스러운 역군이라 할지니…
- '출전하는 반도인 학도에게', 《반도의 빛》 1944년 1월 호

해방 후 한민당에서
핵심 간부로 활약하다가
피살됨

방응모. 1933년 〈조선일보〉를
인수해 사장이 되고
1935년 《조광》을 창간했다.

朝鮮日報 社長   조광 사장

일장기말소사건으로 〈동아일보〉, 〈조선중앙일보〉가
정간을 당하자 전국적으로 발전자축회를 개최하는 등
사세 확장의 기회로 활용했다.

우리 신문
대도약의
기회가
왔다!

가자!
일등신문으로!

발전자축회

중일전쟁이 발발하자 주필 서춘과 함께
편집국장 등의 반대를 물리치고 자발적으로
적극적인 친일 논조를 취했다.

우선 그동안 써오던
용어부터 바로잡아야
해.

그렇습니다. 가령 일본군,
중국군, 장개석씨 등도 앞으로
아군, 지나군, 장개석으로 쓰고
논설도 일본 국민의 입장에서
써야 합니다.

여러 친일 단체에서 역할을 맡아
활동한 것은 물론이다.

조선지원병제도축하회
발기인으로 활동하셨고
배영동지회 상담역,
국민총력조선연맹
참사이시며
조선임전보국단 이사이신
방응모 선생께서
참석하셨습니다.

〈조선일보〉는 폐간됐지만 《조광》은 계속 발행되며 친일 언론으로 기능했고

1941년 10월 호

《조광》의 '권두언' 등을 통해 적극적으로 친일 발언을 쏟아냈다.

영국과 미국은 동양의 원구자요 동양 전체의 죄인! 대동아전쟁은 그들에게 동양권을 이탈하여 공영권을 건설하고 세계의 평화를 도모하는 것이라 참아오던 원한의 폭발

2·8 독립선언 당시 실행위원으로 옥고를 치렀던 서춘.

〈동아일보〉를 거쳐 방응모 사장 때 〈조선일보〉로 옮겨 주필을 역임했다.

중일전쟁 이후 총독부 정책을 적극 지지해 시국 강연 강사로 나서고 각종 좌담회에 참석했다.

반도 신체제 좌담회

국민정신총동원 조선연맹 참사, 배영동지회 평의원, 국민총력조선연맹 사상부 참사, 조선임전보국단 발기인 겸 평의원 등을 맡아 활동했고

신문, 잡지에 숱한 기고를 했다.

'반도 청년이여 분기하라', 《총동원》 1939년 10월 호
'징병제 실시와 반도인의 감격', 《조선》 1942년 7월 호
'필승의 신념', 《대동아》 1942년 10월 호

(멸사봉공, 진충보국의) 일본정신을 체득하여 천황귀일의 대신념을 기르고, 항상 한 목숨을 대군에게 바치겠다는 결의를 굳게 하며, 싸움에 임하여 충성용무한 군인이 되겠다는 각오를 가져야 ('징병제 실시와 반도인의 감격')

김성수. 일장기말소사건으로
〈동아일보〉에서 물러나
보성전문 교장으로 있었다.

국민조선총동원 조선연맹
발기인 겸 이사 겸 참사,
국민총력조선연맹 이사 겸 평의원,
조선임전보국단 발기인,
조선방송협회 평의원 등을
역임했다.

학무국 주최 전조선시국강연대회에서
강원도를 맡아 나섰다.

징병제 실시가 결정되자 〈매일신보〉에 징병 격려문을
수차례 기고해 적극 찬동했다.

'문약의 고질을 버리고 상무기풍 조장하라', 〈매일신보〉 1943년 8월 5일 자
'대의에 죽을 때 황민 됨의 책무는 크다', 〈매일신보〉 1943년 11월 7일 자
'학병을 보내는 은사의 염원', 〈매일신보〉 1943년 12월 7일 자

특히 자신이
교장으로 있는
보성전문학교
학생들에게
학병에 빠짐없이
나설 것을 독려했다.

제군은 세계 무비의
황군의 일원이 되는 광영을
누리게 되었으니
학도의 기분을 버리고
군인의 마음으로
규율있는 생활을 하라.

1951년
부통령

이상협은 타고난 신문장이다.

매일신보 편집인, 동아일보 발행인 겸 편집인, 편집국장, 조선일보 이사, 중외일보 발행인 겸 편집인 등을 두루 거쳤고

1938년 매일신보가 주식회사로 출발할 때 취체역 겸 부사장 겸 발행인 겸 편집인에.

조선자원병제도 제정축하회 발기인, 국민정신총동원조선연맹 참사, 조선유도연합회 평의원, 조선임전보국단 발기인 겸 평의원으로 활동도.

부르는 데가 넘 많네♪

시국과 관련한 언론인의 역할에 대해 그는 이렇게 주장했다.

(보도기관의 종사자는) 사변에 참가해 협력하고 있는 한 사람의 병사 …
(보도기관의 사명은) 한 사람 한 사람이 병사로서의 확실한 발판을 밟아 제3의 전선에 맞서는 것과 동시에 제일선의 전장에서 병사들이 포탄의 하나 하나를 생명처럼 중요하게 여기는 것처럼 우리들은 항상 내외의 여러 정세의 동향에 신속하게 대응하면서 1행 1구의 기사도 신중하게 취급해야만 한다. 더욱이 한 개의 포탄은 적진지의 한 개의 지점을 파괴하는 데 그치지만 우리들의 보도기사 1행은 확실하게 전 국내, 전 세계로 영향을 미치는 바가 있음을 명심해야…

그 밖에도 〈매일신보〉 편집국장, 〈경성일보〉 이사 등을 역임한 김상회,

중추원 참의도.

〈매일신보〉 발행인 겸 편집인을 역임한 김동진,

〈매일신보〉 편집국장 출신의 유광렬, 〈조선일보〉 편집국장 출신으로 《조광》의 대표 필진으로 활약한 함상훈 등이 있다.

해방 후 〈한국일보〉 논설위원♪

해방 후 한민당 선전부장♪

종교와 종교인들

1938년 9월 조선예수교장로회는
신사참배를 결의했다.

이어 국민총동원 조선예수교장로회연맹,
국민총력 조선예수교장로회연맹을 조직하고 산하의
각 교회별로 애국반을 조직하도록 했다.

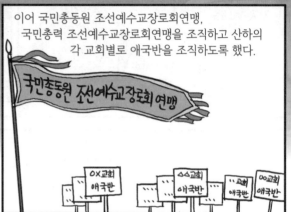

애국기헌납기성회를 조직해
애국기 한 대와 기관총 일곱 정의
대금으로 15만 원을 냈으며,

기도회 등 다양한 방식의 친일 행사를 가졌다.

전승축하회 604회,
시국 강연 1,355회,
무운장구 기도회 8,953회
위문 181회를
가졌습니다.

조선감리교는 1936년 이미
신사참배를 수용했다.

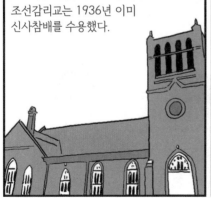

국민총동원 기독교 조선감리회 조선연맹,
국민총력 기독교 조선감리회연맹이 조직되었고
전쟁 협력에 적극 나섰다.

감리교단은 또한 지방 34개의 교회를 팔아 비행기 세 대의 헌납 기금으로 바칠 것을 결의하기도.

교회까지 팔 생각을 하다니 진정한 애국 교회야. 감리교단! 인정!

성결교회도 국민정신총동원 성결교회연맹, 국민총력 성결교회연맹으로 조직되고 본격 친일 활동에 나섰다.

성전 승리를 위해 구국기도회를!

황군 위문금 모금 활동에 전력을 다하자!

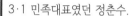
3·1 민족대표였던 정춘수.

흥업구락부사건으로 전향서를 쓰고 석방되었으며

국민총력 기독교 조선감리회연맹을 조직하고 이사장에 취임했다.

교회를 통폐합해 나머지를 팔고 그 돈으로 애국기를 헌납하자는 안도 내 아이디어지.

기도회, 좌담회, 기고 등으로 적극 친일 활동에 나섰다.

전고 미증유의 비상시를 당했으니
우리 기독교에서는 기독의 희생정신으로 충군애국과 멸사봉공을 다하야
방향을 찾아 국민 훈련의 일익이 되야 복잡다단한 시국을 돌파하고
동방의 광휘를 세계에 빛냄이 기독자의 책임이다.
- '기독교와 신체제 운동', 《동양지광》 1942년 3월 호

해방 후 교회 내에서 친일파의 거두로 배척받아 천주교로 개종합니다.

갈홍기. 연희전문학교
교수였으나 동우회사건으로
교수직이 상실되었다.

전향하고 교수직에 복귀되었으며 시국대응전선사상보국연맹 간사,
황도문학관 관장, 일본기독교 조선교단의 종교교육 국장 등을
역임했고 강연, 좌담회, 기고 등에 적극 나섰다.

기독교의 일본화는 우리들이 올바른 국제관,
올바른 국민의식을 가질 때 가능합니다.

반도 기독교의 개혁을 말한다 좌담회
1942. 2. 주최: … 참석자: … … … …

양주삼. 1927년
남북감리교의 합동을 이뤄내
기독교 조선감리회
초대 총리사가 되었다.

국민정신총동원 조선연맹 평의원, 임전보국단 평의원,
국민동원총진회 중앙지도위원, 일본기독교 조선교단 고문 등으로
활동하며 학병 권유 강연, 친일 글을 기고했다.

우리가 대동아공영권 건설의 사명을 받은 것도
신의 지배 섭리로 된 것이다.
… 반도의 종교가여, 이 필승 태세하에서
상천을 믿고 그 현체이신 천황을 믿는 신앙과
우주의 지배 섭리의 신앙을 가지고
총후 민중을 지도하여 확고부동의 신념에
최후까지 해이 태만이 없게 할 것이다.
- '신앙의 지도자가 되자', 《신앙의 빛》 1942년 2월 호

정인과.
안창호 수행원으로 따라가
임시정부에 참여했다(임시의정원 부의장).

수양동우회사건으로 구속되어 집행유예를 선고받았다.

정인과

국민총력 조선예수교장로회연맹 총간사, 조선장로교 신도 애국기헌납기성회 발기위원장 겸 회장, 조선임전보국단 발기인 겸 평의원을 역임했다.

그리고 기독교신문협회 회장을 맡아 기독교계 언론을 통폐합하고 《기독교신문》을 발행했다네.

최린이 이끄는 천도교 신파는 진작부터 친일의 길에 들어섰다.

중일전쟁 후에는 아예 교단 내에 시국 사무와 활동을 다루는 시국대처부를 설치했다.

시국대처부

시국 사무와 활동이라면?

시국을 바로 인식하게 하고 제국과 총독부의 시책에 협력토록 하는 일이지.

각종 연설회, 순회강연 등을 이어갔고

천도교 시국 강연회
-시국과 반도인의 과제-

매일같이 경성역에서 출전 병사들을 환송했다.

무운 장구

대동아 공영권

무적   필승!!

1940년 들어 구파와 신파의 통합이 모색되더니 구파의 수장 이종린이 교령에, 신파의 최안국이 부교령에 선출되었다.

이종린은 3·1 관련해서 3년간 옥살이를 하고 다시 신간회 간부로 활동하다가 투옥되었다.

제헌국회의원 이후 납북됨

신구 통합 후 강연, 기고 등을 통해 친일 활동에 적극 나섰다.

제군들은 머리와 눈이 있는 청년들이다. 일찍 일제히 지원병을 지원하라!

– 대동상법학교 강연 중

김병제는 신파로 시중회에 참여했고 국민총력 천도교연맹 등 친일 단체의 간부로 활동하며 다수의 강연, 기고 등을 행했다.

월북해서 1957년 최고인민회의 대의원에

신앙으로 보국충성을 다하자. 신동아 건설의 이상은 천도교의 대동방주의와 철저히 부합되는 이상이다. 국민 모두의 힘을 총동원하여 권력에 집중하자.
– 〈도발〉 제6호

대동아전쟁은 세계 평화의 교란자인 영국과 미국의 불의를 격멸하려는 정의의 전쟁
–《신인간》1943년 3월 호

정광조는 손병희의 사위로 신파로서 시중회 발기인. 1942년에는 천도교 교령에 선출되었다.

국민총력 천도교연맹 이사장 겸 평의원을 맡아 활동하는 한편 각종 강연회나 매체 기고 등으로 적극 친일에 나섰다.

대동아전쟁은 아등 반도인으로서 황민화하는 천재일우의 대기회인 동시에 전쟁 후 아등 반도인의 행복도 오로지 황민화에 의하여뿐 자자손손의 영광을 주리라.
– 교령 명의로 발표한 교발 제2호

창씨에도 앞장서서 매일신보에 미담 사례로 가족사진과 함께 소개되었지요.

일찍부터 식민지 지배 체제에 편입된 불교는
1937년 총독부에서 열린 31본산 주지회의에서
총후 체제를 건설하기로 결의했다.

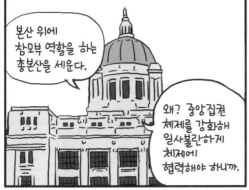

본산 위에
참모부 역할을 하는
총본산을 세운다.

왜? 중앙집권
체제를 강화해
일사불란하게
체제에
협력해야 하니까.

이에 따라 총본산의 상징적 건물을
조선에서 제일가는 규모로 건립하기로 하고,
1938년 완공해 태고사라 이름했다.

오늘날의
조계사

종명은 조선불교조계종이 되었고
모든 권한을 종무총장에게 부여했다.

총본산은 1,500여 사찰에서 전쟁 승리를 위한
기도 법회를 열었고

비행기 헌납 등 침략 전쟁에
적극 협력했다.

1944년 1월에는 태고사 대웅전에서 일본군의 승리를 위한
법회를 개최했다.

이종욱은 3·1 시위에 참여한 뒤 상하이로 건너가 임정에도 함께했다.

의친왕 망명작전에도 관여했지.

1930년 월정사 주지가 되어 해방 시까지 재임했다.

월정사 청년 승려 4명을 지원병으로 보내고

총본사와 암자 등에 창씨상담소를 운영했다.

창씨상담소

1941년 조선불교조계종이 선 뒤 초대 종무총장이 되었다.

그 밖에도 국민총력조선연맹 문화부 문화위원, 조선임전보국단 발기인 겸 상무위원도.

이후 모금 헌납, 위령 법회, 대동아 선전 찬양 기고 등을 활발히 하는 한편

(징병제와 관련)
광대무변하옵신 황은에 오직 감읍할 뿐이다.
반도인에게 고루 미치옵신 어황은에 보답하여 받들 길은 전 민중이 충성을 다하여 직역에 지송봉공하는 것이다.
- 〈매일신보〉 1943년 5월 13일 자

태고사의 2,600근 범종, 봉은사 안양암의 800근 범종 등 각사의 범종들과 신도들이 모은 4톤이 넘는 유기 제품을 조선군 사령부에 전달했다.

우리 불자들의 정성입니다.

1951년 동국대 이사장 조계종 총무원장

권상로. 대승사 주지로 《불교》를 창간해 사장을 맡았다.

전쟁 참여를 독려하는 다수의 글을 《불교》, 〈불교시보〉에 기고했으며

> 미영이 저지르는 악을 제거하는 것이 불교도의 최대 과제!

> 대동아전쟁은 낙토를 건설하기 위한 성스러운 전쟁, 대동아공영을 위해 불교도가 민중을 지휘해야!

1943년에는 《임전의 조선불교》를 발간했고, 글과 강연 등을 통해 친일에 앞장섰다.

臨戰의 朝鮮佛教

> 대동아전쟁에서 승리하는 것만이 우리 조선이 살길임을 명심해야!

전쟁승리를 위한 불자의 자세와

국민정신총동원 조선연맹 간사, 국민총력조선연맹 참사로도 활동했다.

동국대 초대 총장

김태흡은 〈불교시보〉 발행인.

> 1935년에 창간해 심전개발운동의 선전지 역할을 자임했지.

황국 정신 고취, 황도불교, 징병제 지지 강연에 적극 나섰다.

> 아침엔 황은에 감사하고 낮에는 징병의 은혜에 감사하며 저녁에는 부처님의 은혜와 부모님의 은혜에 감사하여 멸신봉공하자.
> - 〈불교시보〉 1941년 3월 자

천주교와 총독부의 관계는 대체로 원만했다. 신사참배도 문제 삼지 않았다.

……

교구헌납운동을 벌이고

'대동아전쟁 기구(祈求)'라는 기도문을 만들어 각 성당과 가정에서 미사를 끝내고 기도하도록 했다.

끝으로 대동아전쟁의 승리를 염원하는 기도문을 낭독하겠습니다.

천주교는 셀 수 없을 정도의 시국 관련 기원 미사, 기도회, 강연회 등을 열었다.

대동아 성전 승리와 진무

미영격멸을 위한 △△성당 기도회

황군의 무운장구

노기남은 1930년 사제로 서품을 받고 1942년 경성교구 교황 대리 주교에 임명되었다.

국민정신총동원 천주교 경성교구연맹 이사장, 국민총력 천주교 경성교구연맹 회장 등을 역임했으며, 시국 강론, 미사, 간담회 등을 통해 전쟁 협력과 결전 태세를 독려했다.

비록 제국의 불패 태세가 확립되었을지라도 이로 만족하여 방심하지 말고 오로지 성전 목적 달성에 정신과 힘을 통째로 바칠 것이다. 이를 위하여 무엇보다도 당국에서 지도하는 바에 무언 복종할 것이요, 복종할지라도 마지못해 하거나 겉으로 하는 체만 하거나 하지 말고 진심으로 나아갈지니 특히 이 점에 있어서 모든 교우들은 다른 이의 모범이 되어주기를 바라는 바다. - 경성교구연맹이 발표한 성명 '국민총력-사변 5주년을 맞이하여'

1962년 대주교

유교도 진작에 식민지 체제로 편입되었고 성균관은 폐지되어 경학원으로 대체되었다.

유학도 일본의 군국주의 유학으로.

문묘 석전 기능을 제외한 대부분의 성균관 기능은 진작에 폐지됐고,

1939년 조선유도연합회를 조직해 황도유학의 보급을 통한 황국신민화에 앞장섰다.

조선유도연합회 창립

이경식은 군수를 지냈고 경학원 사성, 중추원 참의에 이르렀다.

국민총력조선연맹, 조선임전보국단에서 활동했고

조선유도연합회 상임이사, 조선임전보국단 발기인도.

전쟁 관련 여러 행사에 적극 참여했다.

조선신궁에서 열린 무운장구기원제, 항공우함락 봉고제, 성전기념제 등…

《경학원》, 《유도》 등에 징병제 축하 시, 일본 제독 야마모토 이소로쿠를 추도하는 한시를 비롯해 일제의 침략 전쟁을 찬양하는 글들을 기고했다.

추도 산본(야마모토) 원수

혁혁한 위훈과 늠름한 충정은
만고의 정기를 뿜어 정신은 붉은 해 같네
적을 섬멸하려는 피끓는 충정에 젖어
일억 인민이 함께 일체가 되네
- 《유도》 1943년 11월 호

반도인 학도도 내지인 학도와 같이
군대에 가는 것이 가능하다.
조선에서는 일찍 볼 수 없었던
영광스러운 청년 시대가 왔다.
펜 대신 총을 들고 열정과 교양과
체력, 일체를 바쳐 국가의 위기에
부응하는 청년 학도들이
군대 가는 것을 중심으로 축복한다.
- '반도 학도에 대한 육군특별지원병 실시에 대해',
《경학원잡지》 1944년 10월 호

안인식. 조선유도회 창립 대표이자 경학원 사성이고 조선유도연합회 상무이사 겸 교육부장이다.

국민정신총동원조선연맹 발기인, 국민총력조선연맹 참사, 조선임전보국단 발기인 겸 평의원 등으로도 활동했지.

皇道儒學

많은 강연, 글을 통해 침략 전쟁을 찬양했다.

'동아 건설과 유도의 정신', 《경학원잡지》 1940년 11월 호
'황도유학의 본령', 《조선》 1944년 10월 호

우리는 대동아전쟁을 완수하고 세계 신질서 건설과 아울러 흉적 미영을 격멸하는 데는 일본 정신에 입각하고 황군 정신을 체득해 정의를 위하여 내 한 몸 초개같이 버리는 관념으로 총후결전 생활을 관철하여야 할 것이다.
– '산본 혼을 이어 총궐기하라', 〈매일신보〉 1943년 6월 11일 자

이명세는 조선유도연합회 상임참사, 경학원 사성이다.

기고나 지방 순회강연 연사로 징병제 실시와 국체명징에 대해 설파했다.

황군의 길 영광의 길   축 징병제 실

싱가포르 함락 축하 시, 미나미 총독 찬양 시 등을 기고했다. 다음은 징병제 실시를 축하하는 한시다.

축 징병제 실시

집안에서 아들 난 것 중한 일임은 더욱 알고
나라 위해 죽는 것은 가벼이 여겨야 하리
우리들은 후회 없나니
하루 빨리 전란의 시대가 평화의 시대로 되기를 바랄 뿐

1954년
성균관대 이사장

재계 등

1945년 4월, 조선인이 운영하는 군수회사 중 44곳이 당국에 의해 지정되었다.

김연수는 김성수의 동생으로 형이 세운 경성방직을 경영하다가 1935년 사장이 되었다.

만주로의 수출이 늘자 경성방직 펑톈 출장소를 두는 한편

만주 여러 곳에 농장을 개설했다.

1940년에는 하얼빈의 맥주 회사도 인수했다.

국민정신총동원 조선연맹에 3만 원, 재중 조선인 자제 교육비로 총독부에 10만 원, 조선임전보국단 운동 자금으로 박흥식, 민규식과 함께 20만 원 등을 기부했다.

1942년에는 마닐라 함락을 기념해 자신이 운영하는 회사들에서 10만 원을 모아 국방 자재비로 헌납했다.

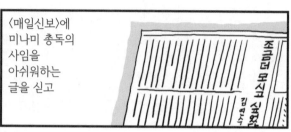

〈매일신보〉에 미나미 총독의 사임을 아쉬워하는 글을 싣고

최남선 등과 일본으로 건너가 유학생의 학병 지원을 독려했다.

1961년 경제협의회 초대 회장

고려대 총장, 국무총리를 역임한 김상협이 내 아들이야.

박흥식. 선일직물주식회사를 세우고 〈조선일보〉, 〈동아일보〉 등에 신문 용지를 독점 공급하여 돈을 벌었다.

이후 화신백화점, 화신연쇄점 등으로 연거푸 성공을 거두었다.

30대 중반에 조선 유통업의 일인자로 ♫

1944년에는 자본금 5,000만 원으로 조선비행기공업주식회사를 설립해 사장에 취임했다.

축 조선비행기공업주식회사

우리들은 하루 속히 우리들의 땀과 피로써 된 비행기를 전장에 보내기가 주야 염원이던 바… 적 격멸의 결전장으로 보내니 우리 황군이 이를 구사함으로써 동아의 숙적을 격멸하는 그날 그 감격을 어디에 비할 것인가.

백낙승. 1939년 큰형이 사망하자 태창직물주식회사 경영권을 승계,

직물업에서 중공업 분야로 진출해 일본무연탄제철주식회사를 세웠다.

조선업 및 박흥식의 조선비행기주식회사에도 주주로 참여했고.

국방 성금으로 1만 원, 해군기 제작비로 7만 5,000원을 헌납했다.

이십세기를 대표하는 세계적인 아티스트 백남준이 내 막내아들이지.

신용욱. 일본에서 비행전문학교를 나왔다. 모국방문비행대회를 마치고 조선비행학교를 설립해 항공 기술자와 비행사를 양성했다.

조선비행학교

나는 교장쌤

4인승 쌍엽기를 일본에서 들여와 유람 비행 사업을 했다.

하늘에서 경성을 유람한다!

경성-인천간 유람 비행도!

이어 신항공사업사를 설립해 항공수송 사업을 개시했다.

신항공사업사

비행기를 타고 하이난섬까지!

미국에서 도입한 최신기종 DC-3

이전 사업체를 모체로 전시금융금고, 조선식산은행 등의 자금을 끌어들여 조선항공공업주식회사를 창립하고, 1945년 2월에는 고위 군·관계 인사들이 참석한 가운데 자체 제작한 해군기 제1, 2호기의 진공식을 가졌다.

1948년
대한국민항공사 사장
제2대, 제3대 국회의원

광산왕 최창학. 국경 경비용 화물차 세 대를 평북경찰부에 기부하는 것을 시작으로

막대한 자금을 군사령부 등에 헌납했다.

애국비행기 1대를 조선군사령부에, 국민정신총동원연맹에 10만 원, 조선군사령부에 군용기 6대 제작비 40만 원, 국체명징과 일본정신 선양을 위한 특수기관 사업기금 40만 원 등

학교와 사회단체엔 그보다 더 많은 돈을 기부했어. 정주 오산학교에 5만 원, 경성공업학교에 3만 오천 원, 보성전문에 1만 원, 경성송산학원 재단 설립비 200만 원, 평북 구성농업학교 설립비 15만 원, 조선사법보호협회 설립기금 30만 원 등

이쯤 되면 직업이 기부인 아니겠어?

국민정신총동원 조선연맹 평의원, 배영동지회 평의원, 국민총력조선연맹 평의원, 조선임전보국단 발기인 겸 이사 등으로도 활동했다.

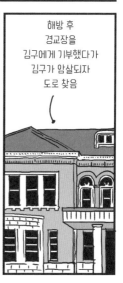

해방 후 경교장을 김구에게 기부했다가 김구가 암살되자 도로 찾음

조병상. 동민회 이사로 조선농업주식회사 사장, 한양택시주식회사 사장 등을 역임했다.

전조선시국강연반 강사, 경기도 애국기헌납기성회 발기인, 조선지원병제제정촉화회 실행위원, 국민정신총동원조선연맹 상무이사, 대의당 위원 등으로 활동했고.

1939년 경기상업학교에 재학 중이던 장남 조태환을 지원병으로 입소시켜 극찬을 받았다.

훈련소를 나온 조태환에게 종로서장이 군도를 선물

이어 다시 둘째 아들을 학병 1호로 지원케 했다.

判斷하라, 우리 榮譽
學徒의갈길은單히나

두 아들을 자원입대 시켰음을 자랑하며 학병 지원을 권유한 조병상의 글 - 〈매일신보〉 1943년 11월 5일 자

각종 강연, 좌담회에 적극 참여해 일제의 침략 전쟁을 찬양했다.

태평양상의 전쟁이야말로 우리 동양인을 저 포악한 미영의 착취에서 구출해내는 성전으로 우리 국민은 단연 궐기해야 할 때입니다.

일억의 황군이 전위대가 되고 다음은 만주, 중국, 태국, 이리하여 10억의 동양민족은 한 뭉치가 되어 영미의 세력을 쳐서 깨뜨리고 동양의 천지에서 몰아내야 할 때입니다. (1941년 연희전문에서 한 강연)

상애회를 만든 박춘금은 1932년 3월 중의원 선거에 당선되고 일본 의회 의원으로 활동했다.

1937년 선거에도 당선된 재선의원, 조선인으로 선출된 의원은 내가 유일하지.

1934년엔 지원병제 실시를 요구하는 청원서를 중의원에 제출했고, 조선에서의 중의원 선거 시행도 수차 청원했다네.

지원병제 실시에
환영 담화를 발표하고,

'다년의 주장을 달성한 환희
-다음엔 참정권 획득에 매진',
〈매일신보〉 1938년 1월 18일 자

내가 늘
주장해오던
일이니까

대학에 재학 중이던
외아들을 지원병에 보냈다.

대일본제국의
남아답게!
알겠느냐?

1945년 6월 대의당을
조직하기도.

진충, 애국의
대의에 살자
이것이지.

해방 후
일본 거주

김창룡은 창춘역 직원으로
근무하다가

주요 임무는
항일조직 정탐,
그리고

1941년 관동군 헌병교습소에 입교해
교육을 받은 뒤
헌병보조원이 되었다.

중국공산당과
소련에 대한
첩보활동!

지하공작을 통해 중국공산당의 거물 인사를
체포하고 그를 이용한 역공작을 펼쳐
9개의 지하조직, 50여 명을 체포했다.

그 공로로 오장으로
특진했지. 물론
그 뒤로도 항일조직
적발에 혁혁한
공을 세웠고.

여순사건 시 숙군 작업을 주도해
박정희 등을 검거했고
김구 암살범 안두희의 후견 역할을 했으며,
육군 특무대장을 맡아 일하다가
부하들에게 피살돼
최초의 국군장으로 장례가 치러짐
이승만이 묘주명을 씀

노능서, 김준엽, 장준하
일제에 의해 강제징집당한 학병들 가운데
부대를 탈출하고 대한민국임시정부에
합류하는 사람이 많았다. 김준엽은 중국
쉬저우에 배치받았다가 탈출했고, 중국군에
합류했다. 그리고 뒤에 탈출한 장준하 등과
함께 충칭의 대한민국임시정부로 가서 광복군에
입대했다. 이후 미국 OSS 대원으로 자원해
국내진공작전을 위한 특수 게릴라 훈련까지
받았으나 일본의 항복으로 작전은 취소됐다.
김준엽은 이때의 경험을 자서전 《장정》에서,
장준하는 《돌베개》를 통해 회고했다.

충칭

부민관
1945년 5월 유만수, 조문기, 강윤국 등은 항일 비밀결사 단체
대한애국청년당을 결성했다. 이들은 부민관에서 일제의 전시 선전과
동원을 위한 아시아민족분격대회가 열린다는 소식을 듣고 공사장
인부로 가장해 들어가 미리 폭탄을 설치했다. 폭탄은 대회 당일 터졌고
대회는 엉망이 됐다. 이들의 의거는 일제강점기 마지막 의거로
평가받는다. 부민관은 현재 서울특별시의회 청사로 쓰이고 있다.

제4장

폭압 속 저항

중일전쟁과 태평양전쟁으로 일제의 억압이 극에 달한 중에도
각계각층은 일제에 대한 저항을 포기하지 않는다.
노동자들은 태업과 물자 소실로, 농민들은 물자 은닉 및 농경 포기로,
학생들은 여러 비밀결사 조직과 징집 거부,
학병 탈출 등의 방법으로 일제에 맞서나간다.

서울

대구

대구사범항일학생의거 순절동지추모비

대구사범학교 '문예부'와 '연구회'는 다혁당을 조직해
문학, 학술, 미술 등 각 분야에서 실력을 키우고
독립을 촉진하기 위한 투쟁을 결의했다.
또한 교내의 항일운동에 그치지 않고 타교생 및
일반인에까지 침투하기로 결의했다.
졸업 이후에도 학생들에게 장기적으로
민족의식을 고취하는 활동을 이어가다 적발됐다.
300여 명이 검거되고 5명이 옥사했다.

노동자, 농민의 저항

중일전쟁 후 전시 체제로 들어가면서 파업이 힘들어졌다.

1940년대에 와서는 더욱 힘들어졌지만 그래도 노동자들은 다양한 형태의 투쟁을 벌였다.

1941년 2월 평북 후창광산 광부들이 파업했고

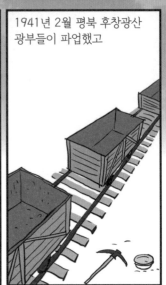

1943년에는 나진부두 노동자들이 민족 차별에 항의하는 파업을 벌였다.

성진고주파공장 노동자들도 파업을 벌였다.

그러나 이 시기 노동자들의 파업은 경찰에 의해 즉시 진압, 검거되었다.

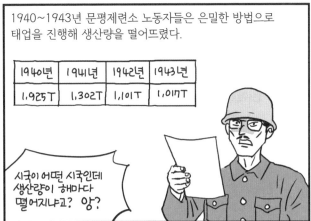

외부로부터의 공작이나
내부 각성한 이들의 조직적 결정에
따른 행동이 아니라

시대의 기운을 읽고 개별적으로, 이심전심으로 보여준
행동들이다.

보다 적극적인 저항도
있었다.

1942년 동방광산 광부 400여 명은 작업을 거부하는 한편
광산 사무실, 선광장 등의 시설물을 파괴하는 폭동을 일으켜
한 달간 휴업해야 했다.

1943년 여름 회령광산에서는 탄광 인입선
폭파 사건이 발생해 역구내 마초 160톤이
소각됐다.

남포제련 노동자, 이원광산 노동자들도
기계 파괴, 설비 파괴 투쟁을 벌였다.

조선항공회사에서는 화재가 발생해
많은 피해를 보았고

삼척탄광에서도 화재가 발생했다.

본궁화학공장에서는 1942~1944년
수차례 가스탱크 폭발 사고가 일어났다.

온성탄광에서는
노동자들의 방화로
저탄장이 1년 동안
불탔다.

평양철공 노동자들과

함북 계림탄광 노동자들은 무장투쟁을 계획했다.

이 시기 농민들은 늘 식량 부족, 물자 부족에 시달렸다.

징용 땜에 일손도 부족한데 수확물은 공출로 다 뺏어가고

배급까지 통제하니 쌀독이 텅 비었어요.

그런데도 애국반으로 촘촘히 조직된 체제하에서 집단행동은 꿈도 꿀 수 없었다.

불만은 이심전심으로 전해지는데

입 밖에 냈다가 누군가 신고라도 하는 날엔 …

개별적으로 할 수 있는 일이라고는 은닉, 농경 포기 같은 것이었다.

일부 의식 있는 청년들은 일제가 패망의 길로 간다 생각했고

집에 있는 놋그릇까지 가져간다는 게 뭐겠어? 힘들단 얘기지.

그래도 황군이 연전연승 중이라잖아.

그걸 믿냐? 미군 폭격기가 하늘에 뜨잖아. 밀리고 있는 게 분명해.

징용, 징병을 피해 산으로 들어갔으며

무장투쟁을 준비하기도 했다.

이런 움직임은 학생들 사이에서 더욱 현저했다.

아무래도 우리가 정보를 더 많이 접하니까!

청년 학생들의 저항

1940년대 학생들은 자발적으로 비밀조직들을 만들고 다양한 모색을 해나갔다.

대구사범학교에서는 1939년 10월에 조직된 윤독회에서 발전한 문예부와 연구회가 1941년 2월 다혁당을 조직했다.

다 혁 당

문예부 4명 + 연구회 14명으로 구성

문학, 학술, 미술등 각 분야에서 실력을 키우고 조국독립을 촉진하기 위해 결사투쟁한다.

1941년 7월 발각되어 300여 명이 검거되고

이 중 34명이 최고 8년, 최하 2년 6월을 선고받았으며

5명이나 옥사했다.

광주서중에서는 1938년에 결성된 독서회가
발전해 1941년 무등회가 조직되었다.

1943년 5월 검거가 시작되자 동맹휴학을
조직해냈다.

350명이 검거되고 30명이 기소 또는 기소유예되었다.

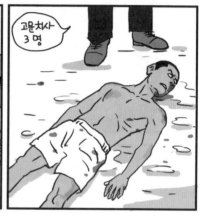

경복중 졸업생들을 중심으로 중앙중, 서울사범,
경기중에서 조직돼 나온 것이 흑백당이다.

그들의 계획은 단호했고 과격했다.

학병 징집이 발표되자 이렇게 결의했다.

학병 거부 후 중경의 임시정부에 망명해 광복군에 입대하든지

국내에 남게 되면 준비했다가 국내진공시 호응한다.

1942년 10월 조직이 발각되자 10명의 당원이 만주를 거쳐 임정에 합류하려 했으나 베이징 등지에서 체포되었다.

12명이 3~8년 형을 받았다.

1940년 겨울 동래중에서 조직된 독서회는 1941년 조선독립당으로 발전했다.

조 선 독 립 당

조국의 독립을 위해 목숨을 바꾼다!

1944년 그간의 활동을 종합해 이런 계획을 세웠지만

일본군 탄약고 폭파! 구포다리 폭파! 총독 처단!

일본군에 입대해 연합군으로 탈출한다.

조선독립당이 지도하던 순국당이 검거되면서 10명 모두 검거되고 8명이 구속되었다.

한 명은 고문치사

매 사건마다 고문치사자, 옥사자가 발생했을 만큼 일제의 탄압은 혹독했지만

이들 외에도 전국 곳곳에 10~20명으로 이루어진 비밀결사들이 상당수 만들어졌다.

비밀조직들은 전단 살포 등으로 행동했고

개인들은 낙서나 유언비어 유포 등으로 저항했다.

이것들이 또···

총독을 죽이자

내선별체

日本人은 꺼져라

1944년에만 불온언론으로 1,640명을, 유언비어 유포 혐의로 1,060명을 검거했지.

학생들은 외국 신문이나 〈매일신보〉 등 관제 언론의 재해석,

이번에 승리했다는 이 전투 지역은 예전에 이미 점령한 곳 아니었어?

맞아, 거꾸로 밀리고 있단 얘기지.

단파 라디오방송 청취 등으로

지직 지직··· 동포 여러분 지직···

일본이 고전하고 있음을 알았다.

그렇다면 우리는…

무엇을 해야하나?

태평양전쟁 말기로 접어들면서 다음과 같이 생각하는 학생들이 늘어났다.

결정적 시기가 다가오고 있어.

무장투쟁을 통해 독립을 이루고 새 국가를 건설하는 거야.

거침없이 무장투쟁으로 생각이 진전된 것은 역설적으로 일제에 의한 군사교육의 영향이 컸다.

그리고 학병 지원 강요는 이런 흐름을 더욱 강화했다.

일본군의 총알받이로 죽을 것인가

거부하고 조국의 독립을 위해 싸울 것인가?

일군의 학생들은 일본 유학생 출신 하준수를 중심으로 1944년 1월 산으로 들어갔다.

학병거부! 무장투쟁!

덕유산, 지리산 등지에서 겨울을 나고 1945년 3월 산청군 괘관산에서 보광당을 조직했다.

보광당

대원 수는 73 명!

화전을 하여 식량을
해결하고

주재소를 습격해
총기 5~6정을
탈취했으며

자체로 화약을 제조하고
군사훈련도 했다.

조선민족해방협동당은 1943년 일본에서
김종백 주도 아래 학병 거부자들을
중심으로 조직되었다.

조선민족해방협동당

1944년 조선으로 건너와 포천 국망봉에 근거지를 두고
활동했다.

12개의 굴을 파고
군사훈련과
이론학습을 했지.

연계가 있었던 경성제대 의학부 학생들이 체포되면서
산악대도 습격받고 60여 명이 체포되었다.

나도
당원이었네.

민주화운동가
계훈제

김종백은 피신해
새 아지트를 모색하다가
검거되었고
고문 끝에 죽었다.

평양 일대에는 조국해방단이 있었다.

조국해방단

김일성부대와 연락해 무기를 구하고 직접 국외로 가서 무력전에 참여한다.

인근 산에서 무기를 제조하고 훈련을 실시했다.

그러려면 초보적 무장이라도 갖추고 훈련도 해야.

속초, 설악산 지대에는 산악대가 있었다. 학병에서 탈출한 이혁기가 조직했다.

산악대

이러한 움직임들은 대개 고립적이고 자연 발생적이었다.

학병으로 전장에서 죽느니…

산으로 들어왔고 이젠 뭘 하지?

무장을 해야지.

그리고 대부분이 실행 단계로 들어가지 못하고 계획 단계에서 검거되거나

손들고들 나왓!

준비 중에 해방을 맞았다.

???

뭐라는 거지?

만세 소리 같은데

만세—

만세—

일본 군대로부터의 탈출투쟁

학병으로 끌려갔다 하여 곧바로
일본군의 길을 가지도 않았다.

많은 학병은 기회를 보아 탈출을 꾀했고
독립운동의 길을 찾았다.

일본에서 대학을 졸업하자마자
학병에 끌려온 태성옥.
함흥 제43부대에 배치되었다.

꾀병을 부려 입원한 후 탈출 동지를 물색해갔다.
임영선, 이윤철이 결합했다.

만주로 탈출해 가서
독립군에 들어가자.

우선 탈출을 위해
비상식량, 철조망,
절단 도구 등을
준비하고

1944년 6월 탈출해 장진으로 갔다.

장진
단천
함흥

그곳에서 헤어졌는데 이윤철은
가족의 고난을 생각해 자수해버리고

태성옥, 임영선은 체포되어 실형을 받았다.

평양사단 제42보병부대의 고참들은
학병들을 차별하고 괴롭혔다.

좀 배웠다고 티내냐?
그래봐야 니들은
조선진일 뿐이야
이 빠가들아!

학병으로 온 김완룡은 지주 출신으로
내선일체를 받아들였던 이다.

조선인이
잘 사는 길은
진정한 일본인이
되는 것 뿐!

그러나 학병으로 들어와서
내선일체의 허구성을 처절히
깨닫게 된다.

내선일체? 킥
냄새나는 조선진이
대일본제국 신민이
될 수 있다고?
꿈 깨라.

1944년 7월 그를 중심으로 제42보병부대 내 학병들은
삼천당을 조직한다.

강령 : 주의와 사상을 초월해
3·1정신을 받들어 조국의 독립을 위해
일본에 대해 투쟁한다!

일본 군부를 내부로부터 교란해
패망을 촉진한다. 무장봉기하고
사태가 여의치 않으면
백두산으로

최종목표는
독립!

제42부대 옆 제47포병부대에도 조직이 꾸려졌다.

이들은 탈출해 만주와의 국경 지대와 산악 지대 등에서 게릴라전을 벌이기로 했다.

국경선만 넘으면 독립군과 연락이 되겠지?

식량과 무기는 벽지의 경찰서와 헌병대를 습격해 탈취하기도 하고

일단 보천보로 갑시다.

그러나 한 학병이 보조헌병에게 알리고

김완룡이 일본인 상등병을 구타한 일이 더해지며

퍽 퍽

모두 검거되고 만다.

군법회의에서 26명이 2~13년 형을 선고받았다.

태권도 창시자 최홍희도 이때 투옥됨

대구 제24부대의 학병 문한우는 초급 지휘관을 매수해

부대 내를 자유롭게 돌아다닐 수 있었고 권혁조, 김이현 등 다른 학병들을 접촉, 조직했다.

함께 결의하기를,

징용, 징병으로 끌려간 동포들을 도피시킨다.
탄약고를 폭파하고 무기를 탈취해 일본인을 몰살한다.
독약을 구해 음식물에 넣어 일본인을 몰살한다.
집단탈출로 왜제에게 불안과 공포를 안긴다.

권혁조, 문한우는 대구상업학교 보초를 자원해 징용으로 끌려온 장정 수백 명을 탈출시켰다.

우르르르…

탄약고 폭파와 무기 탈취 등의 거사일을 정했으나 기밀 누설 조짐이 있자 문한우 등 6명은 탈출해 팔공산에 들어간다.

이후 뒷산에서 혹은 서울로 가려다 4명이 체포되고

4~5년 형을 받았다.

김이현은 서울을 거쳐 만주로 탈출해 펑톈에서
임정 공작원과 접선하고 지하공작에 나섰다.

중국전선에서 탈출하는 이들도
속출했다.

학병과 강제 입대된
4,385명 중 640명이 전사하고

200명 이상이 탈출에
성공했다.

쉬저우 치중대 학병
50명 중에서는 22명이 탈출했다.

쉬저우에 도착한 학병들은
외출 시간을 이용해
필요한 물품들을 구하고
정보를 얻었다.

충칭으로 가려면
어떻게 해야죠?

접촉 가능한 이들끼리
탈출을 감행했다.

우린 대부분
평안도 출신에
동창생들이고,

내무반 별로
두세 명씩
배정돼 있어서
모의가 쉬웠지.

탈출은 1~6명씩, 무려 여덟 차례에 걸쳐 이루어졌다.

나는 7차 탈출 때.

광복군에 입대하기 위해 일부러 일본군 중국 부대 배치를 지원했지.

장준하

인근 쑤셴(숙현) 부대에서도 세 차례에 걸쳐 8명이 탈출해 광복군에 가담했다.

또 다른 인근 부대에 배치됐던 김준엽은 단독 탈출을 감행해 성공했다.

역시 광복군에 입대

이 밖에 신상초 등 조선의용군 진영으로 탈출한 이들도 수십 명에 이르렀다.

이용상은 한국인 병사 12명을 지휘해 탈출했다.

김문택은 1943년에 체포되어 5년 형을 구형받았다.

황해도지사를 민족반역자라 비판하는 등 불온한 사상을 갖고 ···

5개월간 수감되었다가 풀려나 강제 입영되었다.

나처럼 반일혐의가 있는 수감자까지 징집하다니 ··· 전황이 그만큼 어렵단 뜻이지.

일본 규슈에서 훈련받다가 탈출해 평양, 베이징을 거쳐 광복군에 들어갔다.

참으로 장하오.

버마에서 탈출한 이들도 있었다.

이들은 영국군에 투항했고 미국 첩보 부대 OSS 특수요원으로 선발되어 특수훈련을 받았다.

버마 태국 간 국경 지대 포로수용소에서 일하던 조선인 군속을 상대로 특별교육이 시행되었는데

특별 교육의 핵심은 곧 정신교육이다.

제국에 대한 충성심만 남기고 그 밖의 모든 생각들은 철저히 없애주겠다.

조선인 군속들 사이에 불만이 팽배해졌다.

연합군 포로 감시 같은 원치 않는 일들을 도맡아 해야 하는데 민족적 차별은 여전하고

계약기간이 끝났는데도 강제 연장을 해 버려서 귀국도 안 돼.

이 과정에 이활을 중심으로

본래는 서대문형무소에서 간수로 일했는데 사상적 각성을 했지.

전황에서 알 수 있듯이 일본은 머잖아 패망할 거야.

고려독립청년당이 결성되었다.

고려 독립 청년당

아시아의 강도 제국주의 일본에 항거하는 폭탄아가 되자!

1945년 1월 암바라와 지부장 손양섭과 손양섭이 포섭한 민영학, 노병한은 싱가포르 수용소로 전속 명령이 내려지자 반란에 나섰다.

그렇게는 못하겠다!

기관총 한 정, 소총 세 정을 탈취해 암바라와 포로수용소 분견소장 관사, 군납업자 자택, 암바라와 역 등을 습격했다.

탕 타 타 타

3일에 걸친 이들의 반란으로 일본군, 군속, 상인 및 원주민 포함 12명이 사망했다.

손양섭 등 3인은 자결했다.

탕

탕 탕

자카르타와 반둥의 군속들에게도 싱가포르 전속 명령이 내려졌다.

그렇다면 2차 거사다!

이에 고려독립청년당원이 반란을 모색했지만

수송선을 탈취해 연합군 지역으로 탈출하자!

비상 검속으로 실패, 12명이 검거되고 7~10년이 선고되었다.

땅 땅 땅

조선어학회사건, 그리고…

우리말, 우리글을 지켜내기 위해 조선어학회는 줄기차게 달려왔다.

반면 총독부는 조선어를 말살하기 위한 과정을 밟아왔다.

1938년 조선어 과목 사실상 폐지 (명목상으론 선택과목화), 이후 조선어 사용 금지로

1942년 여름, 함흥의 여학생들이 귀향 도중 조선어로 대화한 것이 문제 되어

경찰서로 끌려와 문초를 받게 된다.

배울만큼 배운 학생들이 조선어 사용을 금한다는 걸 모르자는 않았을 테고, 너희를 불순하게 만든 배후를 캐봐야겠어.

여학생들의 일기를 조사하다 보니 과연 학생들에게 민족교육을 실시한 교사들이 드러났다.

이게 뭐야?

'국어 (일본어)'를 사용하는 학생을 처벌하였다? 이런 자들이 있었으니…

불온한 교육을 행한 정태진과 김학준을 잡으러 가자 ♪

정태진은 서울로 가서 《조선어사전》 편찬 작업에 몰두하고 있었다.

경찰은 정태진에게서 독립운동을 위해 《조선어사전》 편찬 작업을 하고 있다는 억지 자백을 받아냈다.

이를 근거로 조선어학회 관계자들이 대거 검거돼 함남 홍원경찰서로 이송되었다.

기소유예 6명, 기소 24명.

이 중에서 이윤재, 한징은 재판 도중 옥사했고

이극로 6년, 최현배 4년, 이희승 2년 6월, 정태진 2년 등의 선고를 받았다.

조선어학회 예심 결정문은 뜻밖에도 조선어학회의 우리말 지키기 운동이 갖는 의의를 잘 표현하고 있다.

조선어학회 예심 종결 결정문

민족운동의 일 형태로서의 소위 어문운동은
민족 고유의 어문의 정리 통일 보급을 도모하는
하나의 문화적 민족운동임과 동시에
가장 심모원려를 품은 민족 독립운동의 점진 형태다.
… 이 같은 어문운동은 민족 고유문화의 쇠퇴를 방지할 뿐만 아니라
그 향상 발전을 가져오게 하고, 문화의 향상은 민족 자체에 있어서
다시 강한 반성적 의식을 갖게 함에 이르게 하고,
강렬한 민족의식을 배양해서 약소민족에게 독립 의욕을 낳게 하고,
정치적 독립 달성에의 실력을 양성하게 하는 것으로서
이 운동은 18세기 중엽 이래 구주 약소민족이 반복적으로 행하여온
성과에 비추어 세계 민족운동사상 가장 유력하고 또한 효과적인
운동으로 지목하기에 이르렀다. …

이때는 《조선어사전》 편찬 준비가 완료되어 일부 원고를 출판사에 넘긴 상태였는데

오오! 바로 출판할 수 있도록 하겠습니다.

회계장부와 함께 원고들이 증거물로 압수되고 말았다.

해방 직후 서울역 창고에서 일제가 버린 원고가 발견되어 조선어학회의 오랜 연구와 노고의 결과물인 《조선말 큰사전》이 세상에 나올 수 있었다.

1947년 1권,
1949년 2권,
1950년 3권,
1957년 4~6권이
나왔습니다.

조선어 학회
지음
조선말 큰 사전
1
ㄱ~ㄷ

을유 문화사

말은 사람의 특징이요, 겨레의 보람이요, 문화의 표상이다.
조선말은 우리 겨레가 반만년 역사의 생활에서
문화 활동의 말미암던 길이요 연장이요 또 그 결과다.
그 낱낱의 말은 다 우리의 무수한 조상들이 잇고 이어
보태고 다듬어서 우리에게 물려준 거룩한 보배다.
그러므로 우리말은 우리 겨레가 가진
정신적 및 물질적 재산의 총목록이라 할 수 있으니
우리는 이 말을 떠나서 하루 한때라도 살 수 없는 것이다. …
- 《조선말 큰사전》 머리말 도입부

1, 2권은 조선어학회 지음, 《조선말큰사전》으로.

3권부터는 한글학회 지음, 《큰사전》으로

1942년 총독부는 방송 전파 관제를 실시해 일반인은 물론 외국인 소유의 단파수신기를 모두 압수했다.

불온사상, 가짜뉴스의 온상인교로!

그러나 수십 대의 단파수신기가 개인들의 손에 있었고

경성방송국, 개성방송국 등에도 단파수신기가 구비되어 있었다.

충칭의 임정은 국민당 정부의 단파방송 시설을 이용해 방송을 송출했다. 월수금 3회, 30분씩 방송했는데 김구나 김규식 등이 직접 나오기도 하고

고국에 계신 동포 형제 제위! 우리 대한민국 임시정부는…

학병 출신 등이 아나운서가 되어 독립투쟁과 세계정세를 방송했다.

패망의 길로 들어선 원수 일제 침략자들을 기필코 무너뜨리고 독립의 대업을 쟁취……

샌프란시스코 전시정보국도 〈미국의 소리〉 한국어 방송을 1942년 중반부터 시작했다.

미국의 소리 방송입니다.

이승만은 여러 차례 한국어와 영어로 국내를 향해 방송했다.

친애하는 동포 여러분! 이승만이올시다.

방송 내용은 비록 과장된 내용들이 많았지만 국내 인사들에게 상당한 기대를 안겼다.

임정이 연합국의 정식 승인을 받고

미국으로부터 1억 불의 차관도 유치했다더군요. 무장 독립군 규모도 상당한 모양입니다.

오! 정말이오?

여운형 등 건국동맹 주도자들과

송진우, 안재홍 등도 방송을 접했다.

그리고 입에서 입으로 그 내용이 전해졌다.

분명한 건 일본의 승승장구가 사실이 아니란 것과

독립의 날이 멀지 않았다는 것이겠지.

이 와중에 터진 사건이 경성방송국을 중심으로 한 단파방송 밀청 사건이다.

1942년 말~1943년 초, 성기석과 이이덕 등 방송국 직원들 150여 명이 검거되고

이어 허헌, 송남헌 등의 외부 인사도 상당수가 검거되었다.

이 중 75명이 유죄판결을 받았고

홍익범을 비롯해

6명이 옥사하거나 가출옥 후 사망했다.

도쿄의 일본강관주식회사 훈련생으로 일하던 조문기는 유만수, 강윤국과 이런 결의를 했다.

대표적인 친일파 박춘금을 처단하자!

귀국 후 동지들을 모아 대한애국청년당을 결성했다.

친일파 거두 3인과 총독부 핵심 3인을 처단한다!

물론 일순위는 박춘금!

때마침 박춘금은 이성근, 김동환, 손영목 등과 대의당을 결성하고

축! 대의당 창당

1945년 7월 24일 부민관에서 '아세아민족분격대회'를 개최한다고 광고했다.

오케이!

제발로 걸어들어오누만.

제4장 폭압 속 저항 · 193

대회장을 폭파해 박춘금과 매국노들을 몰살해버리자!

사제 폭탄 2개를 만들어 행사장 무대에 설치했다.

행사 당일 박춘금의 연설에 맞춰 미리 설치해둔 폭탄이 터졌다.

그꽈앙

단상의 총독부 고관들을 비롯해 수천 참가자들이 혼비백산했다.

콜록   콜록

사상자는 없었지만 대회는 엉망이 되었고

亞細亞民族憤

분노한 박춘금은 사재 5만 원을 내놓아 관련자들을 수배했다.

반드시 잡고 만다.

빠드득…

그러나 해방의 그날까지 조문기 등은 끝내 잡히지 않았다.

광복군 제2지대가

이해평 작사, 한형석 작곡

총 어깨 메고 피 가슴에 뛴다

우리는 큰 뜻 품은 한국의 혁명 청년들

민족의 자유를 쟁취하려고

원수 왜놈 때려부시려 희생적 결심을 굳게 먹은

한국광복군 제2지대

앞으로 끝까지 전진

앞으로 끝까지 전진

조국 독립을 위해

우리 민족의 해방을 위해

사열 중인 광복군 제2지대. 이범석을 지대장으로 하는 제2지대는 시안에 본부를 두었다.
탈출한 학병들을 영입하는 등 적극적인 초모 사업을 벌여 광복군 3개 지대 중 가장 규모가 컸고
미군과 함께 국내진공작전을 준비하는 등 활발한 활동을 전개했다.

조선의용군

1938년 중국 관내 지역 최초의 한인 무장 조직인
조선의용대가 창설됐다. 동북으로의 진출을 위해,
혹은 장제스의 반공 노선에 대한 반발로 팔로군
지역으로 넘어간 조선의용대는 조선의용군
화북지대로 개칭하고 팔로군과 함께 활동했다.
일본군과 호가장전투, 타이항산전투를 치렀으며,
이 과정에서 진광화와 윤세주가 전사했다.
사진은 허베이성 열사능원에 있는 진광화의 묘.

임시정부와 광복군

한국광복군은 1940년 중국 충칭에서 대한민국임시정부 군대로 창설됐다.
1942년 한국광복군은 김원봉의 조선의용대 일부 세력을 규합해 독립운동 대오를 강화시켰다.
이런 상황에서 카이로회담이 개최됐고, 한국의 조건부 독립안에 연합국이 동의했다.
이후 한국광복군은 버마전선의 영국군, 중국 관구의 미국군과 합작해 국내진공작전을
추진했다. 사진은 광복군 제3지대 대원들.

충칭

우리는	1941	임시정부, 대일본 선전포고	1942	조선어학회사건
세계는		아시아·태평양전쟁		스탈린그라드 공방전

제5장

마지막 항전과
건국 준비

태평양전쟁이 시작되자 임시정부와 광복군,
조선의용군, 김일성 부대, 건국동맹, 미국의 한인 단체 등
국내외의 독립운동 세력은 일제 패망의 날이 멀지 않았음을 느끼고
연합군 세력과 연대해 참전의 길을 모색한다.
아울러 제 세력은 통일전선의 필요성을 절감하고
서로에 대한 연대와 노력을 계속한다.

허베이성

서울

조선건국동맹 터

1944년 여운형의 주도로 서울 경운동
삼광의원에서 비밀단체 건국동맹이 결성됐다.
광복 이후의 정세를 주체적으로 맞이하기 위한
준비가 그 목적이었다. 농민, 청년 노동자,
교원 조직과도 연대했고, 광복 이후 결성된
건국준비위원회의 밑바탕이 됐다.
현재의 안국역 부근이다.

임시정부와 광복군

1941년 가을 중국국민당 정부가 요구했다.

임정의 승인 문제를 영국과 미국 정부에 제안하고 협상할 생각이오.

그러려면 먼저 귀측이 단결된 모습을 보여주어야 하오.

앞으로 우리의 지원 창구도 하나로 단일화 할 것이오.

말인즉, 김원봉의 임정 참여를 압박한 것이다. 이즈음 김원봉은 세력이 많이 꺾였다.

1941년 초 조선의용대 상당수가 재차 북상길에 오르면서 직할 부대의 규모가 크게 준 것이다.

……

물론 이때의 북상에는 윤세주 등 김원봉 세력도 함께한 터여서 김원봉의 승인 혹은 동의 아래 거행된 것이라는 해석도 있지만

그의 지지 세력의 현실적 이탈이었고

국민당 정부 측에 실망을 안긴 셈.

府政民國

팔로군 쪽으로 넘어가다니 실망이야.

또한 7당 통일회의에서 이탈했던 김성숙이 이끄는 조선민족해방동맹이 김원봉을 압박하는 행동에 나선다.

지금은 모든 독립운동 세력이 임시정부로 힘을 집중시켜야 할 때!

많은 독립운동가들이 태평양전쟁 발발을 보면서 희망을 갖게 되었고

미국과도 전쟁을?! 드디어 일제가 제 무덤을 파는구나.

이번이야말로 조국 독립의 결정적 기회!

자, 그렇다면 무엇을 해야 하지?

한곳으로의 단결과 집중에 대한 공감대가 커진 것이다.

한 곳이라면 그래도 역시 임시정부가 돼야겠지?

동감일세. 국내에까지 그 이름이 알려진 단체라면 단연 임정이니까.

민족혁명당도 이런 흐름을 외면할 수 없었고 진작부터 임정 참여 의사를 표명했다.

한국독립당과 공동으로 임시정부를 운영하는 것도 좋다고 생각해.

결국 1941년 12월 10일 임정 참여를 공식적으로 선언하기에 이른다.

금일의 국제정세가 여러 민주국이 파시즘 집단과 혈전을 전개하고 있는 바, 임시정부가 국제적 승인을 얻을 가능성이 있으므로 우리는 임시정부에 참여해 ···

장제스와 국민당 정부는 광복군, 의용대의 통합과 이에 대한 장악을 원했다.

확실히 하고 와.

이를 위해 이른바 '한국광복군행동9개준승'을 요구해 받아냈다.

1. 광복군은 아국(중국)의 항일 작전 기간에는 본회(군사위원회)에 직예(直隷)하고 참모총장이 장악, 운영한다.
2. 광복군은 본회에서 통찰 지휘하되 아국이 항전을 계속하는 기간 및 한국독립당, 임정이 한국 국경 내로 추진하기 전에는 아국 최고 통수부의 군령만을 접수할 뿐이고 기타의 군령이나 혹은 기타 정치적 견제를 접수하지 못한다. ···

핵심은 군작전권을 넘기란 얘기죠. 원조를 받는 대신에.

······ 알겠소.

그리고 조선의용대의 광복군 편입을 압박했다.

규모로 보나 투쟁 경험으로 보나 우리가 우위에 있는데 대등한 통합도 아니고 편입이라뇨?

우리 당과 정부 무엇보다도 총통각하의 뜻이오.

임정도 조선의용대의 편입에 적극 나섰다.

본 국무회의는 조선의용대를 광복군으로 합편할 것을 결의한다.

이어 한국광복군 부사령직을
새로 만들고 김원봉을 임명했다.

부사령에
김원봉 동지!

중국 군사위원회가 서둘러 이를 기정사실화한다.

조선의용대의 광복군 편입 및
광복군 개편에 대한 명령,

김원봉을 광복군 부사령으로
파견하고 조선의용대를
광복군 제1지대로 개편한다.

그렇게 조선의용대는 광복군 제1지대로 개편되고
김원봉의 위상은 전보다 상당히 추락한 셈이 되었다.

주석 김구
총사령 지청천
부사령 겸 제1지대장 김원봉
제2지대장 이범석
제3지대장 김학규

임시의정원은 변화된
조직 구성을 반영해 1942년 10월
의원 선거를 실시했고

이번 선거에선
기존 의정원 의원
23명에 더해
새로 23명을
선출했습니다.

반제투쟁만세!!

대한민국 독립

민혁당까지 참여해
통일의회가 구성되었다.

의원 분포를 보면
여당인 한독당이 26명,
민혁당 16명,
조선민족해방동맹 2명,
조선혁명자연맹 2명,
이렇게 도합
46명이 됩니다.

獨立萬歲

의장
홍진

부의장
최동호

통일의회는 다당제 의회답게 정부와 야당,
여당과 야당 사이에서 격론을 벌이곤 했다.

이때 여야가 한목소리를 내어
성사시킨 일이 있다.

중국 측에 광복군9개준승의 취소를
강력히 요구키로 한 것이다.

경비 원조 때문에
중국에 예속된다면
광복군은 도리어
우리 독립운동을
말살하는 기관일
뿐이오.

군무부장
조성환

중국에 예속된다면
광복군은 중국의
노예군대가 될 것이오.

군무차장
윤기섭

굶어죽을 각오를 하고
9개준승을 폐지합시다.

의정원 의원
조완구

모든 것을 중국에 의존하면서도 임정은 결국
끈질기게 중국 정부와 협상을 벌였고

9개준승을 취소하고
새 협정을 맺읍시다.
광복군은 임시정부가
직접 통수하는 게
마땅합니다.

9개준승의 취소를 얻어냈다.
작전 지휘권을 되찾아온 것이다.

광복군은 임시정부에
예속되는 것이 합당하며
행동준승은 취소한다.

통일의회가 이루어지자 좌파 쪽은 임시정부가 연합 정부가 되어야 한다고 주장했고 논란이 뒤따랐다.

야당에도 국무위원을 일정 비율로 배분해야!

그건 곤란하오.

나 의장 홍진, 한독당을 탈퇴해 여야간 다툼을 조정코자 하오.

훌륭한 결단입니다.

1943년 말 마침내 연합 정부를 이루기로 합의하고 헌법 개정안이 상정되어 '대한민국 임시헌장'이 통과되었다.

짝 짝 짝 짝

그리고 이에 기초해 국무위원 수를 14명으로 늘린 좌우연합정부를 구성하게 되었다.

한편 임정은 국제정세의 변화에도 민감하게 대응했다. 1941년 태평양전쟁 발발 직후 대일 선전포고를 했다.

대한민국임시정부 대일 선전 성명서
(1941. 12. 10.)

우리는 삼천만 한인과 정부를 대표해 삼가 중국, 영국, 미국, 캐나다, 네덜란드, 오스트리아 및 기타 여러 나라가 일본에 대해 전쟁을 선포한 것이 일본을 격패시키고 동아시아를 재건하는 가장 유효한 수단이 되므로 이를 축하하며 다음과 같이 성명한다.
1. 한국의 전체 인민은 현재 이미 반침략전선에 참가해오고 있으며,
   이제 하나의 전투 단위로서 축심국에 전쟁을 선언한다.
2. 1910년 합방조약과 일체의 불평등조약이 무효이며
   아울러 반침략 국가가 한국에서 합리적으로 얻은 기득권이 존중될 것임을 거듭 선포한다.
5. 루스벨트, 처칠선언(대서양헌장)의 각항이 한국 독립을 실현하는 데 적용되기를 견결히 주장하며
   특히 민주 진영의 최후의 승리를 미리 축원한다.

임정 승인을 위한 외교에도 힘을 쏟았다.

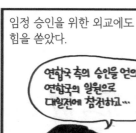

연합국 측의 승인을 얻으면 연합국의 일원으로 대일전에 참전하고...

중국국민당 정부 측에 임정의 승인을 본격 요구했고

그러자면 먼저 귀국이 우리 정부를 승인해줘야지 않겠소이까?

음... 저도 개인적으론 동감이외다.

국민당 관계자들도 장제스에게 여러 차례 건의했다.

한국 임시정부를 한국을 대표하는 정부로 승인하시죠? 전쟁이 끝난 뒤 한국에 대한 영향력을 생각해 보시면...

딴은 그렇군.

중국은 연합국 측에 이 문제를 제기했다. 하지만 미국의 불승인 입장은 분명했다.

글쎄요, 우리가 갖고 있는 정보에 따르면 임시정부의 세력이나 영향력이 그리 특별하지 않던데요.

미국 측과 여러 차례 교섭하며 노력해 보았지만 미국 측 입장이 워낙 확고해서 우리 단독으론 승인이 어렵겠소.

국민당 정부는 승인은 보류했지만 재정적으로는 상당한 지원을 했다.

그건 인정!

국민당 정부의 지원이 없었다면 우리 임정도 광복군도 활동하기 어려웠을 테니까.

중국과의 민간외교에도 신경을 써서

대한민국 임시정부 외무부장 조소앙이외다.

조소앙의 제안으로
한중문화협회가
창립되었다.

이사장에
쑨원선생의
아드님 쑨커씨가
부이사장엔
조소앙, 김규식씨가
맡게 되었습니다.

쑨원의 부인 쑹칭링과 저우언라이 등도
함께했다.

한중문화협회는 강연회도 자주 열고
임정 승인에 대해서도 적극적이었다.

미국과의 외교가 중요해져서
1941년 6월
주미외교위원부를
재설치하고 이승만을
위원장으로 선임했다.

땡큐 임정!
땡큐 김구!

다시 본격 활동에
나설 수 있도록
기반을 마련해 주네.

이승만은 지인들을 동원해 미 국무부와
의회를 상대로 임정 승인 활동을 전개했다.

1943년 초에는 상하 양원으로 하여
임정 승인 촉구 질의가 이어지게 하더니
임정 승인 촉구 결의안이 제출되기도 했다.

미국 정부도 임시정부에 대한 파악에 나섰다.

주중 대사는 한국 임시정부에 대해 조사해 보고할 것!

주중대사의 답변은 이러했다.

보고합니다. 충칭에 거주하는 한인은 2백 명 정도이며 소규모 무장부대가 중국군과 활동하고 있습니다. 한국 임시정부에 대한 중국 정부의 입장은 결정되지 않았고 열성적이지도 않습니다.

미국은 처음에는 한국에 대한 관심도 부족했고 정보도 부족했다.

한국? 어디 붙어있는 나라야?

잉? 거긴 원래부터 일본 아니었어?

자료를 보니 일본에 점령되기 전에 우리랑 국교도 맺었던 나라였어.

요기 일본 옆 반도.

이즈음에 이르러서야 미국은 한국 문제에 대한 처리 방안을 결정했다.

아직 독립할 능력은 안되는 것 같고,

다자에 의한 국제공동관리, 곧 신탁통치!

임정 승인? 노 노!

신탁통치 관련 소식은 1942년부터 흘러나왔다. 미국의 잡지 등을 통해 거론되기 시작한 것.

코리아는 신탁통치를 통해 자치능력을 향상시켜야.

TIME
LIFE
Fortune

1943년 2월 조소앙은 이에 반대하는 성명을 발표했다.

한인 전체는 완전한 독립을 요구하며 한인들이 피흘려 싸우는 목적은 독립에 있지 공동관리에 있지 않다.

1943년 3월 루스벨트와 영국 외상 이든이 만나 전후 문제를 협의할 때도 신탁통치 논의가 있었다.

코리아는 신탁통치 하에 두면 좋을 듯.

좋지요.

쪽

1943년 5월 임정은 재중한인대회를 개최하고 다음과 같이 결의했다.

在中韓人大會

1. 우리는 완전 독립을 요구하며 소위 국제 감호나 다른 어떠한 형식의 외래 간섭도 반대한다.

4. 우리는 전후 완전 독립을 쟁취하기 위해 또 임시정부의 국제적 합법 지위를 쟁취하기 위해 계속 노력한다.

1943년 7월 임정은 카이로회담 소식을 접하고 장제스와 면담해 신탁통치 반대의 뜻을 분명히 했다.

미영이 공동관리 입장을 갖고 있어서 쉽진 않겠지만 힘껏 다퉈보겠소.

카이로에서 장제스는 한국의 독립 문제를 못 박자고 적극 주장했고 처칠은 강력히 반대했다.

그랬다간 인도의 독립운동을 고무할 수 있단 말야.

이에 루스벨트가 조건부 독립안을 제시했고
장제스, 처칠이 동의했다. 이리하여 나온 조항이 이것이다.

'한국 민중의
노예 상태에 유의하여
적당한 시기에
한국이 독립하게 되고
자유롭게 될 것'

'적당한 시기에'로 번역된 문구는
처칠에 의해 수정을 거친 문구다.

at the proper moment

그보다는
in due course
요렇게

카이로선언은 수많은 식민지 상태 민족들 중에서
한국만 유일하게 독립을 보장받았다는 데 의의가 있다.

다 내 덕이야.

물론 우리 임정이
노력한 결과이고.

하지만 애매한 설명은 신탁통치를
의미함이 분명해서

이건
아니죠!

김구는 기자회견을 열어 이렇게 주장했다.

어떻게 해서든지 간에
이 표현에 반대하며
일본이 패망하면 한국은
즉시 독립되어야 한다.
그렇지 않을 때엔
역사적인 독립전쟁을
계속 전개할 것이다.

한편 파리에서
임정 통신원으로 활동하던
서영해는

《어느 한국인의 삶과 주변》 등을 저술하기도 했죠.

프랑스가 무너지자 런던으로 건너가 프랑스 망명정부와 폴란드 망명정부로부터 임정의 승인을 이끌어냈다(고 알려져 있다).

조선의용대가 합류하고

학병들이 들어오면서 규모를 갖추게 된 광복군도 적극 대응하기 시작했다.

버마전선에서 일본군과 싸우던 영국군,

일본군 포로가 아니라 일본을 잘 아는 사람이 필요해 일본어와 영어에 둑둑 능통한.

중국군을 통해 광복군에 연락을 해왔다.

영국군에서 우리 대원을 필요로 한다고?

광복군은 한지성, 문응국 등 9명을 선발했고
인면(인도, 버마)전구공작대라는 이름으로 인도에 파견했다.

일본군의 버마 점령으로 중국군에
보내는 보급로가 차단되어 중국군이
곤란을 겪었다.

이에 영국·중국군은 보급로를 되찾기 위해
임팔전선에서 치열한 전투를 벌였고
광복군도 투입되었다.

광복군의 주요 활동은 대적 선전 공작과

포로 신문이었다.

일본군의 무선전신을 통해 동태와 활동 계획을
알아냄으로써 포위된 영국군이 탈출할 수 있도록
하는 데 결정적 기여도 했다.

미 OSS와 광복군 간에도 합작이 있었다.

임정의 승인을 거친 이 작전은 독수리작전이라 명명되었다.

특수 훈련을 실시한 뒤 대원들을 한반도에 상륙시켜 적 후방 공작을 전개하는 거지.

작전 수행을 위한 훈련이 실시되었다. 1945년 5월 시작해 3개월간 이루어지고 1945년 8월 4일 끝났다.

직후인 8월 7일 시안으로 간 김구 등 임정과 광복군 일행은 미군 측과 작전 실행을 위한 협의를 했다.

잠수함을 이용해 연해로 접근한다.

대원들은 상륙해 거점을 마련하고

지하공작과 무장활동을 전개한다.

작전 실행은 일본의 항복으로 무위에 그쳤다.

아……

조선의용군

조선의용대 주력 80명이 중국 군사위원회 동의 없이 팔로군 지구로 넘어갔다.

한빈 등 민혁당이 싫어 이탈한 세력, 김학무 등 조선청년전위동맹원들, 윤세주와 김세광 등 김원봉과 가까운 이들이 함께했다.

많은 의용대원은 생각했다.

화북지구엔 조선인들이 많이 들어와있어.

이들 속에서 조직을 구축하고 확대해나가야 하지 않아?

때마침 국민당 내 반공 분위기의 강화도 영향을 미쳤다.

환난에서의 일 들었어?

들었지. 역시 국민당 놈들은 믿을 수가 없어.

장제스는 확대되는 공산 세력에 위협을 느꼈고 이른바 환난사변(皖南事變)을 일으켰다.

황하 이남의 공산비적을 소탕한다!

신사군에게 북으로 이동하도록 명한 다음

8만의 군대를 매복했다가 포위 공격했다.

일주일 간의 전투 끝에 9천 명 중 2천 명만이 포위를 뚫고 탈출했고 나머지는 전사하거나 포로가 되었다오.

국공합작에 대한 명백한 배신이지.

빠드득

국민당은 믿을 수가 없어.

맞아. 여기 있다간 제대로 적과 싸워보지도 못하고 무슨 꼴을 당할 지도.

이때 김원봉은 대오 확대를 위해 어쩌면 대오 보존을 위해 북상에 동의했다고 한다.

어디까지나 해석

이들보다 먼저 북상했던 최창익 중심의 대원들은 옌안의 항일군정대학에 입교했다.

中國抗日軍政大學

1941년에는 무정 등 팔로군에서 활동하던 이들과 결합해 화북조선청년연합회(조청)를 조직했다.

화 북 조 선 청 년 연 합 회

새로이 북상한 이들과 먼저 북상한 이들은 1941년 7월 조선의용대 화북지대를 결성했다.

화북지대는 조청을 정치지도체로 받아들이고,

조선의용대 화북지대

조청은 화북지대를 자신의 행동대로 규정했지.

하지만 이때까지는 형식적일지라도 여전히 충칭의 조선의용대 대본부 지휘하에 있었다.

조선의용대 대본부
조선의용대 화북지대

대본부 대장인 내 말은 듣지도 않는 지대

1942년 7월 조청 제2차 대회에서 조청은 화북조선독립동맹(독립동맹)으로 개칭되고

독립동맹

중앙상무위원: 최창익, 이유민, 김학무, 박효삼, 김창만, 무정

조선의용대 화북지대는 조선의용군 화북지대로 개칭된다.

조선의용군 화북지대

드디어 군이란 타이틀을!

화북지대는 중국 팔로군의 지도와 지원 아래 활동했다.

1943년 기준으로 조직 구성을 보면 전위동맹 50명, 민혁당 23명, 해방동맹 5명, 신입이 52명이었다.

직업별로는 학생 출신이 116명으로 압도적이었지.

신입 중엔 생계를 위해 일본군을 따라왔던 소상인들도 제법 있었고.

조선의용군이 내세운 기본 방침은 무장 선전, 간부 양성, 적구와 동북 그리고 조선 내에서의 공작 진행이다.

이 방침은 일제 패망 시까지 일관되게 관철됩니다.

당장의 공작 범위는 태항산 근거지를 넘어 화북의 팔로군 근거지까지.

간부 훈련을 위해 자체로 간부 훈련반을 개설해 운영했다.

최후의 결전을 맞으러 가자~♪

이후 화북조선혁명청년학교 조선혁명 군정학교 항일군정대학 화중분교 조선인반 등 각지에서 간부 교육기관이 개설되었죠.

조선혁명군정학교

훈련반 교육을 통해 팔로군식 작풍을 익혀나갔죠.

위대한 대장정의 경험과 불굴의 정신도

무장 선전 활동은 무장한 상태에서 유격구와 적구를 넘나들며 선전하는 활동이다.

중국인을 상대로 한 선전,

일본군을 상대로 한 선전,

조선인을 상대로 한 선전 활동을 벌였다.

김세광이 이끌던 제2대 대원 20명은 여러 촌을 돌며 군중집회, 좌담회 등을 전개했다.

이들의 움직임을 읽은 일본군은 1941년 12월 새벽 300명을 이끌고 이들이 머물던 호가장 마을을 기습해왔다.

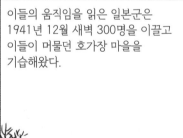

이에 적극 응사하면서

포위를 뚫고 탈출에 성공했으나

4명의 대원이 전사하고

김세광, 김학철은 중상을 입었다.

김학철은 이때
다리에 총상을 입고 포로가 되어
일본에서 감옥 생활을 함
해방 후 옌지에서
《해란강아 말하라》 등을 집필

1942년 일본군은 팔로군
근거지에 대한 소탕전을 강화했다.

5월 일본군은 3만 명을 동원해 타이항산 근거지를 공격했고
팔로군은 반소탕전으로 맞섰다.

팔로군 총사령부가 갑자기 나타난
일본군의 포위 공격에 위험해졌다.

이에 의용대는 경위 부대와 함께 고지를 점령해 사수하며
펑더화이 등 사령부의 탈출을 도왔다.

전투 중 의용군 측에서
전사자가 나왔다.
진광화. 본명은 김창화.

진광화는 평양 출신으로
광주학생운동 당시
연대 맹휴를 주도했고

망명해서 중국공산당에
입당했다. 팔로군 정치부
사령부에서 활동했다.

화북지대 정치위원,
조선혁명청년간부학교 부교장
등을 역임했다.

윤세주는 밀양 사람으로
김원봉의 후배.

의열단 창단 멤버로
국내에 침입해 거사를
도모하다 체포되었고,
7년간 감옥 생활을 했다.

출소 후 신간회에서 활동하다 중국으로 건너와
김원봉과 재회했다.

윤동지!
고생했소.

형님!
아니
단장님!

세주야

김원봉과 정치 행보를 같이하며 민혁당, 의용대의
간부로, 이론가로 활약하다가 김원봉과 헤어져
북상했다.

타이항산전투에서 장렬히 전사한 윤세주와 진광화는 타이항산에 묻혔다가
허베이성 한단시 열사능원으로 이장되었다. 사진은 이장되기 전
윤세주와 진광화의 묘와 기념비.

적구 공작 활동도 의용군의
주요 목표 중 하나.

敵區工作

국민당 지구에 있을 때도 적구 공작을 중시했지만
실행하지 못했다. 팔로군 지구에서는 이미 1941년에
조청의 지도 아래 적구 공작이 개시되었다.

1942년 7월 동북 지하공작원으로 최창익계 인물인
이상조와 오민상 등 3인을 파견했다.

우리의 기본임무는
조선과 동북의 반일단체 및
동북의 항일무장부대와의
연계를 구축한다.
뜻대로 되지 않을 시엔
독자적으로 반일통일전선을
구축한다!

조선과의 사업은 허정숙 동지의
부친인 허헌 선생과 접촉해
박헌영, 정백 등과 연락하려
했지만 실패.

동북 지구에서의 공작에 힘써 1943년 10월 하얼빈에서 독립동맹북만특위가 조직되었다.

독립동맹북만특위

이보다 앞서 1943년 1월 타이항산에 들어온 무정 주도로 적구공작위원회가 꾸려졌다.

간부들은 조국을 떠나온 지 오래 돼서 조국의 현실에 대해 어둡고, 새로 뽑은 조직원들은 사상적 준비가 부족해서
....

무정의 결정적 시기를 대비한 구상은 이랬다.

동북에 진출해 무장대오를 확대하고 항일전을 벌인다.

만주의 철도선을 따라 밀고 내려가 서울을 해방한다! 이것이 내가 꿈꾸는 민족해방 루트!

그런데 전투를 담당할 주력인 조선의용군은 독자의 사령부를 갖지 못했다.

때문에 사령관도 참모 조직도 없었지.

전투부대가 아니라 선전부대이니까 ㅇㅇ

조선의용군

일본이 항복하기 직전에 가서야 의용군 사령부가 세워지고 대원들도 전투부대로 편성될 수 있었답니다.

김일성 그룹

결성 초기 3만여에 이르던 항일연군 병력은 1940년 말에 이르면 1,400명으로 줄었다.

대장정보다 더한 손실

항일연군 결성 당시의 주요 지휘관들도 대부분 전사하거나 변절했고요.

추계 토벌, 동계 토벌은 연중행사가 되어 거듭되었다.

이대로 더 이상 버티는 건 무리요.

특단의 대책이 있지 않으면 전멸을 피할 수 없을 겁니다.

1940년 초 저우바오중은 소련 측과 만나 월경과 편의 제공에 대해 논의했다.

사정이 이러합니다. 국제주의 원칙에 따라 우리의 월경과 이후의 편의 제공이 가능한지 알고 싶소.

상부에 타진해 보지요.

1940년 7월 웨이정민도 코민테른 중국공산당 대표단에 서신을 보내 처한 처지를 설명했다.

당 중앙과 연계가 끊겨 동북 당 조직과 항일연군 부대를 통일적으로 영도하는 문제를 해결할 수 없다. 제1방면군 부대는 와해될 위기에 놓여있고 각로군의 처지도 곤란하다.

1940년 8월 둔화현 소할바령 회의에서 김일성도 이렇게 연설했다.

아직 결전의 시기는 아니오. 대사변을 맞이하기 위해 현 상황에서 유격대는 무장역량을 끝까지 보존하는 것을 일차적 과업으로 삼아야 하오.

항일연군은 소련으로의 이동을 결정했다.

소련 측은 항일연군을 위해 2개의 야영을 설치했다. 하바롭스크 인근의 A야영(북야영)에는 제2로군과 제3로군이, 우수리스크 인근의 B야영(남야영)에는 제1로군 제2방면군과 제3방면군, 제2로군 일부가 배치되었다.

A야영
하바롭스크

우수리스크
B야영

항일연군의 지휘권은 항일연군의 독자성을
보존하는 방향으로 결정되었다.

그리고 소련 체류는
임시로 하고
상황이 나아지면
만주로 돌아간다!

그런데 소련이 일본과 중립조약을 체결하면서
상황이 바뀐다.

때문에 만주로의 복귀는
어렵겠습니다.
대신 이후를 대비하면서
...

이후 항일연군은
소련군 교관의 지휘 아래
소련 정규군 수준의
군사훈련을 하게 되었다.

다만 소련군의 필요에 따라 국경 지방에
항일연군이 파견되어 정찰 활동을 하게 되고

이 과정에 소규모 전투도 제법 있었다.

일본이 미드웨이전투에서 패하며
소련은 대일전에 대비해 항일연군을
주축으로 한 여단 창설에 들어갔고
1942년 9월 모습을 갖추게 된다.

이름하여 88 독립보병여단.
우린 동북항일연군교도려라
불렀지.

4개의 교도영으로
구성되었고
전체 대원수는 6백,
이 중 조선인은 150명.

여단장에 저우바오중, 참모부장 사마르첸코,
예하의 각급 부대장은 항일연군 간부들이 맡았다.

제1교도영(대대)은 조선인 중심으로
구성되었고 영장은 김일성,
부영장은 안길이 맡았다.

이때 대위 계급을 단 조선인은 김일성 외에도
안길, 최용건, 김책이 있다.

안길은 어린 시절 만주로 이주해
룽징의 대성중학에서 공부했고
1932년 중국공산당에 입당했다.

나는
당원으로서
···

한결같이 유격대 활동을
해왔고

이론 수준이 높았다.

최용건은 오산학교를 거쳐
중국 윈난군관학교를 나왔다.

저우바오중 동지가
나랑 군관학교 동기.

1926년 중공당에 가입했고 만주로 파견되어
활동했다.

화요파의
중국공산당
입당을 위한
노력도.

잘
안됐지만.

항일연군 제2로군 참모장 등을 지냈다.

해방 후
1948년 인민군 총사령관
1961년 당 정치국 위원
1972년 국가 부주석

김책도 어린 시절 만주로
이주했고 중학 시절
항일 활동을 시작했다.

1927년 제1차
간도공산당사건으로 투옥,
서대문 형무소에 수감되었고

출옥 후에는 다시 만주로 가서
활동을 이어갔다.

북만 지역 항일연군의 핵심 간부로 소련으로의 이동을
거부하고 1943년까지 남아 싸웠다.

1945년 7월 소련군의 대일전 참전이
분명해졌다.

이미 무기와
군대의 이동이
시작되었소.

이에 대응한 항일연군의 결정은 이러했다.

항일연군을
두 갈래로 나눠
만주와 조선에
잠입한다.

당 조직도
중국공산당
동북위원회와
조선공작단으로!

조선으로 투입되는 조선공작단은
김일성이 단장을, 최용건이 당 위원회
서기를 맡았다.

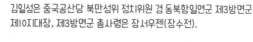
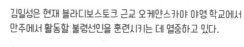

한편 이즈음 일본 정보기관은 김일성의 행보를 비교적 소상히 파악하고 있었고
흥미로운 정보를 보여준다.

김일성은 중국공산당 북만성위 정치1위원 겸 동북항일연군 제3방면군
제10지대장, 제3방면군 총사령은 장서우젠(장수전).

김일성은 현재 블라디보스토크 근교 오케얀스카야 야영 학교에서
만주에서 활동할 불령선인을 훈련시키는 데 열중하고 있다.

최근 수집된 정보에 따르면 김일성은 미군 공군의 공습에 때맞춰
한만 국경 지대 주요 지점의 철도를 파괴하기 위해 공작원을 파견할 준비를 하고 있다.

김일성은 1944년 8월 모스크바를 방문했다. 충칭과 옌안도 방문한 바 있는 김일성은
중국 공산주의자뿐 아니라 소련 주재 미국대사관, 중국대사관 요인들도 접촉했다.
- 일본 내무성 경보국 자료

이승만과 재미 한인 세력

임정에 의해 구미위원부가 폐지되었지만
탄핵된 대통령 이승만은 그 후로도 몇 년 동안
구미위원부를 유지했다.

그러나 힘이 실리지 않았고
하와이에서도 입지가 축소되었다.

안 그래도 세월이 흐르면서 교민 가운데
1세대 비중은 줄고

우리 세대는
그래도 독립운동에
관심이 있는데
자식들은 …

2세대들은 거의 미국인이 되었다.

한국의 독립?
뭐 되면 좋지만
안 되도 뭐?
우린 미국인인 걸.

그런 상황에서 하와이 교민 단체들은
이승만계와 반이승만계로 나뉘어
싸움을 거듭했고

이에 대해 교민 사회는 싸늘히
반응했다.

툭
탁

또 재판정에서
다투네.
원수가 따로
없구만.

후원금도
크게
줄어들고 ㅠㅠ

곤란에 처한 이승만에게
손을 내밀어준 건 다시 임정이었다.

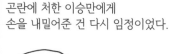

여기
상해입니다.

1932~1933년
제네바에서 열리는
국제연맹회의에
참가할 전권대사로
임명한 것이다.

이때 와이프
프란체스카도
만났지.

1934년에는 주미외무행서 위원으로 선임했다.

외무부 산하의
주미외무행서 위원,
대통령을 했던 내가
주미대사라니
쫌 그렇긴 하지만
마다할 처지가
아니지.

그나마도
할일이 없어서
1936년에 해임.

이즈음 한인 사회에서는
새로운 얼굴들이 지도자로
떠올랐다. 대표적인 이가
한길수다.

한인기숙학교에서 이승만에게 배운 그는
1932년 중한민중동맹단에 가입하고

중한민중동맹단

김규식 박사께서
하와이에 들러
조직한 단체인데
얼마 뒤 내가
미주 대표가 되지.

미 육군 참모본부, 해군 정보국 쪽에
일본 측 정보를 빼돌렸다.

따끈따끈한
정보 감사~

일본총영사관에선
저를 자기네 쪽
사람으로 알지요ㅋㅋ

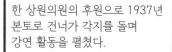

한 상원의원의 후원으로 1937년 본토로 건너가 각지를 돌며 강연 활동을 펼쳤다.

강연만 169회, 라디오 출연도 일곱 번을 한 한길수입니다.

일본의 진주만 침공을 여러 차례 경고한 바 있어서

두고 보세요. 일본은 반드시 태평양을 노려 진주만을 공격해 올 것입니다.

주가가 폭등했다.

진주만 경공은 예견한 바로 그 사내! 한길수 강연회

일시: ------
장소: ------
주제: ------

WANTED

중일전쟁 후 한인 사회에서도 다시 독립 문제에 대한 관심이 커졌다.

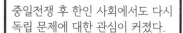

임정도 본격적으로 움직이는 모양이고 광복군도 조직된 모양이야

이번 미일간의 전쟁이 독립을 이룰 절호의 기회가 될 듯.

1941년 4월 해외한족대회가 개최되고 재미한족연합위원회가 만들어졌다.

항일전선 통일!

임정 봉대!

대미 외교기관 설치

독립자금 모금

이승만이 대미외교위원에, 한길수는 국방봉사원에 선정되었다.

연합회는 임정과 의논을 거쳐 이승만을 위원장으로 하는 주미외교위원부를 조직했다.

주미외교위원부

할 일이 없었던 몇 년 전과는 상황이 달라.

지금이야말로 어느 때보다도 외교가 중한 시기. 나로선 날개를 단 셈이지.

이승만은 적극 움직였다.

오랜 내 인맥을 활용해 의회와 국무부에서 임정승인 문제가 논의되도록 했고,

OSS 측과 접촉해 무장투쟁 방안도 제안했다.

중국과 연해주의 한인들을 써서 특수전도 가능하고 한인 게릴라 부대를 창설하는 것도 가능할 게요.

…

이때 한국 문제와 관련해 미국 정부가 정한 입장은 이러했고,

임정을 승인하지 않으며 신탁통치를 실시한다.

다만 비정규 한국군 창설계획은 전쟁 수행상 의미가 있겠다.

그에 따라 이승만에게 한인 입대 지원자 50명의 선발을 의뢰했다. 이승만은 60명의 명단을 제공하며 이렇게 제안했다.

오백 명의 지원자를 더 추천할 수 있소. 한인 게릴라 부대를 만듭시다.

뿐만 아니라 중국의 스틸웰 장군 휘하에 2만 5천의 한인 게릴라부대도 조직할 수 있소.

…

미국의 생각은 달랐다.

우리가 파악한 정부에 따르면 그만한 역량이 없던데…

그보다도 우리가 필요한 건 소수정예의 특수공작원.

이후 본격화된 냅코프로젝트(Napko Project)도
이승만이나 재미 한인 단체와 무관하게
진행되었다.

냅코작전은
미전략첩보국OSS가
재미 한인, 버마에서
탈출한 학병 출신 한인들을
훈련시켜 한반도에
침투시키려 했던 작전.
일본의 항복 선언으로
중단되고 해산됩니다.

유일한 등
19명이
참여했죠.

그런데 주미외교위원부는
분란에 휩싸였다.

이승만과 한길수가 갈등한 것이
원인이었다.

한길수는
공산주의자!
이중간첩
같은 자!

이승만은
노욕에 찬
보수 정객!

재미한족연합회 집행부와
이승만 사이에도 불신이 커졌다.

권한을 남용하고
인심을 소란케 하고!

외교도
성과가
없고!

흥!

연합회는 임정에
이승만의 해임을
요청했고,

더 이상
이승만씨의
독단적 행동을
수용할 수
없습니다.

在美韓族聯合

임정은 주미외교위원부와 한족연합회의 활동 중지를 지시하고
외교위원부의 개조를 요구했다.

새롭게 외교위원부를
조직할 것!
재미 한인단체 70% 이상이
참석하고 참석자 3분의 결정으로
조직되는 외교위원부라면
인정할 것이오.

이에 미주 지역 단체들은
임정의 지시에 따라
외교위원부를 개조했다.

요구에 따라
새로이
조직했습니다.

그런데

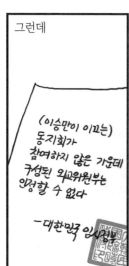

(이승만이 이끄는)
동지회가
참여하지 않은 가운데
구성된 외교위원부는
인정할 수 없다

—대한민국 임시정부

임정은 주미외교위원부를
아예 취소하고 1944년 11월
일방적으로 주미외교위원회의
조직과 인선을 발표했다.

위원장
이승만
:

이상과 같이
외교위원부를
구성한다.

한인 사회의 분열이 심화됐음은
물론이다.

재미한족연합회

말도 안돼!
이런 독단적인
결정은
따를 수 없어!

뭐라곳?
임정을 봉대하지
않겠다는 건가?!

이렇듯 임정, 사실상 김구는 이승만의 손을 들어주었다.
해방 후의 관계를 생각하면 아이러니할 만큼 김구는 그동안 줄곧
이승만을 옹호해왔다.

그건 내가 인정.
일찌기 협성회를
조작해 나에 대한
탄핵 반대에
앞장섰고,
이후로도 내게
적대한 적이
없었지.

이즈음 이승만은 미국 정부를 상대로 반공 공세를 강화했다.
1943년 초 미 국무장관에게 보낸 편지는 이런 내용이었다.

미 국무부는
임정을 승인하지 않고
축출함으로써
러시아가 후원하는
소비에트한국공화국을
세우려는 것인가!

이건 또
뭔 소리야
?

그리고 1945년 4월 국제연합
창설을 위한 샌프란시스코회담에서
일약 화제의 인물로 떠오른다.

Dr Lee

유명한 반소, 반공 신문인 〈로스앤젤레스 이그재미너(Los Angeles Examiner)〉와의 인터뷰에서 이런 주장을 편 것.

미, 영이 얄타회담에서 한국을 소련에 양보했다. 나는 미국과 소련이 합의한 비밀각서를 갖고 있다.

그의 주장은 다른 신문들에 대서특필되었다.

이승만은 트루먼 대통령과 국무장관에게 항의 서한을 보냈다.

비밀협약에 대해 시인하고 사과하시오.

허... 참

또한 모스크바를 방문 중인 중국 외교부장 쑹쯔원을 극렬히 비난했다.

송자문이 한국과 만주를 소련에 팔아넘겼다 ~

미 국무부는 펄펄 뛰었고

이승만은 노망났거나 실성한 듯.

DEPARTMENT OF STATE

중국과 소련 역시 임정에 대해 불신을 품게 되었다.

근거 없이 쏟아낸 얄타 밀약설과 일련의 주장으로 이승만은 이름값을 높였지만 임시정부의 승인 외교에는 역효과를 냈다.

썰<렁

건국동맹, 국내 공산주의 그룹

여운형은 1929년 상하이의 야구장에서 체포되고 국내로 송환되어 재판에 넘겨졌고

3년 형을 살았다.

출옥 후에는 〈조선중앙일보〉 사장을 맡아 짧은 시간 안에 〈조선일보〉, 〈동아일보〉에 버금가는 신문으로 키워냈다.

신문사 사장 생활은 일장기말소사건으로 끝이 났다.

이후 그는 수차례 일본을 방문하며 정세를 살폈고,

단파방송까지 접하며 일본의 패망을
확신하게 되었다.

그 생각을 주변에 발설했다가

틀림 없소.
전쟁의 승패는
이미 정해졌소.

투옥되었다.

쇠약해진 몸을 걱정하는 가족,
주변의 권유에

7개월 만에 전향서를 쓰고
석방되었다.

일제의 협박을 동반한 협조 요청에
병을 핑계 삼아 시골로 내려갔다.

그리고는 오랜 벗 조동호를 비롯해 이상백, 최흥국, 구소현,
전사옥 등과 민족해방연맹을 조직한다(1943년 8월).

둥지 획득,
자기 완성,
조직 준비를
슬로건으로!

1년 뒤인 1944년 8월 경성의 경운정 삼광한의원에서 여운형을 위원장으로 하는 건국동맹을 결성했다.

건국동맹

강령
1. 각인, 각파를 대동단결하여 거국일치로 일본 제국주의 제 세력을 구축하고
   조선 민족의 자유와 독립을 회복할 일
2. 반추축 제국과 협력해 대일 연합전선을 형성하고
   조선의 완전한 독립을 저해하는 일체 반동 세력을 박멸할 일
3. … 민주주의 원칙에 의거하고 특히 노농대중의 해방에 치중할 일

위원장
여운형

여운형, 조동호 등 좌익계 노장층이 중심이 되었고

1920년대, 1930년대에 항일운동을 했으나 1930년대 말 이후 조용히 있던 민족주의자들도 함께했다.

각 도 책임위원이 결정되고 이들에 기초해서 지방 조직을 확대하는 수순을 밟았다.

책임위원들은 신간회 운동, 노동운동, 공산주의 운동에 참가했던 인물들로 정해졌죠.

결정적 시기가 다가오는 것으로 보아
군사위원회를 두고 대책 마련에 착수했다.

공산주의인
이승엽, 최원택,
정재달도 참여
↓

군사위원회 설치를 통한
노농군 편성, 만주군 조직,
조선의용군 광복군과
연합작전을!

이때 만주국군 소속 박승환도 세 차례 이상
국내에 들어와 여운형과 군사 문제를 토의했다.

만주군 내의
애국적인 이들을
조직해 국내진공을
도모하겠습니다.

훌륭하네.

무기 획득을 위해 조병창의
채병덕 중좌와 접촉하기도 했다.

손기정이
연락을 맡음

반응은
냉랭~

농민 동맹을 보조 단체로 두었고,

농민동맹은
여운형 선생을 중심으로
용문산에서 조직돼
징용과 징병 반대,
공출 반대 등의 활동을
벌였죠.

지역도 여주, 이천,
광주, 홍천 등지로
확대되었고

학병, 징병, 징용 거부자 조직들과 상당한 연계도 구축했다.

자네들 말고도
보광당, 산악대,
조선민족해방협동당
등과도 연계돼 있네.

이름에 걸맞게 건국동맹은
건국을 위한 준비에도 신경을 썼다.

건국 사업을
해나가려면
치안 대책과
식량 확보 방안이
마련돼
있어야.

조직화 단계에서 해방을 맞아 구체적인 성과는
이루지 못했지만,

이때의 준비가 해방 후
건국준비위원회의 구성과 활동의
밑천이 되었다.

1940년대 공산주의자들은
검거되거나

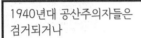

전향했고

남은 이들은 본격적 활동에
나설 수 없어 잠복하거나

활동하더라도 소규모 그룹 활동 이상은 힘들었다.

경성콤그룹은 거듭된 검거로 조직이 와해되었다.

잔여 조직원들은 간신히 조직선을
유지하는 정도.

지도자였던 박헌영은 여러 지역을 잠행하다 광주로 피신했고
기와공장에 취직해 생활했다.

이순금을 연락원으로 하여
남은 조직원들과 연락을 꾀했다.

1944년 11월 경성콤그룹 출신 서중석은 이정윤, 김태준,
김일수 등과 공산주의자협의회를 결성했다.

공산주의자협의회

조직 내에 군사부를 두어 김일성, 무정 등 국외 무장 세력 및
소련과의 군사 협력 관계를 구축하기 위해 김태준을 옌안으로 파견했다.

아내 박진홍과
함께 떠나서
1945년 4월에
도착했지만

일제가 패망하자
걸어서 1945.11에야
서울로 돌아왔죠.

박진홍은
이재유의
전부인

용산철도국을 비롯해
경인, 호남 지방에도
조직선을 가졌다.

이승엽, 김일수 등은 1943년
자유와 독립 그룹을 조직해

자유와 독립

청진의 일본제철을 중심으로 활동했다.

참고로
나 이승엽은
건국동맹과

나 김일수는
공산주의협의회와도
관계했죠.

서울파였던 이영, 정백 등은 스탈린단을 조직해

스탈린단

화요회의 조동호, 경성콤그룹 세력과
접촉하고 공산당 결성을 모색했다.

조동호, 정재달, 최원택, 홍남표 등은 화요파 공산주의 그룹을
조직했다.

화요파 공산주의 그룹

인천, 황해, 경북 등에
지방 조직 구축을 기도했다.

각 세력의 통일전선 결성 노력

여러 독립운동 세력들은 결정적 시기가 다가옴을 느끼고 서로에 대한 연대에 공을 기울였다.

결정적 승리를 거두려면 민족적 역량을 하나로 모아야

임정은 임정 승인 외교를 위해서라도 독립동맹과의 연대가 절실했다.

독립동맹의 지지를 얻어야 우리 임정의 대표성에 대해 설득이 용이할 터.

독립동맹 또한 연대에 적극적이었다.

상해 임시정부, 만주의 무장 세력, 국내 혁명조직들을 하나로 묶어내는 통일전선을 구축해야!

그중에서도 임정과의 연대를 중시해 1941년 10월 옌안에서 열린 동방각민족반파시스트대회에서 김구를 명예주석으로 추대했다.

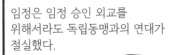

동방각민족 반파시스트 대회

대회를 통해 결성되는 우리 동방각민족반파시스트 동맹은 스탈린 서기장, 루스벨트 대통령, 처칠 총리, 네루 총리, 장개석 총통, 마오쩌둥 동지······ 김구 주석을 명예주석으로 추대합니다.

1942년 1월 독립동맹의 분맹 창립식에 쑨원, 장제스, 마오쩌둥 등과 함께 김구의 초상화가 걸렸다.

독립동맹 분맹 창립식

김구? 뭐지?

임시정부랑 통일전선을 해야 하니까

그것도 그렇지만 임시정부를 민족해방운동의 대표 기구로 인정하는 모양새잖아.

그러나 1943년 들어서는 독립동맹의 입장 변화가 생긴다.

연대는 하겠지만 우리가 주도권을 갖는 게 맞지.

이에 따라 1944년 10월 군정학교의 분교 개교식장에는 김구 대신 무정의 사진이 걸렸다.

축 군정학교 분교 개교식

김원봉도 조선의용군을 광복군 산하로 끌어들이려 했다. 1945년 초 김두봉에게 이렇게 편지했다.

조선독립동맹을 조선혁명당 화북지구로 개편함이 어떻겠소?

이에 대한 답장은 무정이 했다.

당신이 혁명을 영도하려 한다면 좋소! 연안으로 오시오. 오지 않는다면 누구의 영도도 접수할 수 없소.

임정은 국내와도 선을 연결하려 했다. 국내공작위원회를 설치하고

군무부장 김원봉 동지와 성주식 동지, 조성환동지, 김성숙 동지, 조경한 동지를 위원으로 하고…

국내에 공작원을 파견하려 했다.

국내로 들어가 국제정세를 바로 알리고 거점 구축, 자금모집, 무기 탈취 등을 목표로 활동한다.

그러나 성공한 침투 사례는 없었다.

아무래도 국내 조직과 연계가 없어서…

임정은 항일연군 조선인 부대와의 연계도 모색해 이충모를 파견했다.

김구 주석의 신임장을 받아들고 산시성에 이르러 동북으로의 길을 찾다가 해방을 맞는 바람에 연락은 취하지 못했죠.

김일성 측 역시 임정과의 연대를 모색했으나 성사되지는 않았다.

그나마 연대가 상당 수준으로 이루어진 것은 독립동맹과 건국동맹 사이에서다.

독립동맹은 공작원을 동북으로 보내 만주의 항일연군 및 국내 세력과의 연계를 도모했다.

그러나 항일연군은 이미 소련으로 넘어간 뒤였고

국내 세력과의 연결 시도도 실패했다.

허헌, 정백, 박헌영 등과 연락을 꾀했지만 잘 되지 않았죠.

그렇다면 ... 그래, 여운형씨와 연락해보자.

무정이 보낸 연락원이 여운형을 찾았으나 여운형이 신뢰하지 않았다.

밀정인지 모르잖아.

아 ... 저 ...

무정은 다시 2명의 공작원을 친서와 함께 파견했고 여운형은 받아들였다.

건국동맹 측도 해외 운동 세력과의 연계를 위해 최근우, 이영선, 이상백 등을 만주, 베이징 등에 파견했더랬다.

이 중 이영선은 톈진에 머무르며 건국동맹 대표로서 정기적으로 독립동맹과 접촉했다.

우리 건국동맹은 독립동맹의 의견을 완전히 접수하고 함께 하기로 했습니다.

오!

양측은 정치 노선, 국내진공작전 추진 등은 물론 해방 후 국가 건설 문제까지 상당한 논의와 협의를 이루었다.

정치노선은 사실상 일치함을 확인했고,

유격대를 조직해 국경을 침투하고 양 조직간에 군대편제는 ...

다만 양측의 서로에 대한 생각은 다소 차이가 있었다.

우리는 공동의 목표를 이룩하기 위한 대등한 동맹.

우리에겐 분맹이 몇 개 있지. 톈진, 베이징, 하얼빈, 그리고 서울. 건국동맹은 우리의 서울분맹이고.

건국동맹과 김일성 부대 간의 접촉 시도도 있었다. 여운형도 최근우를 만주로 파견했지만

김일성 부대의 소련 이동으로 불발에 그쳤다.

김일성 부대? 요사이는 조용한데요.

소문엔 소련으로 갔다고도 하고

우리 쪽에서도 여운형 선생 쪽과 접촉하기 위해 연락원을 보냈지만 만나지 못했지.

김일성

일본 내의 민족운동

일본의 재일 조선인들은 크게
두 부류로 나뉜다.

공부하러!

돈 벌러!

민족의식이 뚜렷했던
학생들은

우리는 민족의
미래를 책임질
선각자들!

2·8 독립선언으로 3·1혁명의
기폭제 역할을 함으로써
자기 역할을 해냈다.

오족의 독립을
기성하기를
선언하노라!

이후로도 학생들은 상당 기간 동안
독립운동의 무기로 쓰일 신진 사상을
국내에 전파하는 선구자 역할을 해냈다.

국내로 들어가
사상단체를
조직하거나

전국을 도는
순회 강연을
하거나 …

일하기 위해 일본에 온 이들은 일본 사회의 맨 밑바닥 층을
형성했다.

천황 아래 귀족
귀족 아래 …
상인 아래 농민
농민 아래 노동자
노동자 아래
조센징 노동자 ♪

이들은 주로 부두, 공사 현장 등에서 잡부로 일했다.

힘들은 좋아요.

이름하여
자유노동자!
임금은 일본인의
60~80%

일본에서의 생활이 이토록 열악한데도
현해탄을 건너는 구직 행렬은 계속 이어졌다.

각종 사상 조직에서 새 사조를 익힌 유학생들은
이들 노동자들을 주목했다.

제국주의 질서를
무너뜨릴 혁명의
주력군은…

무산계급
노동자!

노동자들에게 접근해 사회주의 사상을 전파했고

노동 없이
이 세상은 하루도
돌아가질 않습니다.

그건
그렇죠.

집단을 형성하게 된 노동자들은 민족의식,
계급의식을 키워 나갔다.

같은 일을 하고도
임금은 거의 절반에

죽도록 일해봐도
토굴살이 신세.

그 결과 탄생한 것이 재일본조선노동총동맹이다(1925년).

만국의 노동자여! 단결하라!

재일본조선노동총동맹

강령!
하나, 경제적 평등과 지식의 계발
하나, 자본가계급의 박해에 철저히 항쟁
하나, 노동조합의 실력으로 노동자계급의 완전한
　　 해방과 자유 평등의 신사회 건설

이미 조직돼 있던
동경조선노동맹회와
대판조선노동맹회를
비롯한 단체의 대표들이
모여 결성했죠.

그 밖에도
재일본조선청년동맹,

1927.12
회원수가
289명.

2/3가 학생
1/3이 노동자.

학우회,

우린 이미
합법조직으로
1910년에
조직됐죠.

회원들은 당,
사상단체,
대중단체 등에서
활동했고요.

신간회 일본지부 등이
조직되어 활동이
이루어졌다.

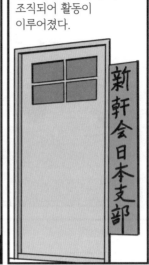

1928년은
재일본조선노동총동맹을 필두로 한
이들 단체들에 의해 전개된 투쟁이
가장 활발했던 해다.

8시간 노동
쟁취하자!

식민지 노예교육
철폐하라

1928년 8월 29일, 조선인 노동자와 학생을 비롯한
150여 명은 백화점 옆 공터에 모여 국치일을 맞이해 집회를
가졌다. 혁명가가 울려 퍼지고

민중이여! 해방의
깃발 아래 서자!

과격한 전단이 뿌려졌다.

전조선 이천삼백만 동포는
일제히 무장하여 일대 폭동을 일으키자

국치일 말고도 주요 기념일마다 투쟁이 조직되었고,

3월 1일엔 3.1 기념투쟁,

5월 1일엔 메이데이 기념투쟁,

관동대지진 개념일엔 조선인 학살 규탄 투쟁!

치안유지법 반대 투쟁,

치안유지법 결사반대!

조선 총독 폭압 정치 반대 투쟁, 국내 운동 지원 투쟁 등 다양한 대중투쟁이 전개되었다.

원산총파업 때나 광주학생운동 때도 지원과 연대를!

광주학생들에 대한

그런데 이들 단체의 활동과 투쟁은 조선공산당 일본부(→일본총국)의 지도 아래 이루어졌습니다.

이에 일본 내의 민족운동 역시 코민테른의 강한 영향을 받았다.

조선공산당은 해산되었고 일국일당제 원칙이 결정되었소.

그런 즉 일본에서의 우리 운동도 일국일당제 원칙을 따라야 하오.

하지만 우린 조선혁명을 해야 하는데...

아니, 동지는 코민테른의 방침을 무시하자는 거요?

아....

조공 일본총국이 해산되고

조직원들은 일본공산당으로.

재일본조선노동총동맹도 해산되었다.

조직원들은 일본노동조합 전국협의회로.

재일본조선청년동맹은 이보다 앞서 계급 노선이 강조되면서 해체되었다.

조직원들은 재일본조선노동 총동맹 청년부로.

20년을 이어온 학우회도 해체되었다.

일국일당제 정신에 맞춰

해체하고 각 학교 별 동문회로!

이런 법이 어딨어?

신간회 일본지부도 해체되었다.

우린 해소 논의도 못 해본채 소멸 ㅇㅇ

일본에서의 민족운동이 후퇴한 것은 당연한 수순!

일본공산당은 조선 독립을 강령화하면서 조선인 활동가들을 적극 받아들였다.

우리는 조선, 대만, 만주 등 모든 식민지, 반식민지들의 완전한 독립을 지지한다.

산하에 조선부를 따로 두어 조선공산당의 재건 활동을 지원하기도.

환 조선인 열혈 원입당 영

조선인 활동가들은 일본공산당이나 일본공산청년동맹, 반제동맹 등에 적극 가입했다.

특히 반제동맹은 조선인 활동가들이 다수를 차지했죠.

反帝同盟

日本共産青年同盟

일본노동조합전국협의회에서도 조선인의 비중은 상당했다.

전투적인 지부는 거의가 조선인 중심의 조직일 정도로 조선인 활동가들의 투쟁성이 강했습니다.

全協

일본공산당 조선부 책임을 맡은 이는 김치정. 표면 단체로 노동계급사를 두어 당재건을 목표로 활동했다.

뒤에 전향해서 내선일체 이론가가 된 김두정도 함께

조직원을 국내로 파견해 당재건 활동에 나서기도 했는데

1932년 말 김치정 등이 검거되면서 일본에서의 조선공산당 재건 기도는 끝이 났다.

김치정은 고문 후유증으로 죽었다.

파시즘 체제가 강화되면서 반체제운동에 대한 탄압이 극심해졌고,

주요 지도자들에 대한 검거와 전향이 속출하면서 일본의 반체제운동은 급격히 쇠퇴하고 만다.

일본공산당 지도자 0000
전향 기자회견
... .

물론 일본내 조선인의 민족운동, 공산주의 운동도 사실상 끝쳤고.

1940년대 들어 강제징용에 따른 조선인 노동자의 유입이 급증했다.

파업도 더러 있었지만

이들이 취할 수 있는 현실적인 저항은 도주였다.

가혹한 노동환경, 계약 기간 강제 연장 등에 맞서 수십만의 노동자들이 현장으로부터의 탈출을 택했다.

새롭게 비밀 저항 조직을 만들려는 시도도 더러 있었다.

조옥래, 박응포 등은 사고조선청년막스주의연구회를 조직했고,

사고조선청년막스주의연구회

조선의 사회혁명을 위하여!

와세다대학 동창회를 중심으로 한 공산주의적 유학생 그룹이 조직되었으며,

와세다대 유학생 그룹

고준석이 주도하고 1930년대 후반 조직됐죠.

조선공산당 재건도 모색하고.

오사카에서 사회주의 이론과 조선 독립의 방향을 모색했던 계림동지회도 있었다.

계림동지회

1940년 5월 조직.

1942년 2월 일제 검거.

하나뿐인 우리말 신문 〈매일신보〉의
8월 15일 자 기사.
'패전'이나 '항복'이라는 표현은
찾아볼 수 없었다.

8월 17일 자 〈매일신보〉.
17일이 되어서야 안재홍과 여운형의 연설을
기사로 실으며 해방의 기쁨을 전했다.

미군 환영대회에서 연설하는 이승만

미국에서 활동하던 이승만은 자신이 가진 인맥과 정보력을 동원하여
발 빠르게 움직였다. 미국 내의 보수적인 반공주의자들을 통해
맥아더와 10월 12일 도쿄에서 회담을 갖고,
10월 16일 군정 사령관 하지의 환대 속에 귀국했다.

충청

임시정부 요인 환국 기념 사진

임시정부는 열강으로부터 마지막까지
망명정부로 인정받지 못했다.
이에 귀국도 개인 자격으로 해야 했다.
임시정부 1진은 상하이를 거쳐
11월 23일 서울에 도착했고,
2진은 12월이 돼서야 환국할 수 있었다.

제6장

일제의 패망과 해방

"해방은 도둑같이 뜻밖에 왔다." 1945년 8월 15일,
일본 천황이 라디오방송을 통해 패전을 발표한 것이다.
국내 인사들은 여운형을 중심을 건국준비위원회를 만들고,
해외 독립운동가들은 귀국을 서두른다.
소련의 지원을 받은 김일성은 원산항을 통해 입국하고,
미국의 지원을 받은 이승만은 맥아더의 전용기를 타고 귀국한다.
한편 김구와 임시정부 요인들은 개인 자격으로 귀국할 수밖에 없었다.
비록 해방은 되었으나 주권은 아직 남의 손에 있고,
독립운동가들은 각기 다른 국가의 모습을 꿈꾸는 혼란스러운 형국이다.

원산

서울

원산항

세력이 약화된 김일성과 항일연군은 소련으로 이동했다.
소련은 대일전에 대비해 항일연군을 주축으로
제88독립보병여단을 창설했고, 김일성은 조선으로
투입되는 조선공작단을 맡았다. 해방이 되자 김일성은
9월 19일, 소련군과 함께 원산항에 발을 디뎠다.

1943	광복군, 영국군과 연합작전	1944	조선건국동맹 결성	1945	8·15 해방
	카이로선언		노르망디상륙작전		제2차 세계대전 종전

해방?

일제가 연합국 측의 요구를 수락하면서

1945년 8월 15일 정오, 천황의 목소리가 라디오방송을 통해 중계되었다.

뭐라는 거예요?

글쎄다. 전쟁을 그만 둔다는 얘기 같기도 하고…

멸망을 초래할 지직~ … 또한 전상을 입고 … 지지직 지직…

일제가 패망하고 독립이 되었다는 사실은 이튿날이 되어서야 실감할 수 있었다. 독립운동가, 정치범들이 석방되고

사람들이 거리로 쏟아졌다.

참전한 이래 신속히 만주를 장악해가던 소련군은 조선에 대한 진공도 시작해

8월 12일 웅기와 나진을 점령하고 8월 13일에는 청진에 상륙했다.

총독부는 다급했고

소련군이 머잖아 경성까지 점령할 텐데...

8월 14일 정무총감이 여운형을 만났다.

일본은 패배했소. 오늘 내일 사이 공식 발표가 있을 것이오.

이제부터 우리의 안위는 당신 손에 달렸소. 행정권을 이양하려 하오.

총독부의 제안에 일찌감치 건국동맹을 꾸려 건국사업을 준비해온 여운형은 전제 조건을 내걸었다.

· 정치범, 경제범을 즉시 석방할 것,
· 3개월치 식량을 보장할 것,
· 치안유지와 건국을 위한 정치활동에 대한 불간섭,
· 청년과 학생을 조직하고 훈련하는데 간섭하지 말 것,
· 근로자와 농민을 건국사업에 동원하는데 간섭하지 말 것,
이상에 대해 보장해 주시오.

정무총감이 동의했다.

좋소.

여운형은 8월 15일 밤, 건국동맹에 기반해 건국준비위원회를 발족시킨다.

위원장 여운형

부위원장 안재홍

창립 보름 만에 전국 145개 지부가 만들어 집니다.

다음 날 여운형은 휘문중학교에서 독립을 맞는 연설을 했다.

조선민족 해방의 날이 왔소이다. 머지 않아 연합군이 입성할 것이며 그들이 우리 민족 모양을 그대로 보게 될 터이니 우리의 태도를 조금도 부끄러움 없이 합시다.

그런데 막연히 다자에 의한 신탁통치 방침을 세웠던 미국은 소련군이 관동군을 제압하며 파죽지세로 남하하자

고민이 되었다.

이러다 한반도는 모두 소련의 손 안에 들어가게 될 텐데 …

8월 14일 서둘러 소련 측에
38도선을 기준으로
분할 점령을 제안했는데

받아줄리야
없겠지만서도
찔러나 볼까?

응

어때?

소련이 즉각 수락해 놀랐다고 한다.

콜!

전범국 일본을 대신해서 우리가 분단되는 순간이다.

38°00'
N.LAT.

38선

아리가또~

38도선을 경계로 남측은
미국이 점령하게 되었음을
알게 된 총독부는

뭐야?
소련이 우릴
접수하는 게
아니었어?

태도가 바뀐다.

그렇다면 계속
통치권을 행사하다가
미군에게 넘겨주면
되겠네.ㅋ

총독부의 통치는 계속된다.

펄럭   펄럭

광주에 있던 박헌영은
서울로 올라와
8월 테제를 발표하며
경성콤그룹을 중심으로
세를 확보하고

박헌영!

박헌영!

박헌영선생 만

건국준비위원회에 참여해
주도권을 확보해가는 한편

9월 3일 조선공산당을 창당하고 책임비서가 되었다.

경 조선공산당 창당 축

짝
짝
짝짝

짝 짝 짝
짝 짝 짝짝

미군이 들어온 것은 9월 8일.

다음 날 총독부로부터 모든 권한을 넘겨받았다.

9월 19일 미 육군 사령부 군정청이 수립되었다.

미국은 일본에서의 군정을 위해
군정관 2,000명을 양성했는데

우리는 일본의 역사, 문화, 전통에 대해 공부한 전문가.

일본인의 마음을 헤아리면서 군정 업무를 해나갈 준비를 갖췄지.

한국에 대해서는 아무런 준비가 없었다.

어라! 한국이랑 일본이랑 많이 다르네.

오마이갓! 언어도 달라!

어떡하지? 한국에 대해 준비가 전혀 안 돼 있는데

할 수 없군. 저 친구들의 도움을 구해야겠군!

총독부의 일본인 관리들을 상당 기간 그대로 근무하게 하고

하이! 축웅성

식민지 경찰 등을 비롯한 통치 기구도 유지시켰다.

물론 기구 뿐 아니라 사람도 ^^

사람들한테 맞아죽을 줄 알았는데 경찰복을 계속 입게 될 줄이야.

일제의 패망 소식에 다 죽었다 싶었던 친일 부역 민족 반역자들도

뭔가 세상이 우려와는 다르게 흘러가네!

뜻밖의 환경에 살길을 찾아 정보망을 총동원하고

일단 미군정은 우리에게 전혀 적대적이지 않은 모양이고

공산주의자들이 세력을 떨치는데 주장들을 들어보니 위험하기 짝이 없어.

자기들끼리 힘을 합쳐야 함을 알았다.

더 중요한 건 우리끼리 똘똘 뭉쳐야한다는 거!

그래야 임정 편에 서든 이박사 편에 서든 힘이 실리지.

고국으로 가는 길

소련이 일본에게 선전포고 하게 되면 다시 전투에 참여하게 되겠지.

그래야지. 몸이 근질근질해서 죽겠어.

항일연군의 기대는 소련 측의 반대로 실현될 수 없었다.

소련이 중국국민당 정부와 우호조약을 체결했기 때문이다.

그럼 귀국의 만주에서의 협력 상대는 우리입니다.

공산당 말고

물론이오.

김일성과 그의 부대는 소련 군함을 타고 9월 19일에야 원산에 들어왔다.

본래는 9월 5일, 하바롭스크에서 출발해 열차 타고 신의주로 들어올 생각이었는데 열찻길이 끊기는 바람에 …

평양으로 들어와 물밑에서 조직사업을 하다가

10월 14일 평양시 군중대회에서

전설의 항일 영웅
김일성 장군을
소개합니다.

대중들 앞에 처음으로 모습을 드러냈다.

이승만은 샌프란시스코회담 당시
얄타 밀약설을 주장해 미 국무부의
눈 밖에 났지만

이승만
미친 영감!

DEPARTMENT
OF
STATE

이후 미국 내에서 반공, 반소 분위기가 급격히 확산되면서
오히려 득이 됐다.

대전이 끝나면
소련이 우리의
새로운 적이 될
것인데

당근!
히틀러가
사라지고 나면
스탈린이
우리의 주적!

반공, 반소 활동을 통해 미 국방부, 국무부,
공화당 내에 상당한 인맥이 형성되었고

이박사의 투철한
반소, 반공 활동은
잘 알고 있습니다.

반공의
화신이죠.

이들을 통해 맥아더와도 연결이 되었다.
이승만은 10월 12일 도쿄로 가서 맥아더를 만났다.

맥아더가 제공한 전용 비행기를 타고
10월 16일 입국했다.

다음 날 미 군정청에서
내외신 기자회견을 통해
귀국을 세상에 알렸다.

뭉치면 살고
흩어지면 죽습니다.

그리고 독립촉성중앙협의회를
조직해 활동했고

獨立促成中央協議會

임정이 들어오지 않은 조건에서 이승만은
임정의 대표적인 인사이자 미국의 후견을 받는 인사로
자리매김되었다.

OSS 훈련을 받은 광복군 제2지대원들을 국내 정진대로
편성해 신속히 국내에 진입시키기로 했다.

가서 일본군의 투항을 접수하고
국내 치안을 담당하는 한편
임정과 광복군의 귀국을 준비한다!!

중국 전구 미군 사령부도 동의했다.

우리도 한국에 있는
연합국 포로들에 대한
위무와 협조를 위해
사절단을 편성할 생각이오.

같이
갑시다.

미국 측 18명과 지대장 이범석, 김준엽, 장준하, 노능서 등 광복군 4명,
통역으로 한국군 공군 장교 정윤수를 태운 비행기가 8월 18일 여의도에 착륙했다.

그러나 이들을 맞은 건 무장한 일본군의 포위였다.

탱크까지 배치해 위협하는 바람에

쿠르르…

돌아가야 했다.

독수리작전을 펴보지도 못한 채
일제의 패망을 접한 김구는
탄식했지만

왜적이
항복을?
…
아!…

조속한 환국 방침을 정하고 귀국과 관련해 중국 측에
다음과 같이 요청했다.

임시정부를 조속히 승인해줄 것.
미군 당국에 귀국 협상을 종용해줄 것.
중경의 우리 동포들이 귀국할 수 있도록
선박을 내줄 것.
3억 원의 차관을 내줄 것.
이상이외다. 부탁합니다.

주중 미대사, 중국 전구 미군 사령부와 직접 교섭도 진행했다.

미군의 활동에
적극적으로
협력할 테니
임시정부를
승인해 주시오.

9월 21일 미국으로부터
답변이 왔다.

To 김구
개인 자격의
귀국이라면
우리 군정당국이
수송 선단을
제공할 수 있다

from U.S.A

음…⋀⋀

국무회의의 논란을 거쳐 김구는
중국 전구 미군 사령관에게
개인 자격으로 들어가겠다는 서약서를
제출했다.

장제스는 환국 경비로 1억 원과 20만 달러를 제공했다.

후의는 잊지 않겠습니다.

환국 축하드리고 건승을 기원합니다.

저도요.

충칭에서 상하이까지는 중국 측이,

상하이에 도착해서

상하이에서 서울까지는 미군 측이
교통편을 제공했다. 그리고 마침내
11월 23일 김구, 김규식, 이시영 등
15명이 1진으로 서울에 도착했다.

임시정부 김구선생 일행이 환국했습니다~ 자! 호외요~

12월에는 김원봉, 조소앙, 조성환, 황학수, 장건상, 성주식,
홍진, 김성숙, 조경한, 최동오 등이 2진으로 들어왔다.

2진이 도착하고
앞서 온 이들과
경교장에서

뒤에 남겨진 가족들은 생활위원장
윤기섭의 인솔로 1946년 4월
모두 귀국할 수 있었다.

김구와 임정은 최창학이 제공한
경교장에 본부를 차렸다.

내 숙소도
이 곳에.

12월 19일 서울운동장에서 대한민국임시정부 개선
전국 환영회가 15만 명이 모인 가운데 열렸다.

우리 삼천만 동포는
우리의 유일무이한
임시정부를 봉대하고

일치단결하여
조국독립에
분투합시다.

홍명희의 환영사에 김구가 답사를 했다.

우리 임시정부는 3·1 대혁명의
민족적 대유혈투쟁 중에서 산출한
유일무이한 정부였습니다.
그야말로 전 민족의 총의로 조직된 정부였고
동시에 왜적의 조선통치에 대한
유일의 적대적 존재였습니다.

우리 정부의 유일한 목적은 오직 전 민족으로
총단결하여 일본제국주의를 타도하고,
한국에 진정한 민주공화국을 건립하자는 데
있습니다······
우리 동포들은 3·1 대혁명의 전민족적 총단결,
총궐기의 정신을 다시 한번 발양해서
우리의 독립주권을 찾고 자주, 평등, 행복의
신한국을 건설합시다.

임정은 해방 직후 각지의 한인 청년들을
흡수해 광복군의 조직과 세를
확대하려고도 했다.

귀국후
광복군에
토대해서
국군을
창설해야지.

그러나 중국공산당의 세력이 급격히 확산되자
국민당 정부는 광복군의 움직임에 대해서도 제동을
걸었다.

한국 출신
일본군 포로들도
동일하게
전쟁포로로
취급한다.

각지의 광복군 부대는
원상태를 유지할 것이며
허락 없는 활동은 금한다.

한인 무장부대도
커지면 골치 아파.

광복군은 귀국을 서두르기로 하고 광복군 총사령부는
임무가 종료되었음을 선언했다(1946년 5월).

한국광복군 복원 선언

이제 숙적 일본이 항복하여
연합군은 승리를 획득하고
우리 국토는 광명을 되찾았으니
본군의 중국 경내에서의
작전 임무도 이로써 끝났다.

이어 이범석이 500명의 대원을 이끌고
귀국길에 올랐다.

임정은 동포들의 안전 귀국에도
관심을 기울였다.

중국 정부와 교섭해
주화대표단을 설립
귀국 문제를 협의하고
교민들을 위해
임시수용소도 세우고

교포들의 귀국은 1946년 7월 즈음 마무리되었다.

동북을 거쳐 국내 진공을 꾀했던
독립동맹과 조선의용군도 정세의
급변에 움직임이 바빠졌다.

팔로군 총사령은 이런 명령을 내린다.

소련 적군의 중국 및 조선 경내 작전과
배합하여 조선 인민을 해방하기 위해
조선의용군은 동북으로 진병해
적을 소멸하고 조선 인민을 조직하여
조선 해방의 임무를 달성하라!

소련군이 만주에 대한 처리를 장제스 정부에 맡기기로 한 터라 동북에서의 활동이 팔로군은 조심스러웠다.

하지만 조선 동지들은 자기 조국 해방을 위해 동북으로 가는 것이니 명분이 있잖아.

동북행은 일찍이 조선의용대를 창설하면서부터 꾸어온 꿈.

KOREAN VOLUNTEERS

옌안에서 일본의 항복 소식을 접한 조선의용군은 선발대 100명을 보내고

본진은 9월 중순에야 동북으로 출발했다.

1945년 11월에는 선양에서 1,000명이 모여 조선의용군대회를 가졌다.

사령관 무정이 연설했다.

소수의 노혁명가만 조선으로 들어가고 나머지는 만주에서 인민을 조직해 힘을 키웁시다!

무정, 김두봉, 최창익, 한빈 등은 1945년 말 평양으로 들어가고

박일우, 박효삼 등은 남아서 반국민당 전투를 벌이며 강력한 전투 부대로 성장했다.

그렇게 혼미한 해방 정국 속으로 해외의 유력 독립운동가들이 속속 들어왔다.

김일성 장군

金九主席

유동열 선생!

김무정 사령관

최현

이승만 박사

김원봉 대장

김두봉 선생

최용건

김규식선생

이시영 선생

간도특설대는 일제의 항복 소식을 통보받지 못한 채 작전을 계속하다 팔로군에게서 전해 들었다.

야! 이 바보들아! 니네 천황이 항복한 거 몰라?

뭐라는 거야? 항복?

8월 26일에야 300여 명의 특설대는 해산식을 갖고 흩어졌다.

만주군 중위였던 백선엽은 걸어서 국경을 넘은 뒤 평양으로 들어왔다.

정일권은 재빠르게 만주군과 관동군 복무자들을 모아 신징보안사령부를 조직하고 사령관이 되었다.

장개석 총통의 아들 장경국을 만나 무기와 예산을 지원받기로 했지.

그러나 KGB에 의해 강제해산되고 정일권은 재교육 대상이 되었다.

모스크바에 가서 6개월 간 교육받는다. 알았지?

그랬다가 재교육 과정에서 소련군을 비방했다는 이유로 악질분자로 찍혀 시베리아 유형에 처해졌어.

그런데 내가 누구야? 호송 도중 멋지게 탈출해 귀국했지.

만주군 중위였던 신현준, 이주일, 박정희는 함께 의논한 뒤

팔로군이나 소련군의 포로가 되지 않아 천만 다행이야.

귀국할까?

우선 상황을 좀 더 지켜보고.

일단 베이징으로 갔다. 베이징에는 광복군 확대를 위한 작업이 활발히, 어쩌면 무리하게 진행되고 있었다.

求國

광복군 대모집
광복한 조국의 건국의 주역이 되고픈 청년들이여, 오라!

자격: 한국출신 청년이면 누구나. 일본군, 만주군 경력자 우대함

과거 경력은 묻지도 따지지도 않는 모양이지.

아니지 묻기는 하네. 군 경력이 있으면 우대한다잖아.

좋았어!

셋은 광복군에 입대했다.
광복군 제3지대 주평진(駐平津)대대다.

평진은
북평(북경)과
천진.

대대장 신현준
제1중대장 이주일
제2중대장 박정희

이때 박정희는 부대가를 작사, 작곡했다고 한다.

깡조밥에
소금국만 먹어도
광복군 정신만은
씩씩하게 넘쳐흐른다 ♪

그러나 제3지대는 중국
정부의 승인을 받지 못하고
해산된다.

한국 광복군
제3지대

셋은 군복을 염색해 베이징을 떠나고
1946년 5월 부산항에 도착했다.

재일 조선인은 200만 명에 육박했다.
이 중 귀국을 택한 이는 150만.

연일 조선인들은 항구로 몰려들었다.
그런데 1945년 8월 24일 조선인 수천 명을 태우고
일본을 출발한 우키시마호는

원인 모를 폭발로 침몰하고 말았다.
승선했던 수천 명의 조선인이
수장됐다.

고의 침몰설이 있고

미군이 깔아놓은 기뢰에 의한 침몰이란 설명도 있습니다.

일제 패망으로 사할린이 소련에 반환되면서
사할린의 일본인은 강제 추방되었고
일본 정부가 책임지고 귀국시켰다.

그러나 조선인은 방치되었고
돌아올 수 없었다.

멀리 중앙아시아의 고려인들은 더더욱 귀국을 생각조차 할 수 없었다.

독립이 되긴 했다는데 …

해방을 보지 못하고

김산이란 이름으로 잘 알려진 장지락.

3·1에 참가한 뒤
만주로 건너갔다.
신흥무관학교를 거쳐

베이징에서 의과대학을 다니며
공산주의를 접했다.

1925년 중국공산당에 가입하고
1926년 김성숙 등과 광저우에서
조선혁명청년동맹을 조직했다.

장제스의 상하이 쿠데타 뒤 공산주의자들이 벌인
광둥코뮌에도 참여했다.

1929년에는 베이징시위원회 조직부장이 되었는데

1930년 베이징에서 체포되어 조선으로 압송되었다.

증거 불충분으로 풀려나 돌아왔지만 변절 의심을 사 당적이 복구되지 않았다.

이상하잖아. 조선까지 갔다가 어떻게 그냥 풀려나?

1933년에도 체포되어 조선으로 압송되었다가 이듬해 풀려나 베이징으로 돌아왔다.

또?

진짜 이상한 걸.

1936년 7월 상하이에서 김성숙, 박건웅 등과 조선민족해방동맹을 조직했다.

1938년에는 옌안의 항일군정대학에서 일본 경제, 물리학 등을 가르쳤다.

이때 님 웨일스를 만나 생애를 구술한 것이 《아리랑》이다.

그러나 결국 계속되어온 의심으로 인해 반역자, 트로츠키주의자로 낙인찍혀 그해 비밀리에 처형되었다.

중국공산당은 1983년에 장지락을 복권시켰다.

1941년 미국에서 출간된 님 웨일스의 《아리랑》

이동녕.

독립협회, 만민공동회에서 활동했고

〈제국신문〉 논설위원으로 일했으며, 상동청년회, 신민회에서 활동했다.

서간도로 망명했고 신흥학교 초대 교장이다.

임시의정원 초대 의장으로 임시정부 탄생에 중요한 역할을 했다.

임정 국무령을 시작으로 주석만도 네 차례나 역임했다.

기호파의 좌장 격으로 일관되게 김구의 후견인 역할을 했다.

1940년 쓰촨성 치장에서 급성폐렴으로 세상을 떴다.

허형식. 구미 출생, 의병의 아들.

15세에 부모를 따라 만주로 갔고,

5·30봉기에 참여했다가 선양 감옥에서 1년을 살았다.

악질지주 타도!

일제타

항일유격대에 참가한 뒤 주로 북만주 일대에서 싸웠다.

저기 온다 전투 준비!

항일연군 제3로군 총참모장, 제3군장을 지내기도 한 그는

1940~1941년의 소련행에 합류하지 않고 싸움을 이어가다가

1942년 8월 토벌대와의 전투에서 전사했다.

허형식이닷!

한용운.

3·1 관련으로 3년간 옥살이를 했고

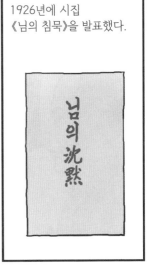

1926년에 시집 《님의 침묵》을 발표했다.

님의 沈默

불교 개혁에 앞장섰고,

부처님이 되려거든 중생을 여의지 마라. 극락을 가려거든 지옥을 피하지 마라. 성불과 왕생의 길은 중생과 지옥.

신간회에 주도적으로 참여했으며

발기인이자 중앙집행위원 겸 경성지회장이십니다.

新幹會

광주학생운동에 대한 연대투쟁의 일환으로 민중대회를 준비하다가 투옥되기도 했다.

서대문 형무소에서 옥사한 김동삼의 장례를 맡아 치른 것도 한용운이다.

1923년 국민대표회의에서 의장으로 활동했던 김동삼은 만주에서 활동하다가 1931년 체포되었다.
국내로 이송되었고 서대문 형무소에 투옥되었던 것.

꼿꼿함을 잃지 않았던 한용운은 1944년 6월 심우장에서 눈을 감았다.

스니임ㅡ

박차정.

동래일신여학교 재학 중
학생운동을 주도했다가
투옥되었고

근우회 지도부로 활동하다가
다시 투옥되었다.

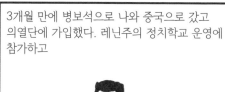

3개월 만에 병보석으로 나와 중국으로 갔고
의열단에 가입했다. 레닌주의 정치학교 운영에
참가하고

김원봉과 결혼했다.

일제 침략을 규탄하는
라디오방송을 했고

조선의용대
부녀복무단장으로 활동했다.

1939년 장시성 곤륜산전투에서
부상을 입었고

그 후유증으로 1944년 5월 충칭에서 세상을 떴다.

해방 후 김원봉의 고향 밀양 땅에 안장되었다.

이육사. 경북 안동 출신으로 본명은 이원록.

의열단에 가입했고, 1927년 장진홍의 조선은행 대구 지점 폭파 사건과 관련해 투옥되었다.

이후로도 1931년 대구 학생들의 동맹휴학사건 배후로 지목되어 투옥되었다.

중국으로 건너가 윤세주와 함께 조선혁명군사정치간부학교 제1기생으로 졸업했다.

1934년에 다시 체포되었으나 이번에는 기소유예.

이때 신조선사, 〈중외일보〉 등에서 근무하며 시작 활동을 했다.

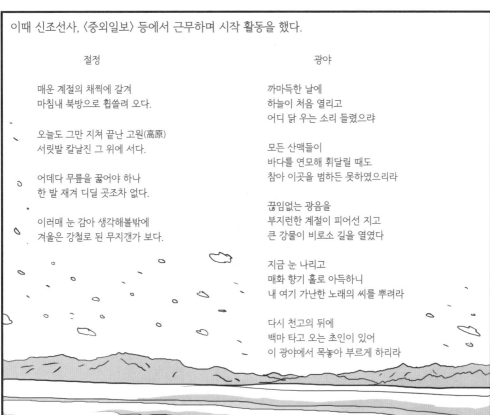

절정

매운 계절의 채찍에 갈겨
마침내 북방으로 휩쓸려 오다.

오늘도 그만 지쳐 끝난 고원(高原)
서릿발 칼날진 그 위에 서다.

어데다 무릎을 꿇어야 하나
한 발 재겨 디딜 곳조차 없다.

이러매 눈 감아 생각해볼밖에
겨울은 강철로 된 무지갠가 보다.

광야

까마득한 날에
하늘이 처음 열리고
어디 닭 우는 소리 들렸으랴

모든 산맥들이
바다를 연모해 휘달릴 때도
참아 이곳을 범하든 못하였으리라

끊임없는 광음을
부지런한 계절이 피어선 지고
큰 강물이 비로소 길을 열었다

지금 눈 나리고
매화 향기 홀로 아득하니
내 여기 가난한 노래의 씨를 뿌려라

다시 천고의 뒤에
백마 타고 오는 초인이 있어
이 광야에서 목놓아 부르게 하리라

1943년 초 독립운동을 위해 다시 베이징으로 갔다.

1943년 7월 국내로 잠시 들어왔다가 체포되었다. 베이징으로 이송되고

1944년 1월 베이징의 일본총영사관 감옥에서 옥사했다. 30여 편의 시를 남겼다.

송몽규와 윤동주는 1917년 룽징의 명동촌 출신으로 고종사촌 사이다.

송몽규는 룽징의 은진중학교를 다니다 난징으로 건너가 김구가 세운 중국 중앙육군군관학교 한인특별반을 수료했다.

윤동주는 문익환과 함께 평양의 숭실중학교, 룽징의 광명중학교를 다녔다.

1938년, 송몽규와 윤동주는 같이 연희전문에 입학해 문학 활동을 했다.

1942년 둘은 일본으로 유학해 송몽규는 교토제국대학,

윤동주는 릿쿄대학에 들어갔다(이후 도시샤대학 으로 편입했다).

뜻을 같이하는 유학생들과 만나 모임을 만들고 서로의 민족의식을 고취하곤 했다.

1943년 7월 송몽규와 윤동주는 경찰에 체포되고

재도쿄 조선인 학생 민족주의 그룹 사건으로 기소되어 각각 2년 형을 선고받았다.

그런데 1945년 2월 16일 윤동주가 옥사하고

1945년 3월 7일 송몽규도 뒤를 따랐다.

화장된 둘의 유골은 가족들에 의해 수습되고 룽징 땅에 장사 지내졌다.

생체 실험의 결과라는 의혹이 있다.

설령 그렇지 않다해도 젊디 젊은 둘의 목숨을 목숨을 앗아간 것은

후쿠오카 형무소에서 혹독한 고문과 비인간적인 처우가 있었다는 명백한 증거로 보입니다.

윤동주의 시집은 1948년 정지용의 서문과 함께 《하늘과 바람과 별과 시》라는 이름으로 출간되었다.

쉽게 쓰여진 시

창 밖에 밤비가 속살거려
육첩방은 남의 나라.

시인이란 슬픈 천명인 줄 알면서도
한 줄 시를 적어볼까,

땀내와 사랑내 포근히 품긴
보내주신 학비 봉투를 받아

대학 노-트를 끼고
늙은 교수의 강의 들으러 간다.

생각해보면 어린 때 동무들
하나, 둘, 죄다 잃어버리고

나는 무얼 바라
나는 다만, 홀로 침전하는 것일까

인생은 살기 어렵다는데
시가 이렇게 쉽게 씌어지는 것은
부끄러운 일이다.

육첩방은 남의 나라
창 밖에 밤비가 속살거리는데,

등불을 밝혀 어둠을 조금 내몰고,
시대처럼 올 아침을 기다리는 최후의 나,

나는 나에게 작은 손을 내밀어
눈물과 위안으로 잡는 최초의 악수.

참회록

파란 녹이 낀 구리거울 속에
내 얼굴이 남아 있는 것은

어느 왕조의 유물이기에
이다지도 욕될까

나는 나의 참회의 글을 한 줄에 줄이자
만 이십사 년 일 개월을
무슨 기쁨을 바라 살아왔던가.

내일이나 모레나 그 어느 즐거운 날에
나는 또 한 줄의 참회록을 써야 한다.

그때 그 젊은 나이에
왜 그런 부끄런 고백을 했던가.

밤이면 밤마다 나의 거울을
손바닥으로 발바닥으로 닦아보자.

그러면 어느 운석 밑으로 홀로 걸어가는
슬픈 사람의 뒷모양이
거울 속에 나타나온다.

패전 후의 일본

1945년 8월 15일 천황의 무조건 항복선언이라
알려진 라디오 연설이다.

지금부터 중대한 방송이 있겠습니다.
전국의 청취자 여러분께서는 기립하여 주십시오.
천황폐하께서 황공하옵게도 전국민에게
칙서를 말씀하시게 되었습니다.
지금부터 삼가 옥음을 보내드리겠습니다.

짐은 깊이 세계의 대세와 제국의 현상에 비추어 비상의 조치로 시국을 수습하고자 하여,
이에 충량한 그대들 신민에게 고하노라.
짐은 제국 정부로 하여금 미, 영, 지(중), 소 사국에 대하여 공동선언을 수락한다는 뜻을 통고하게 하였으니,
애당초 제국 신민의 강녕을 꾀하고 만방 공영의 낙을 함께해온 황조 황종의 위범이자 짐이 비손하여 마지않는 바,
앞서 미영 이국에 선전포고한 소이 또한 실로 제국의 자존과 동아의 안정을 간절히 바람에서 나와,
타국의 주권을 배척하고 영토를 침범하는 것과 같음은 본디 짐의 뜻에 없으며,

연이나 교전은 이미 사세(四歲)를 지내어 짐의 육해장병의 용전, 짐의 문무백관의 여정(勵精),
짐의 일억 서민들의 봉공이 각각 최선을 다하였음에도 불구하고 전국은 반드시 호전되었다고 할 수 없으며
세계의 대세 또한 우리에게 이득이 없으니, 더욱이 그치지 않고 적은 새로이 잔학한 폭탄을 사용하여
빈번히 무고한 자들을 살상하여 참해에 미치는 바, 참으로 헤아리기 어려운 지경에 이르렀다.

게다가 여전히 교전을 계속하고자 함이
마침내 우리 민족의 멸망을 초래할 뿐 아니라 나아가 인류의 문명마저도 파각할 것이라.
이러하다면 짐이 어찌하여 억조의 아이들을 지키고 황실의 신령에게 사죄하랴.
이것이 짐이 제국 정부로 하여금 공동선언에 응하게 한 일에 다다른 까닭일지니.

짐은 제국과 함께 종시 동아의 해방에 협력한 여러 맹방에 대하여 유감의 뜻을 표하지 않을 수 없다.
제국 신민이 적진에서 죽고 직역에서 순직하고 비명횡사한 자들 및 그 유족에게 생각이 미치면
오장이 찢어지는 것 같다.
또한 전상을 입고 재화를 입고 가업을 잃은 자의 후생에 이르러서는 짐이 진념(軫念)하는 바다.
생각하건대 금후 제국이 받아야 할 고난은 애당초 심상치 않노라.
그대들 신민의 충정도 짐이 잘 알고 있다.
그러나 짐은 시운이 향하는 바,
견디기 어려움을 견디고 참기 어려움을 참음으로써
만세를 위하여 태평을 열고자 한다.

짐은 이제 국체를 호지할 수 있게 되며 충량한 그대들 신민의 적성을 신의(信依)하여 항상 그대들 신민과 함께 있나니,
만약 대저 정이 격해지는 바, 함부로 사단을 번잡하게 하거나 혹은 동포를 배제하여 서로 시국을 어지럽게 하여
대도에서 벗어나고 신의를 세계에서 잃는 것과 같음은 짐이 가장 경계하는 것이다.
모름지기 거국 일가 자손에 상전(相傳)하여 굳게 신주(일본)의 불멸을 믿고 맡은 바
무겁고 갈 길이 멂을 생각하며 총력을 장래의 건설에 기울여 도의를 두텁게 하고 지조를 공고히 하며
맹세코 국체의 정화(精華)를 발양하며 세계의 진운(進運)에 뒤처지지 않을 것을 기할지어다.
그대들 신민은 짐의 이러한 뜻을 잘 명심하여 지키라.

방송 뒤 350명의 일본군 장교가
자살했다.

그리고 맥아더가 들어오기 전까지 도쿄 거리마다
증거 인멸을 위한 화톳불이 2주간 타올랐다.

전쟁의 최고 책임자인 천황은 전범에서
비켜났을 뿐 아니라 천황의 지위를 유지했다.

30개월을 끈 도쿄 전범 재판은 28명의 A급 전범에
유죄판결을 내렸다.

도조 히데키 등 7명 사형, 16명은
무기징역 이하의 형을 받았다.

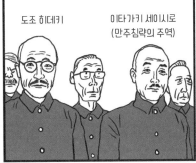

도조 히데키

이타가키 세이시로
(만주침략의 주역)

7명은 한 달 뒤
사형에 처해졌고

유골은 바다에 뿌려졌다.

숭배의 대상이
되지 못하게.

그러나 재판에 참여한
한 변호사가 화장장 직원을
매수해 유골 일부를 빼돌렸고

옥사한 7명을 더한 14명의 위패가
1978년 야스쿠니신사에 합사되었다.

결국
숭배의 대상이
되었지롱~

사형을 면한 이들은
이후 하나둘 풀려났다.

A급 전범 용의자 상당수는
불기소처분을 받고 풀려났다.

마지막 조선 총독인
아베 노부유키도

그중에서 기시 노부스케는 나중에 총리까지 올랐다.

나의
자랑스런
외조부님이시지.

아베 신조

전범국 일본의 정부와
군 수뇌부들에 대한 처벌은
이렇듯 미미했다.

수백만의
목숨을 앗아간
전쟁의 책임자들 중
겨우 일곱 명만
사형이라고?

일본군들은 포로들에 대한 처우에 있어서도 악랄했다.

일본군 포로였다가 풀려난 영국군들

왜들 이렇게 말랐냐고?
우리들 먹을 식량도
부족한데 포로들까지
신경 쓸 수야 없잖아.

포로들이란 노동력으로 쓰고
여러 실험대상, 훈련 도구로 쓰고
쓸모리면 바로 K게~
제네바협정?
그런 거 몰라.

포로 학대와 관련한 처벌은 상당히 강력했다.

사형!
사형! 사형!
사형!

무려 5,700명이
B,C급 전범으로 기소되고
1,000여 명이 사형 판결을
받아 집행되었지. 쳇!~

처벌된 이들 중엔
조선인도 적잖았습니다.
129명의 조선인 군속이
기소되고 23명이
사형에 처해졌죠.

조선 총독 출신인 미나미 지로는
종신형에 처해졌고,

1954년
가석방되고
이듬해 사망

후임 총독 고이소 구니아키도
종신금고형을 받았다.

복역 중
1950년 사망

일본군은 천황의 칙령을 받아 하얼빈 인근에 세균전을 위한 비밀연구소를 설립했다.
1941년 연구소는 731부대로 개칭되었는데 설립자인 세균학 박사 이시이 시로 중장의 이름을 따서
이시이 부대로 불린다.

나 이시이 시로!
교토대학 의학부
수석 졸업에
육군 군의 중장!

전쟁이 끝날 때까지 항일에 가담했던 중국, 몽골, 한국
러시아인 3,000명을 마루타로 삼아 실험했다.

마루타는
통나무란
뜻이지.

우리에겐
통나무나
다름 없는
존재니까.

인간 육체가 견뎌낼 수 있는 한계를
테스트하는 잔혹한 실험들이었다.
세균 실험,

탄저균, 페스트균,
매독균 등…

장기 제거 실험,

위를 잘라낸 뒤 식도랑 장을 바로 연결해 보고 뇌 일부분을 잘라도 보고

팔다리 절단 혹은 봉합 실험,

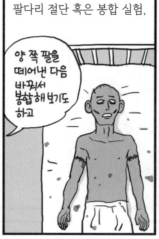

양 쪽 팔을 떼어낸 다음 바꿔서 봉합해 보기도 하고

단수, 단식 실험,

물 없이 며칠이나 견뎌내는지,

물만 먹고는 또 얼마나 버티는지

동상, 동사 실험,

또 영하 30°C에서 동사까지는 얼마나 걸리는지.

화상 실험,

곁들여 화염방사기 성능 실험도.

화학 가스 실험 등이 행해졌다.

그 밖에도 목을 매달아서 질식할 때까지 관찰하고

동물 혈액으로 수혈하거나

총탄 관통 테스트도

여기서 개발한 세균 무기를 중국 저장성 등의 민간인 마을을 상대로 실험했고, 수십만의 전염자와 수만 명 이상의 사망자를 냈다.

일제가 패망하자 이시이는 남은 400명의 포로들을 학살, 불태우고 기타 증거들을 인멸했다.

그리고 미국은 이후 731부대 자료를 챙기는 대신 이시이를 비롯한 주범들에게 면죄부를 주었다.

731부대 전범들은 전후 일본 의학계의 거물로 자리 잡았다.

고바야시 로쿠조 일본국립방역연구소 소장
나카구로 히데토시 국방의학대학 총장
나이토 료이치 녹십자 회장
가수가 추이치 트리오-켄우드 회장
요시무라 히사토 교토의학대학 총장
야마나카 모토키 오사카대 의과대학 총장
오카마토 코조 교토대 의과대학 학장
그리고 다수의 의과대학 교수들

천황은 이제
상징적 존재로 남고

평화헌법이라 불리게 되는 신헌법이 제정, 시행되었다.

제9조
1) (전쟁의 포기)
일본 국민은 정의와 질서를 기조로 하는
국제 평화를 성실하게 희구하여,
국권의 발동에 의한 전쟁과 무력에 의한 위협
또는 무력의 행사는 국제분쟁을 해결하는
수단으로서는 영구히 이를 포기한다.

2) (군비 및 교전권의 부인)
전항의 목적을 달성하기 위해 육해공군 및
그 밖의 전력을 갖지 않는다.
국가의 교전권은 인정하지 않는다.

이것으로 일본은 더 이상 미국의 적이 될 수 없게 되었지.

그리고 잘 준비된 2,500명의 미 군정
인사들에 의해 전범국 일본은 차근차근
안정된 민주화, 전후 복구의 길을 밟아나갔다.

반면 제국주의 일본에 의한 식민통치의 피해국이었던 우리에게는 분단과 혼란이 차려졌다.

2015년부터 본격적으로 시작해 6년 좀 못 미쳐 마무리를 짓습니다. 예정보다 오래 걸렸지만 처음 계획한 데서 그다지 틀어지지 않은 결과물이 된 것 같습니다. 진행하는 과정에서나 마무리하는 지금, 서로 모순되는 두 가지의 아쉬움이 있습니다.

하나는 더 많은 독립운동가의 이름을, 활약상을, 기개를 담아내지 못한 아쉬움입니다. 역사를 소개한다는 것은 역사를 구성하는 수많은 사건과 사람에 대한 취사선택일 수밖에 없는지라 세세한 소개는 물론 이름 석 자조차 싣지 못한 많은 독립운동가에게 죄스러운 마음이 앞섭니다.

다른 하나는 너무 많은 사람, 사건, 이야기를 담으려 한 게 아닌가 하는 점입니다. 그런 만큼 독자님들로서는 책장을 넘기기가 어려웠을 테고 넘기고 나서도 기억나지 않는 내용이 많았을 것입니다. 차라리 사건, 단체, 인물을 과감하게 추려내고, 대신 등장시킨 사건, 단체, 인물에 대해서는 좀 더 상세히 묘사하여 재미와 감동을 안겨드려야 하지 않았나 하는 아쉬움이지요. 사실 이런 모순되는 두 가지의 아쉬움은 처음 시작할 때부터 예상했던 바고, 그 사이에서 선택한 결과물이 《35년》이라 하겠습니다.

이제 제 손을 떠났고 판단은 독자 여러분의 몫이겠지요. 다만 작가의 말에 밝힌 대로 《35년》이 일제강점기라는 시대와 그 시대를 살았던 사람들, 특히나 독립운동가들과 친일 민족 반역자들을 알리는 데 작은 보탬이 되었으면 하는 바람입니다. 쉽지 않은 책을, 어쩌면 우리 역사를 바로 알아야 한다는 사명감으로 끝까지 읽어주신 독자님들께 깊은 감사 인사를 올립니다.

2020. 8

부록

7권 연표

7권 인명사전

사료 읽기

참고문헌

• 일러두기 •

인명사전에 친일 반민족 행위자로 표기된 인물은

민족문제연구소에서 발행한 《친일인명사전》에 등재된 인물로,

인물 아래에 별도로 親日 표시를 해두었습니다.

우리는	세계는

1월 1일 나월환의 한국청년전지공작대, 광복군 제5지대로 개편됨

10일 산시성 난타이항산에서 팔로군 소속 조선인들, 화북조선청년연합회(회장 무정)를 결성함

15일 조선어학회, 《외래어표기법 통일안》을 간행함

2월 임정, 광복군 창설에 관해 '고국내동포서'를 발표함

1일 한국광복군 기관지 《광복》 창간호가 발행됨

12일 조선사상범예방구금령이 공포됨

15일 대구사범학교생 권쾌복(당수) 등, 비밀결사 다혁당을 조직함

25일 김구, 루스벨트에게 임시정부 승인 요청 성명서를 발송함

3월 조선의용대 일부를 제외한 대원들, 화베이로 이동함

2일 평양 등지의 미국, 영국 선교사 부인 15명, 반전운동 계획 혐의로 검거됨

15일 총독부, 학도정신대를 조직함(근로 동원이 실시됨)

4월 1일 소학교를 국민학교로 개칭함

19일 조선광부노무부조규칙 특례 규정이 실시됨 (여자 광부의 갱내취업허가제도가 실시됨)

20일 미주 각 단체 대표, 호놀룰루에서 한족연합 위원회를 조직하고 해외한족대회를 개최함

5월 15일 총독부, 침략 전쟁 수행을 위한 국방보안법을 실시함

6월 4일 임시정부, 주미외교위원부 규정을 공포하고, 주미외교위원장 이승만을 워싱턴 주재 전권대표로 임명함

18일 김구 주석, 미국 대통령에게 임시정부 승인 요청 공함을 발송함

7월 조선의용대 화북지대가 성립됨

1일 일본 미에현 기슈광산 한인노동자 12명, 일본 경찰 폭행죄로 검사국에 송치됨 조선총독부, 조선주택영단을 설립함

1월 베트남, 독립투쟁민주전선(월맹)을 결성함

8일 일본 육군상 도조 히데키, 전군에 '전진훈(살아서 포로의 모욕을 받지 않는 군인 정신)'을 시달함

3월 1일 불가리아, 독일·일본·이탈리아 삼국동맹에 가입함

7일 일본, 국방보안법령을 공포함

10일 일본, 치안유지법 개정법을 공포함

11일 미국 대통령 루스벨트, 무기대여법에 서명함

13일 일본, 농지개발령을 공포함

25일 유고, 독일·일본·이탈리아 삼국동맹에 가입함

4월 독일군, 그리스·유고 양국에 침입을 개시함

1일 일본, 생활필요물자통제법을 공포함 (배급제가 시행됨)

13일 소일중립조약이 성립됨

14일 일본, 무역통제령을 공포함

15일 일본, 예방 구금소를 설치함

16일 미국과 일본, 교섭을 개시함

5월 6일 스탈린, 소련 수상에 취임함

6월 14일 미국 대통령, 독일과 이탈리아의 재미 자산 동결을 명령함

21일 일본, 대일본흥아연맹을 결성함

22일 독일군 200만, 소연방 공격을 개시함 이탈리아와 루마니아, 소련에 선전포고함

30일 일본, 육군징용규칙 방책 요강을 결정함

7월 2일 일본, 어전회의에서 '정세의 추이에 따른 제국 국책 요강'을 결정함 (대소 전쟁을 준비함) 관동군, 특별대연습을 시작함

8월 5일 압록강 수풍발전소, 만주에 송전을 개시함
(9월 1일 국내에 송전함)

29일 임시정부, 루스벨트·처칠의 공동선언을
환영하며, 임시정부 승인과 군비 원조를 요구함
세계우방공동전선 참가 내용의 성명서를 발표함

10월 7일 일본 야마구치현 고토강댐 축조 공사장
한인 노동자 330명, 노동시간 단축 등을 요구,
휴업을 단행함

10일 장덕수, 일본 오사카에서 조선독립청년단
조직 활동 중 체포됨

22일 조선임전보국단이 결성됨

11월 13일 중국 군사위원회, 광복군 총사령 지청천에게
한국광복군행동9개준승을 보내옴

15일 조선군사령부가 제작한 내선일체 영화
〈그대와 나〉, 개봉됨

19일 임정 국무회의, 중국 군사위원회가 제시한
한국광복군행동9개준승 수락을 결정함
(중국의 원조를 받는 대신 작전 지휘권은
중국군이 장악함)

25일 임정, 워싱턴에 구미외교위원회를 설치함
(위원장 이승만)

28일 임정, 대한민국건국강령을 발표함

30일 전국의 16세 이상 40세 미만 청장년을 대상으로
국민 등록이 실시됨

12월 1일 국민근로보국협력령이 시행됨
14~40세 남자, 14~25세 여자를 근로보국대에
편입, 각종 공사장에 강제 동원함

10일 김구 주석 명의로 '대한민국임시정부 대일 선전
성명서'가 발표됨(일본에 선전포고함)
조선민족혁명당, 제6차 전당대표대회에서
임시정부 참여를 결정함

12일 조선의용대 화북지대, 일본군의 습격을 받아
호가장에서 전투를 벌임

16일 물자통제령, 공포 및 시행됨

22일 재미한족연합위원회,
미 육군성의 허가를 받아 LA에
한인국방경비대 맹호군을 편성함

12일 영국과 소련, 상호원조조약을 맺음

23일 일본군, 프랑스령 남부 인도차이나에
진주를 개시함

25일 영국과 미국, 일본 자산 동결을 통고함

29일 일본과 프랑스령 인도차이나,
공동방위 의정서에 조인함

8월 1일 미국, 모든 침략국에 석유 수출을 금지함

14일 루스벨트와 처칠, 미국·영국 공동선언
(대서양헌장)을 발표함

30일 일본, 중요산업단체령을 공포함

9월 시리아, 독립을 선언함

1일 일본, 제국석유를 설립함

15일 일본, 미곡을 국가에서 관리하기 시작함

10월 1일 모스크바에서 미·영·소, 협정서에 조
인함

2일 독일군, 모스크바 공격을 개시함
미국, 4원칙 확인과 프랑스령
인도차이나 및 중국에서의 철병 요구를
일본에 전달함

18일 일본, 도조 히데키 내각이 성립됨

11월 5일 일본, 어전회의에서 대미 교섭 최종안 및
제2차 요령(전쟁 결의)을 결정함

20일 일본, 철강통제회를 설립함

21일 일본, 국민근로보국협력령을 공포함

25일 독일·일본·이탈리아,
방공협정을 5년 연장함

26일 미국, 일본의 최후 제안에 회답함

12월 1일 어전회의에서 대영·미·네덜란드
개전을 결정함

6일 영국, 핀란드·헝가리·루마니아에
선전포고함

7일 일본군, 하와이 진주만을 공습함

8일 미국, 일본에 선전포고함

9일 국민 정부, 독일·일본·이탈리아에
선전포고함

10일 일본, 괌섬을 점령함
필리핀 북부에 상륙함

11일 독일·이탈리아, 미국에 선전포고함

26일 국민당 정부, 대한민국임시정부에 원조를 시작함
　　(매년 6만 원)
　　조선의용대, 싱타이전투를 벌임

16일 일본, 물자통제령을 공포함
21일 독일·일본·이탈리아, 삼국협정 및
　　공수동맹을 맺음
25일 일본, 홍콩을 점령함
26일 충칭에서 중국과 영국,
　　군사동맹에 조인함

2월　2일 야마가타현 다가와광업소의 한인 노동자 190명,
　　　한인 폭행에 항의하여 태업에 들어감
　25일 전 임시의정원 의장 송병조, 충칭에서 서거함
　27일 워싱턴에서 한족대회가 개최됨
3월　　성서조선사건으로 김교신 등 기독교도
　　　다수, 검거됨
　1일 각 가정의 금속류 강제공출과 징병 대상 청년들에
　　　대한 체력 검사가 시작됨
　　　임정, 중·미·영·소에 임정 승인을 요청함
　5일 100여 개 청년 훈련소에 전임 교원이 배치되어
　　　군사훈련이 강화됨
　30일 임정 국무회의, 재미한족연합회에
　　　한인 지원군 조직권을 부여하기로 결의함
　31일 광복군 제5지대장 나월환,
　　　시안에서 변절자 부하에 피살됨
4월　　중국 국방최고위원회,
　　　대한민국임시정부 승인안을 의결함
　20일 임정 국무회의, 조선의용대를 한국광복군에
　　　편입하기로 결정함
　23일 대동아전쟁 국채 200만 원이 발매되기 시작함
　26일 LA에서 한인국방경위대(맹호군)에 대한
　　　캘리포니아주 정부의 공식 인가장 수여식이 거행됨
5월　1일 조선어학회 기관지 《한글》, 통권 93호로 폐간됨
　4일 재미교포 이정근과 박용학, 미 해군육전대의
　　　종군 통역으로 솔로몬제도에 출정함
　5일 한미협회 회장 크롬웰, 미 국무장관에게
　　　임시정부 승인을 촉구함
　18일 임정 국무회의, 조선의용대장 김원봉을
　　　광복군 부사령관에 선임함
　29일 고이소 구니아키, 조선 총독에 임명됨

1월　1일 연합국 26개국, 워싱턴에서 대서양헌장
　　　실현을 위한 공동선언에 조인함
　2일 일본, 마닐라를 점령함
　3일 인도네시아에 미국·영국·네덜란드·호주
　　　(ABDA) 연합 사령부가 설치됨
　19일 일본, 미얀마를 점령함
　20일 나치, 반제회의를 열어 유대인 문제
　　　최종 해결 방법을 논의함
　21일 도고 수상, 의회에서 대동아공영권을
　　　선언함
　25일 태국, 미국과 영국에 선전포고함
2월　1일 대일본부인회가 결성됨
　15일 일본군, 싱가포르와 말레이를 점령함
　21일 일본, 대동아건설심의회를 설치함
　　　식량관리법을 공포함
　24일 일본, 전시형사특별법을 공포함
3월　　필리핀에서 항일 국민군이 결성됨
　　　유대인들, 아우슈비츠 수용소로
　　　이송되기 시작함
　9일 인도네시아 수카르노,
　　　민중총력집중운동(푸트라)을 결성함
　25일 일본, 전시해운관리령을 공포함
4월　1일 일본, 타이완 육군 지원병제를 실시함
　18일 미 공군, 일본 본토를 처음으로 공습함
　　　(둘리틀공습)
　19일 맥아더, 서남태평양연합군 사령관에
　　　취임함
　30일 일본, 제21회 총선거를 치름
5월　　일본군, 타이항산에서 5월 소탕전을
　　　전개함

6월	3일	타이항산전투에서 조선의용군을 지휘하던 윤세주, 전사함
	11일	주자화, 장제스에게 '쌍십절을 기해 임시정부를 승인'할 것을 건의함
	15일	쿠바 아바나에서 열린 전승연합대회, 대한민국임시정부를 승인함
	16일	치안유지법 위반 피검자 정암우, 형기가 만료됐으나 비전향을 이유로 예방구금 처분을 받음
	29일	임시정부, 국기양식일치안을 제정, 공포함
7월		조선의용대가 한국광복군에 편입됨으로써 군사적 좌우 통합이 달성됨
	6일	이승만, 〈미국의 소리〉 방송을 통해 동양과 남미의 동포를 격려함
	10일	김두봉과 최창익 등, 옌안에서 조선독립동맹을 결성함 조선의용대 화북지대, 조선의용군으로 개편됨
8월	1일	동북항일연군 교도려(제88여단)가 조직됨
9월	5일	《조선어사전》 편찬에 관련된 정태진, 함흥 영생여자보통학교 사건 관련자로 검속됨
10월	1일	조선어학회 이중화, 장지영, 최현배, 이극로, 한징, 이윤재, 이희승, 정인승, 김윤경, 권승호, 이석린 등 핵심 인물 11인, 검거됨 (조선어학회사건)
	20일	임시의정원 의원 선거에서 조선민족혁명당 등 좌익 측 인사 14명이 선출되어 통합 정부가 구성됨
	28일	임시의정원 의원 17명, 한국광복군행동9개준승 취소 요구안을 제출함
	29일	독립운동가, 교육가 김약연 목사, 간도 룽징에서 사망함
11월	3일	국민총력조선연맹, 생산력 증강 추진 운동을 전개함
	4일	친일 문인들, 대동아문학자대회를 개최함
	19일	국내 및 만주에서 대종교 주요 간부 21명, 구속됨
	20일	일본, 조선징병제도 실시 요강을 결정함
12월		단파방송 밀청 사건이 일어남
	5일	김원봉, 광복군 부사령 겸 제1지대장으로 취임함

	8일	조선징병제, 일본 각의에서 통과됨
	26일	런던에서 영국과 소련, 동맹조약에 조인함 일본문학보국회가 결성됨
	27일	독일 SS 대장 라인하르트 하이드리히, 체코에서 저격당함
6월	5일	미드웨이해전에서 일본 해군, 참패함
	11일	워싱턴에서 미국과 소련, 상호원조조약에 조인함
	12일	나치 친위대장 힘러, 동구 제 민족의 시베리아 이주 계획을 승인함
7월	11일	일본, 남태평양 진공 작전 중지를 결정함
	25일	일본, 독일의 대소련 참전 요청에 대해 불참을 결정함
8월	7일	미군, 과달카날에 상륙함
	9일	일본, 제1차 솔로몬해전을 치름
	12일	모스크바에서 미·영·소, 삼국 회담을 가짐
	21일	일본, 중학교·고전·대학교의 학년 단축을 결정함 스탈린그라드 공방전이 시작됨
9월		일본, 청장년 국민 등록을 실시함
	27일	소련, 드골 정권을 승인함
10월	6일	일본, 산업통제법을 공포, 시행함
	28일	충칭에서 미국·영국·소련·중국, 동아작전회의를 함
11월	1일	일본, 척무성을 폐지함. 대동아성을 설치함 행정간소화령이 공포됨 (관리 17만 명이 감원됨)
	8일	미국·영국 연합군(사령관 아이젠하워), 북아프리카 상륙작전을 개시함
	19일	스탈린그라드에서 소비에트군, 독일군에 역공을 시작함
	20일	일본, 육군항공공업회를 설립함
12월	2일	페르미 등, 시카고대학에서 원자로에 의한 우라늄 핵분열 연쇄반응 실험에 성공함
	23일	대일본언론보국회가 결성됨
	31일	일본 대본영, 과달카날 철퇴를 결정함

8일 임시의정원, 한국광복군행동9개준승 취소안을
　　의결함

25일 임정 국무회의, 독립운동가 및 그 가족 생활비
　　지급을 의결함

* 이 해에 크질오르다 고려극장에서 연극 〈의병들〉
（후에 〈홍범도〉로 제목을 바꿈）이 상연됨

1월　6일 한인국방경위대 맹호군, 샌프란시스코 지대를
　　　결성함

17일 보국정신대가 조직되어 징용이 강화됨

26일 국무위원 조소앙과 김규식 등, 한국광복군행동9개
　　준승 개정을 위해 분조회를 결성함

2월　1일 임정 외무부장 조소앙, 국제공동관리(신탁통치)를
　　　논박하는 성명서를 발표함

20일 임정 외무부장 조소앙, 중국 외교부장에게
　　한국광복군행동9개준승 폐지 제의서와
　　한중상호군사협정안을 제출함

23일 김순애 등, 충칭에서 한국애국부인회를 재건함

3월　1일 징병제가 공포됨(8월 1일 시행됨)

4월　1일 제4차 조선교육령이 시행됨

17일 친일 문화 단체를 통합한 반도문인보국회가
　　결성됨

5월　　 조선민족혁명당 총서기 김원봉, 인도 주재 영국군
　　　총사령부의 매켄지와 조선민족군선전연락대
　　　파견에 관한 협정을 체결함

6일 조소앙, 충칭 주재 미국대사에게 한국에 대한 미국
　　언론의 국제적 보호 논조에 대한 공문을 발송함

10일 홍진과 김기원 등 300여 명, 재중 자유한인대회를
　　개최함. 국제공동관리를 논의하는 워싱턴회담에
　　반대함. 결의안을 채택함

20일 광주서중학교, 반일 동맹휴학을 단행함

21일 장제스, 임정이 요청한 정부 보조비 교민 생활비
　　증액을 승인함

6월　　 광복군 총사령관 지청천, 인도 주재 영국군
　　　동남아 전구 사령관 마운트배튼 대장
　　　(대리 매켄지)과 군사 상호 협정을 체결함

11일 조선민족혁명당, 한국독립당에 임시정부 재정
　　공개 등 5개 항을 요구함

7월　7일 시인 윤동주, 체포됨

1월　9일 일본과 왕자오밍 정권,
　　　전쟁 협력 공동선언을 채택함
　　　조계환부 치외법권철폐 협정에 조인함
　　　왕자오밍 정권, 영·미에 선전포고함

14일 루스벨트와 처칠, 모로코에서
　　제3차 미·영 전쟁 지휘 회의를 가짐
　　(카사블랑카회담)

21일 일본 중등학교령이 개정됨
　　(수업 연한 1년 단축, 교과서 국정화)

2월　1일 일본, 과달카날에서 철수함

18일 일본, 출판사업령을 공포함

3월　2일 일본, 개정전시형사특별법을 시행함

4월 16일 일본 내각, 긴급 물가 대책 요강을
　　　결정함

18일 일본 제독 야마모토 이소로쿠, 전사함

19일 바르샤바 게토에서 유대인의
　　무장봉기가 일어남

21일 일본, 여자 근로 동원 촉진을 결정함

5월　3일 일본, 국민 동원 실시 요강을 결정함

12일 독일군, 북아프리카전선에서 항복함

27일 프랑스, 국민저항회의를 설립함

31일 일본, 어전회의에서 대동아 전략
　　지도 요강을 결정함

6월　　 일본, 학도전시동원체제 확립 요강을
　　　결정함
　　　코민테른, 해산함

1일 일본, 전력증강 기업정비 요강을 결정함

2일 일본, 대일본노무보국회를 설립함

4일 일본, 식량증산응급대책 요강을 결정함

5일 아르헨티나에서 페론이 지휘하는
　　장교단, 쿠데타를 일으킴

11일 일본, 공장취업시간제한령을 폐지함

22일 학도전시동원체제 확립 요강 시행령이 발표됨

26일 김구와 조소앙 등, 장제스를 면담하고
카이로회의에서 한국의 독립을 주장해줄 것을
요청함

28일 해군특별지원명령이 공포됨(8월 1일 시행됨)

8월　금속회수령이 공포됨

3일 대동청년단 및 백산상회 설립 등을 통해
항일운동을 전개하던 안희제, 만주에서 사망함

9일 조선총독부, 조선식량관리령을 공포함

10일 여운형, 조선민족해방연맹을 결성함

12일 나가사키현 가라쓰탄광 한인 노동자 50여 명,
노무계원의 폭행에 항의하며 사무소를 습격함

13일 광복군, 인도 주둔 영국군의 요청으로
인면전구공작대를 파견, 영국군과 인도 버마
전선에서 공동작전을 수행함

9월　진단학회, 해산함

10월 15일 국가총동원법에 의한 통제회사령이 공포됨

20일 학병제가 실시됨

25일 제1회 학병 징병검사가 실시됨
홍범도 장군, 카자흐스탄 크질오르다에서 사망함

11월 8일 문과계 대학과 전문학교 및 고등학교 학생 중
학도병 미지원자 및 졸업생에 징용 영장이 발급됨

14일 총독부 중추원, 학병 부지원자를 휴학
징용하기로 결정함

24일 중학교 졸업자 동원 방침이 결정됨

12월　미주 독립운동 단체 한인동지회 이승만계,
한인연합회에서 탈퇴함

5일 김구, 카이로선언의 '적당한 시기'라는 표현을
반대함

7일 재미한족연합위원회, 카이로선언에 대한 대책을
협의하고 미·영·중 삼국 원수에 감사 전문을 보냄

8일 조선어학회사건으로 한글 학자 이윤재, 옥사함

7월 10일 연합군, 시칠리아섬에 상륙함

21일 일본, 국민징용령을 개정, 공포함

25일 무솔리니, 실각 후 체포됨

28일 이탈리아 파시스트당, 해체됨

30일 일본, 여자 학도 동원을 결정함

8월 1일 일본, 조선과 타이완에서
해군지원병제를 실시함

23일 영국군과 미국군, 베를린을 폭격함

9월 8일 이탈리아, 무조건 항복함

9일 이란, 독일에 선전포고함

10일 일본, 소련에 독·소 화평을 알선, 제의함

13일 장제스, 국가 주석에 취임함

23일 일본, 17개 직종에 남자 취업을 금지함
25세 미만의 미혼 여성을 근로정신대에
동원함. 타이완 징병제 실시를 결정함

30일 일본, 어전회의에서 금후의 전쟁 지도
대강을 결정함(절대 방위선을 후퇴시킴)

10월 2일 일본, 재학 징집 연기 임시특별법을
공포함

5일 미군 잠수함, 관부여객선 곤론마루를
격침함(544명이 사망함)

12일 일본, 전반적인 전황 악화에 대처,
국내 태세 강화 방안을 결정함. 교육에
관한 전시 비상 조치 방책을 결정함

14일 일본, 필리핀과 동맹조약에 조인함
(필리핀, 독립함)

19일 모스크바에서 미·영·소
삼국외상회의가 열림

20일 일본, 여자근로정신대를 결성함

31일 일본, 군수회사법을 공포함
(민간 군수공업을 직접 관리함)

11월 5일 일본, 대동아회의를 개최함

9일 연합국난민구제기관, 워싱턴에 설치됨

22일 루스벨트와 처칠, 장제스,
제1차 카이로회담을 가짐

27일 카이로선언이 발표됨

28일 루스벨트·처칠·스탈린,
테헤란에서 회담을 가짐

19일 한중문화협회, 한국 독립을 주제로 강연회를 개최함

* 이 해에 광복군으로 장자커우 등지의 전투에 참가한 공진원과 동지들과 함께 상하이 일본총영사관을 폭파하려던 김학무와 의열단원으로 《조선민족전선》을 발행한 천병림, 사망함

29일 유고 국민해방위원회, 혁명 정부를 수립함(국방상 티토)

12월 1일 일본에서 제1회 학도병이 입영함

24일 일본, 징병 적령을 1년 낮춤

1월 16일 이육사, 베이징 감옥에서 옥사함

20일 한인 학병 입영이 시작됨(4,385명)

2월 8일 총동원법에 따라 전면 징용이 실시됨

21일 조선어학회사건으로 한글학자 한징, 옥사함

3월 임정, 국내공작특파위원회 및 군사외교단을 설치함

13일 독립운동가 김마리아, 사망함

29일 학병 김준엽, 일본군에서 탈출함

4월 2일 임정 선전부, 국민당 선전부와 합작하고 충칭방송국을 통해 한국어 방송을 실시함

8일 주요 공장, 광산에 대한 제2차 징용을 실시함

21일 신사참배에 항거했던 주기철 목사, 감옥에서 순교함

22일 임시의정원, 제5차 개헌을 하고, 개정 헌법인 대한민국임시헌장을 공포함

24일 임시의정원, 주석 김구와 부주석 김규식 등 14명의 국무위원을 선출함. 좌우연합정부를 구성함

28일 학도동원규정이 공포됨(초등학교 4학년부터)

5월 일본 미쓰비시 소유 비바이탄광에서 가스폭발사고가 일어나 조선인 징용 노동자 71명이 사망함. 광복군, 미군 지원을 받아 낙하산 부대를 창설함

26일 임정, 중국 군사위원회가 제안한 한국광복군 간부 훈련반 계획 개요 거부, 한국광복군행동9개준승 폐기를 의결함

27일 의열단장 김원봉의 부인 독립운동가 박차정, 사망함

6월 임정, 30여 개 연합국에 정부 승인을 요구함 (프랑스와 폴란드, 임정 승인을 통고함)

17일 미곡강제공출제가 시행됨

1월 1일 시리아, 독립함

8일 일본, 학도근로동원 방책 요강을 결정함

9일 소련군, 레닌그라드전선에서 대공격을 개시함

18일 일본, 긴급 국민근로동원 방책 요강을 결정함(여자 정신대 동원을 강화함)

2월 1일 미군, 마셜제도에 상륙함

4일 일본, 군사교육 전면 강화를 발표함

9일 일본, 중학교교육의 전시 조치를 결정함

10일 일본, 국민 등록을 12세부터 60세까지로 확대함

3월 일본군, 인도를 침입함

6일 일본, 석간신문을 폐지함

19일 독일군, 헝가리에 진주함

5월 15일 독일 아이히만, 헝가리 유대인을 아우슈비츠로 강제 이송함

16일 일본 문부성, 학교 공장화 실시 요강을 발표함

6월 4일 연합군, 로마에 입성함

6일 노르망디상륙작전이 벌어짐

19일 마리아나해전에서 일본 해군, 패배함

7월 7일 사이판 일본군, 전멸함

20일 독일 육군에 의한 히틀러 암살 계획, 실패함

22일 일본에서 고이소 구니아키 내각이 성립됨

8월 바르샤바 봉기가 일어남

4일 일본, 국민 총무장을 결정함

25일 연합군, 파리에 입성함

9월 1일 일본, 타이완 징병제를 실시함

22일 조소앙 등, 충칭에서 한국광복군행동9개준승
　　 개정을 위해 중국 측과 회담함
26일 미술사학자 고유섭, 사망함
29일 한용운, 사망함
7월 7일 임정 군무부장 김원봉, 한국광복군행동9개준승
　　 개정을 위한 제3차 한중 회담에서 자주적 운동에
　　 관한 3원칙을 주장함
24일 조선 총독에 아베 노부유키가 임명됨
8월 　　신부, 신학생들을 군인 또는 노무자로 징용함
　　 평양과 대전 등 각지의 성당이 군용으로 접수됨
10일 여운형, 건국동맹을 결성함
15일 임정, 포츠담회담을 앞두고 미·영·중·소에
　　 한국의 절대적 독립 요구를 전달함
23일 중국 군사위원회, 김구에게
　　 한국광복군행동9개준승의 취소를 통보함
　　 여자정신근로령이 공포됨
　　 (12~39세 미혼 여성을 징용함)
10월 5일 김구, 장제스와 면담을 통해 임정 승인을 요구함
19일 전투기 조종사 마쓰이 히데오(인재웅, 20세),
　　 작전에 투입됨
26일 이재유, 옥사함
12월 8일 조선전시종교보국회가 결성됨
9일 서정주, 〈매일신보〉에 〈마쓰이 오장 송가〉를
　　 발표함
30일 인도네시아 자바섬 암바라와에서
　　 고려독립청년당이 결성됨

2일 핀란드, 독일과의 단교 성명을 냄
　　 미국, 대독일 전후 처리에 관한 모겐소
　　 계획을 공표함
5일 소련, 불가리아에 선전포고함
8일 불가리아에서 공산주의자들이 무장봉기함
　　 조국전선 정부가 수립됨
9일 프랑스, 드골을 수반으로 하는
　　 임시정부를 수립함
12일 루마니아, 모스크바에서
　　 미국·영국·소련과의 휴전협정에 조인함
18일 일본, 병역법 시행 규칙을 개정함
　　 (17세 이상)
20일 버마 방면 일본군, 전멸함
25일 히틀러, 16~60세 남자들에 대한
　　 국민돌격대 편성을 지시함
10월 8일 일본, 국토방위병소집령을 공포함
10일 미군, 오키나와를 공격함
20일 소련군과 유고 인민해방군,
　　 베오그라드를 탈환함
25일 일본 가미가제 특공대가 처음으로 출격함
26일 레이테만전투, 종결됨
　　 일본 연합함대가 괴멸됨
11월 1일 사이판 기지 B-29, 일본 본토 폭격을
　　 개시함
7일 루스벨트, 미국 대통령 4선에 성공함
12월 3일 그리스 국민해방전선, 왕당파 정부에
　　 반대하여 봉기를 일으킴

1월 4일 인도네시아 자바섬에서 고려청년독립단원
　　 손양섭과 노병한과 민영학, 일본군을 상대로
　　 암바라와 의거를 일으킴
31일 학병 김준엽과 장준하 일행, 충칭에 도착함
2월 1일 임정, 한중 군사협정 초안에 대한 한국 측
　　 수정안을 중국에 제시함
9일 임정, 독일에 선전포고함
　　 (2월 28일 임시의정원, 동의함)
16일 윤동주, 후쿠오카 형무소에서 옥사함

1월 25일 일본, 최고전쟁지도회의,
　　 결전 비상 조치 요강을 결정함
27일 일본, 군수충족회사령을 공포, 시행함
2월 4일 미·영·소 수뇌, 얄타회담을 개최함
　　 (~11일)
28일 일본, 전시 물가 심의회를 설치함
3월 6일 일본, 국민근로동원령을 공포함
9일 B-29, 야간에 도쿄를 폭격함
17일 이오섬 일본군, 궤멸됨

21일 총독부, 각부에 근로동원과를 설치함

3월 8일 임정, 프랑스 정부와 외교 관계 수립을 결정함

15일 광복군 김학규, 미군 제14항공대 사령관 시놀트와 공동작전을 위한 6개 항에 합의함

4월 4일 임정, 중국과 새 군사협정을 체결함 (독자적 군사행동권을 획득함)

25일 임정, 한국대표단(단장 이승만)을 구성해 샌프란시스코회의(~6월 25일) 참가를 요청하나 미국에 의해 거부됨

5월 조문기 등, 대한애국청년당을 조직함 광복군 제2지대, 특수훈련을 위해 미국 OSS와 제휴함

1일 중국과 새로운 군사협정으로 원조한국광복군판법을 체결함(광복군의 독립성과 자주권을 회복함)

21일 전시교육령이 공포됨

6월 16일 조선국민의용대 조직 요강이 발표됨 (남 15~60세, 여 17~40세로 편성함)

23일 박춘금, 친일 단체 대의당을 창당함

7월 24일 대한애국청년당 강윤국, 조문기와 유만수, 부민관 의거를 일으킴

8월 1일 조선기독교, 일본기독교 조선교단으로 개칭됨

7일 의친왕 자 이우, 히로시마 원폭으로 사망함

8일 소련군, 한반도에 진군함

10일 송진우, 총독부의 정권 인수 교섭에 불응함

11일 소련 군함 두 척, 웅기항에 입항함

12일 소련군, 청진항에 상륙함 여운형, 총독부의 정권 이양 교섭에 동의함

15일 해방 일왕 히로히토, 항복 방송을 함 여운형 등, 건국준비위원회를 발족함 전국 형무소에서 독립운동가 등 2만여 명을 석방하기 시작함

16일 건국준비위원회, 중앙 조직을 완성함. 전국에 인민위원회를 조직함 여운형, 조선공산당(장안파)을 발족함 여운형, 휘문중학교 민중대회에서 연설함

17일 건국준비위원회, 중앙 조직을 구성함

4월 1일 미군, 오키나와에 상륙함

5일 소련 외상, 일본대사에게 일소중립조약 불연장을 통보함

7일 일본 스즈키 칸타로 내각이 성립됨

12일 루스벨트, 사망함 (부통령 트루먼이 승계함)

25일 샌프란시스코에서 연합국 전체회의가 열림 미군과 소련군, 엘베강에서 상봉함

28일 이탈리아 무솔리니, 처형됨

30일 히틀러, 자살함

5월 7일 독일군, 프랑스에서 연합국의 무조건 항복문서에 서명함

9일 일본 정부, 독일 항복 후에도 계속 전쟁 중임을 성명함

6월 1일 스팀슨 위원회, 트루먼에게 원자폭탄 투하를 권고함

5일 미·영·프·소, 베를린협정에 조인함

8일 일왕이 참석한 최고전쟁지도회의에서 본토 결전 방침이 채택됨

22일 일왕, 최고전쟁회의 구성원에게 종전 의지를 표명함 일본, 전시긴급조치법을 공포함 국민병역법을 시행함

26일 국제연합헌장이 조인됨

7월 16일 미국, 네바다에서 최초의 원자 핵폭발 실험에 성공함

26일 포츠담선언이 발표됨

28일 일본, 포츠담선언을 묵살함

8월 6일 히로시마에 원폭이 투하됨

8일 소련, 일본에 선전포고함 일본, 포츠담선언의 조건부 수락 의사를 연합국에 통보함

9일 미국, 나가사키에 원폭을 투하함

10일 일본, 중립국을 통해 미·영·중·소에 포츠담선언 수락을 알림

14일 일왕 재결로 포츠담선언 무조건 수락을 결정, 발표함

18일 광복군 국내정진대, 미국 OSS 요원과 함께
　　 C-47기를 타고 여의도 비행장에 착륙함.
20일 소련군, 원산에 상륙함
　　 박헌영, 공산당재건협의회(재건파)를 결성함
25일 미군 일부, 인천에 상륙함
26일 소련군, 평양에 사령부를 설치함
30일 국군준비대가 결성됨
9월　1일 조선국민당이 결성됨
　　 (안재홍, 9월 24일 국민당으로 개칭함)
　　 조선학병동맹이 결성됨
5일 총독부와 조선은행, 조선은행권 73억을 남발함
　　 (8월 14일~9월 5일)
6일 건국준비위원회, 조선인민공화국을 수립함
7일 미 극동 사령부, 남한에 군정을 선포함
　　 미 군정청, 포고 제1호로 직장을 이탈한 한국인
　　 경찰관에 복귀를 명령함
8일 한글학회, 일제에게 압수당했던《조선말 큰사전》
　　 원고를 서울역 창고에서 발견함
9일 미 군정 실시가 포고됨
10일 송진우, 허헌, 여운형 등, 국민대회를 소집하고
　　 임시정부의 조속한 귀국을 촉구하는 내용을 보냄
11일 박헌영, 조선공산당 재건을 발표함
13일 각지 건국준비위원회 지부, 인민위원회로 개조됨
16일 한국민주당이 결성됨(수석총무 송진우)
　　 미 군정, 한국인 경찰관을 모집함
19일 김일성, 원산항에 입국함
21일 미 국무부, 주중대사에게 임시정부가
　　 개인 자격으로 귀국하면 미군이 교통수단을
　　 제공할 것임을 전달함
25일 미 군정, 일본 정부 및 일본인 소유 재산을
　　 미 군정 소유로 함
10월　5일 미 군정장관 고문에 한국인 11명이 임명됨
　　 (위원장 김성수)
7일 건국준비위원회, 인민공화국으로의 발전적
　　 해체를 선언함
9일 광복군 인면전지공작대 9명 전원,
　　 인도에서 중국으로 귀환함
10일 32개 정당과 사회 단체, 38선 철폐를 요구함

15일 일본, 연합국에 무조건 항복함
　　 일왕, 전쟁 종결 조칙을 발표함
17일 인도네시아, 독립을 선포함
　　 (대통령 수카르노)
18일 만주국, 해체됨(황제, 퇴위함)
24일 한국인 징용인 3,725명을 태운
　　 우키시마호, 원인 모를 폭발로 침몰함
　　 베트남, 바오다이 황제 퇴위 성명을
　　 발표함
29일 중국 충칭에서 미국의 중재로 장제스와
　　 마오쩌둥, 회동을 가짐(장마오 담판)
9월　2일 연합군 최고사령관 맥아더,
　　 일본 항복문서에 서명을 받고 도쿄에
　　 연합군 총사령부를 설치함
　　 맥아더, 북위 38도선을 경계로 하는
　　 미소 양군 조선 분할 점령책을 발표함
　　 베트남민주공화국 성립이 선언됨
　　 (임시정부 주석 호치민)
15일 미소 양군, 38선에서 처음으로 상봉함
25일 세계노동조합연맹, 발족함

10월　 GMQ(연합군총사령부),
　　 시데하라 내각에 5대 개혁 명령을 내림
　　 일본, 정치범을 석방함
10일 45일간의 장마오 담판의 합의 사항이
　　 발표됨(쌍십협정)
15일 프랑스 괴뢰정권 비시 정부의 총리
　　 피에르 라발, 처형됨
24일 국제연합, 정식으로 창설됨

갈홍기

1906~1989

親日

종교인, 정치인, 친일 반민족 행위자. 경기도 강화 출신으로 배재고등보통학교, 연희전문학교를 거쳐 미국에 유학했다. 1931년 개릿신학교 졸업 후 노스웨스턴대학교 대학원을 거쳐 1934년 시카고대학에서 철학 박사 학위를 받았다. 이후 국내에서 연희전문학교 교수직을 맡고 있던 중 1937년 수양동우회사건으로 체포됐다. 1938년 전향서를 제출하며 교수직에 복직했고 이후 점차 친일 행보를 걷기 시작했다. 1943년 일본기독교 조선감리교단의 연성국장 및 상임위원으로 임명됐으며 학병 권유 활동을 주된 내용으로 하는 조선종교단체전시보국회의 감리교 대표를 맡았다. 1945년 일본기독교 조선교단의 종교교육 국장으로서 식민 통치에 협력했다. 광복 후에는 숙명여자대학교 교수로 재임하다가 정부가 수립되자 초대 공보실장으로 취임했다. 1951년 한일회담 대표, 1952년 외무부 차관, 1953년 공보처장을 맡았으며, 1956년 대한농구협회장, 1957년 동명학원 이사장 등을 역임했다. 말년을 미국에서 지내던 중 1989년 사망했다.

강윤국

1926~2009

독립운동가. 서울 출신으로 일본에서 노동자로 일하던 중 1943년 일본 강관주식회사에서 일제의 한국인 노동자에 대한 부당한 차별이 발생하자 이에 맞서 1,000여 명의 직공과 함께 농성 시위를 주도했다. 이때 요코하마 헌병대에 체포됐다. 1945년 1월 동지들과 함께 조선 총독 등 일제 주요 요인들을 암살할 계획을 세우고 귀국했으며, 1945년 5월 대한애국청년단을 조직하고 같은 해 7월에 서울 부민관에서 아세아민족분격대회가 개최된다는 소식을 듣고 여기에 참석한 조선 총독, 조선군 사령관, 친일파 등을 처단하기로 결심했다. 대회 당일인 7월 24일 미리 준비해둔 폭탄을 터뜨림으로써 대회를 무위로 만드는 성과를 거뒀다. 1990년 건국훈장 애국장 수훈.

강재호

1905~?

親日

만주국 군인, 친일 반민족 행위자. 경상북도 대구 출신으로 만주국에서 설립한 중앙육군훈련처(펑톈군관학교)에 1935년 입학해 1937년 제4기로 졸업했다. 같은 해 12월 만주국군에 보병 소위로 임관했고 만주 지역 항일 무장 세력을 토벌하기 위한 간도특설대에 소속됐다. 1939년 중위로서 만주국군 장교 양성 기관인 육군군관학교(신징군관학교)에서 입학시험 감독관으로 근무했다. 상위까지 진급하고 복무하다 광복 후 귀국했다.

계광순
1909~1990

관료, 친일 반민족 행위자, 정치인. 평안북도 선천 출신으로 평안북도 신의주고등보통학교를 졸업하고 일본에 유학해 1928년 마쓰야마고등학교를 졸업했고, 1931년 일본 도쿄제국대학 법학부 정치학과를 졸업했다. 이듬해 일본 고등문관시험 행정과에 합격해 관료의 길을 걸었다. 1934년 강원 평강군수, 1936년 함경남도 경찰부 보안과장을 지냈으며 1937년 7월 조선인 관리로는 최초로 일본 중앙 관서로 진출, 척무성 식산국에서 사무관으로 일했다. 1940년 조선총독부 학무국 사회교육과장, 국민총력조선연맹 참사 등을 지냈으며 1942년 8월부터 황국신민화교육 추진을 위해 설치된 조선교육회에서 간사 겸 평의원으로 활동하면서 각종 잡지에 친일을 독려하는 글을 지속적으로 기고했다. 이후 계속 승진해 일제강점기 말기에는 강원도 내무부장, 평안북도 내무부장 등의 직에 있었다. 광복을 맞이하자 계창무역주식회사 사장 등 정치계를 떠나 재계에 몸담고 있다가 1958년 춘천에서 제4대 민의원 선거에 출마해 당선되면서 정치인으로 행보를 시작했다. 국회의원은 제6대까지 3선을 지냈으며 그 후에는 한국제포사의 사장 및 회장으로 있었다.

계인주
1913~1998

만주국 군인, 친일 반민족 행위자, 한국 경찰, 한국 군인. 평안북도 선천 출신이며 만주 지린성에서 보명소학교, 문광중학교를 거쳐 만주국이 설립한 펑톈군관학교에 1935년 입학했다. 1936년 졸업 후 만주국군 소위로 임관했고 만주국 일본대사관의 무관직을 맡는 등 만주국군에서 복무하다 광복을 맞이했다. 광복 후 귀국해 경찰로서 수원경찰서, 동대문경찰서 등에서 서장직을 맡았고 정부 수립 후 육군으로 입대해 육군본부 정보국 차장을 지냈다. 6·25전쟁 발발 후 미군으로 소속을 옮겨 KLO(한국연락반) 부대 소속으로 활동했다. 1998년 병사했다.

고황경
1909~2000

교육자, 여성운동가, 친일 반민족 행위자. 서울 출신으로 세브란스병원 의사로 활동한 고명우가 아버지다. 황해도 은진의숙을 졸업한 후 1920년 경성여자고등보통학교에 입학했다. 이후 일본에 유학해 도시샤대학의 여자전문학교 영문과를 1928년에 졸업했고, 다시 같은 대학 법학부에 입학해 법학과 경제학을 공부하고 1931년 졸업했다. 이어서 미국으로 유학해 미시간주립대학 대학원에서 경제학 석사 학위를 취득한 뒤 박사 과정을 수료하고 귀국했다. 1937년 5월에 철학 박사 학위를 취득했으며 이후 이화여자전문학교 교수로 부임해 1944년까지 법학, 경제학 등을 가르쳤다. 1936년 개최된 사회교화간담회에 참석한 뒤부터 친일 단체에 참여하고 일제의 정책에 동조하는 모습을 보이기 시작했다. 1937년 방송교화선전협의회 주관의 라디오방송 부인

교육강좌 강사로 나서 황민화 정책을 적극 홍보했으며, 애국금차회가 창단될 때 발기인으로 참여해 간사직을 맡았다. 이후 광복 때까지 여성을 대상으로 징병 참여를 독려하고 일제의 침략 전쟁을 미화하는 강연과 기고를 했으며 광복 직전에는 영아원을 운영하기도 했다. 광복을 맞이하자 경기고등학교 교장, 미 군정 보건후생부 부녀국장을 지냈다. 1958년 대한어머니회를 창립했으며 1960년 유엔총회 한국 대표직에 있었다. 1961년 서울여자대학교를 설립했으며 사망 시까지 명예 총장으로 재임했다. 1963년 광복 제18주년 문화포장 수훈.

구본웅
1906~1953
親日

화가, 친일 반민족 행위자. 서울 출신으로 출판사를 운영하는 부유한 가정에서 태어났으나 두 살 무렵 사고로 척추 장애를 얻어 평생 등이 굽은 채로 살았다. 경신고등보통학교 재학 시절 미술에 입문했으며, 고려미술원에서 조소 작가 김복진에게 수학했다. 1927년 조선미술전람회에서 특선을 차지한 후 일본에 유학했고 1928년 일본 가와바타미술학교를 거쳐 1929년 니혼대학 미술과, 1933년 다이헤이요미술학교 본과를 졸업했다. 국내 복귀 후 목일회, 백만회 등의 조직 창립에 기여했으며, 종합 문예지 《청색지》를 창간하고 지면을 통해 이상과 이육사 등의 작품을 알렸다. 1939년 조선화단을 일본 화단화하자는 주장을 글로 써 언론에 기고했으며, 미술인들이 일제에 봉사해야 한다는 논리를 펴면서 '조선화적 특이성'과 같은 글을 발표했다. 특히 1940년 〈매일신보〉에 발표한 '사변과 미술인'에서는 미술의 무기화, 황국신민 등을 주장하며 일제에 적극 협력하는 모습을 보였다. 광복 후에 미 군정청 문교부 편수국에서 미술 과목 편수사로 있었으며, 1953년 2월 사망했다.

구소현
1916~1950

사회주의자. 경상남도 함안군에서 태어나 함안보통학교를 거쳐 일본에 유학했다. 도카이상업학교, 주오대학 전문부 법학과를 거쳐 도쿄 메이지대학교를 졸업했다. 이후 귀국해 1943년, 여운형 등과 함께 조선민족해방연맹 창설을 결의했고 해방 후에는 조선공산당 소속으로 영등포 지구당 임시당대회 및 위원회 결성에 참여했다. 1946년 사회노동당 상임위원직을 맡았으며 1947년에는 근로인민당 당원이었다. 6·25전쟁 전후로 암살당했다.

권상로
1879~1965
親日

종교인, 친일 반민족 행위자. 경상북도 문경 출신이다. 18세 때 출가해 문경 김룡사 승려가 됐으며, 이후 불교전문강원에서 불교학을 연구했다. 강원도 고성군 건봉사에 위치한 봉명학교 운영에 관여했으며, 김룡사 경흥학교와 성의학교에서 강사로 후진을 가르쳤다. 1911년 문경 대승사의 주지로 임명됐다. 1912년 조선불교월보사의 편집인 겸 발행인으로서 《조선불교월보》를 발행했으며, 1917년 9월 불교 시찰단원으로서 일본을 시찰했다. 1924년부터 7년간 불교사 사장으로 취임해 잡지 《불교》를 발간했다. 1931년부터 1944년까지 중앙불교전문학교에서 교수로서 학생들을 가르쳤다. 친일 행적을 걷기 시작한 것은 1935년부터로, 조선총독부에서 개최하던 심전개발운동의 연사이자 필자로 참여했으며 1937년부터 친일 협력의 목적으로 강연을 개최하고 1939년 국민정신총동원 조선연맹의 참사로 재임했다. 1941년 '시국과 조선불교' 등의 강연에서 승려들의 친일을 강조했다. 광복 후 동국대학교의 교수직을 맡았으며 1953년 동국대학교 총장으로 취임했다. 이 외에도 국사편찬위원, 중앙불교연구원장, 대한불교조계종 원로원장 등의 자리에 있었다. 1962년 대한민국 문화포장 수훈.

권혁조
1923~2002

독립운동가, 영화감독. 경상북도 예천 출신이다. 이명으로 권철휘가 있다. 배재중학교를 나와 일본에 유학했고 일본 주오대학 법학부에 다니던 중 1944년 학병으로 징집됐다. 1944년 1월 대구로 소집된 학병 중에서 권혁조, 문한우, 김이현 등을 중심으로 학병들을 탈출시키고 탄약고 폭파 및 무기 탈취 등의 의거를 준비하는 움직임이 있었다. 이들은 실제로 징용에 끌려온 동포들을 탈출시켰으며, 1944년 8월 8일 6명이 부대를 탈출해 팔공산으로 들어가는 대구학병의거를 일으켰다. 탈출한 6명 중 4명은 붙잡혔으나 2명은 탈출에 성공해 만주로 들어갔고 독립운동 단체에 몸을 담았다. 권혁조는 체포돼 군법회의에서 징역 5년 형을 받고 고쿠라 육군형무소에 수감돼 있던 중에 해방을 맞이했다. 해방 후 영화감독으로 활동하면서 〈오부자〉, 〈죽자니 청춘 살자니 고생〉, 〈월하의 공동묘지〉 등 다양한 작품을 연출했다. 2007년 건국포장 수훈.

권혁주
1911~2001
親日

법조인, 친일 반민족 행위자, 정치인. 경상북도 예천 출신으로 경성 제이고등보통학교를 1931년 졸업하고 일본 메이지대학 법학부에 재학 중이던 1937년, 일본 고등문관시험 사법과에 합격했다. 1938년 학교를 졸업하자마자 만주국 사법관으로 부임해 1939년부터 신징지방법원 및 신징구 법원 고등관 시보로서 일을 시작했다. 그해 12월 만주국 사법과 고등관(심판관) 적격 고시에 합격해 옌지지방법원 및 옌지구 법원에서 판관으로 근무했다. 만주에서 조선인 유력자들과 함께 일제에 협력하기 위한 목적의 홍아청년구락부를 조직하고 청년을 대상으로 대동아 건설, 황도 사상 등을 주제로 교육과 연구 사업을 추진했다. 1941년 진저우지방법원에서 근무하던 중 팔로군에 협조한 민간인들을 대상으로 사형을 선고했다. 1943년 판관직 사임 후 일본으로 돌아가 대정익찬회, 중앙흥생회, 일심회 등의 단체에서 활동하며 조선인 노동자들을 상대로 교화 및 강제 동원하는 일을 했다. 광복 후 일본에 남아 재일본 대한민국거류민단에서 외무부장, 총무부장 등의 일을 맡았고 1961년부터 해당 조직에서 단장직을 맡아 1967년까지 직을 유지했다. 1965년 한일회담 대표단의 고문으로 위촉됐다. 1967년 귀국, 민주공화당에 적을 두고 1971년 제8대 국회의원 선거에 당선됐다. 1973년 통일주체국민회의에서 제9대 국회의원으로 선출됐으며 1979년 3월까지 직을 유지했다. 1979년 4월 다시 일본으로 돌아간 후, 2001년 사망했다.

김경승
1915~1992
親日

조각가, 친일 반민족 행위자. 경기도 개성 출신이다. 1934년 관립 미술학교인 도쿄미술학교 조각과 소조부에 입학했다. 제21회 조선미술전람회에 〈여명〉을 출품해 총독상을 수상했는데, 〈매일신보〉와의 인터뷰에서 "재래 구라파 작품의 영향과 감상의 각도를 버리고 '일본인의 의기와 신념'을 표현하는 데, 새 생명을 개척하는 대동아전쟁 하에 조각계의 새 길을 개척하는 것"이 가장 중대한 문제라 말하며 친일의 모습을 보였다. 〈여명〉은 제목에서부터 동아시아 경영을 선전하는 작품이다. 새벽부터 광산에서 일하는 광부의 모습은 당시 전시 물품 생산에 경도된 일본의 상황을 보여주며, 이는 그 무렵 일본 전시회에 자주 등장하던 단골 소재였다. 1944년 제23회 조선미술전람회에는 추천작가로서 〈제4반〉을 제출했다. 〈제4반〉은 반라의 여성이 작업 도구를 어깨에 멘 모습으로 전시 동원에 끌려와 노동을 해도 결코 여성의 아름다움이 상실되지 않음을 표현한 작품이었다. 결국 조각을 통해 후방의 총동원을 이끌어내자는 의도였다. 1941년 국민총력조선연맹 산하 조선미술가협회 평의원으로 있었다. 광복 이후에는 친일 행위로 인해 조선미술건설본부 참가가 불허됐다. 풍문여중 교무주임으로 있으면서 1948년 서울시 교육위원회가 조직한 예술위원회에 선임됐으며, 다음 해 서울시 문화위원회 9인에 포함되어 조소 예술가로서는 유일하게 국전(國展) 창설위원 겸 심사위원으로 활동했다. 이후 중등 미술 교과서를 발간함으로써 해방 이후 미술교육의 뼈대를 세웠고, 1950년 풍문여고 교장으로 있다가 6·25전쟁 당시 빨치산 토벌작전 상황실장으로 근무했다. 홍익대 미술대학이 세워진 뒤 교수로 부임했고 부산시 용두산 공원과 국회의사당

로비의 이순신 장군상을 만들었다. 1959년 안중근 의사, 김구 선생 등 항일 민족 투사의 인물상을 제작했으며, 국립4·19민주묘지의 작품도 여럿 제작했다. 도산공원 안창호상, 덕수궁 세종대왕상, 종묘 이상재상, 황토현 전봉준상 등 여러 동상을 제작했다.

김기원
1878~1934
親日

일본 군인, 친일 반민족 행위자. 서울 출신이다. 일본 육군사관학교 제54기로 일본군 항공 대위를 지낸 김정렬의 큰아버지다. 1901년 일본 육군사관학교의 예비 학교인 도쿄 세이조학교를 거쳐 1903년 일본 육군사관학교를 제15기로 졸업했다. 1904년 2월 러일전쟁에 일본군 소속으로 참전했으며 이후 대한제국으로 귀국해 육군 공병대 대장, 군부 교육국 편수과장 등을 지냈다. 1909년 안중근에게 피살된 이토 히로부미의 추도회 위원을 맡았다. 1920년 다시 일본군 장교로 전환되어 조선군 사령부에 소속돼 있다가 1922년 일본군 중좌로 진급 뒤 예편했다.

김기창
1913~2001
親日

화가, 친일 반민족 행위자. 서울 출신이다. 8세에 병을 얻어 청각을 잃었다. 승동보통학교를 1930년 졸업하고 마지막 왕실 화가였던 김은호 문하에서 그림을 배웠다. 1931년에 조선미술전람회에서 입선한 것을 시작으로 1936년까지 연속으로 입선했으며, 이 사이 일본에서 도쿄미술학교 교수인 유키 소메이에게 일본화식 채색 화법을 익혔다. 1937년부터 4년간 특선을 차지해 추천작가가 됐다. 이후 스승인 김은호와 마찬가지로 점차 친일의 길을 걸어 일제의 정책에 동의하고 홍보하는 내용의 작품을 발표했다. 1942년부터 친일 미술전인 '반도총후미술전', '조선남화연맹전', '결전미술전람회' 등에 일제 군국주의를 찬양하는 내용의 작품인 〈총후병사〉, 〈천마〉, 〈적진육박〉 등을 출품했고, 강제징집을 내용으로 하는 연재물인 〈님의 부르심을 받고〉에 삽화 작가로 참여했다. 광복 후 동양화에 추상예술의 풍조를 가미해야 한다는 취지의 주장을 펴면서 현대 동양화 운동을 폈다. 1946년 아내인 우향 박내현과 함께 우리나라 최초의 부부 미술전을 개최했고, 1960년 홍익대학교 미술과 교수직을 맡았으며 1962년부터 1974년까지 수도여자사범대학에서 학생을 가르쳤다. 이 외에도 세종대왕, 을지문덕, 조헌 등 역사 인물의 초상화를 제작해 표준영정으로 지정받았다. 2001년 금관문화훈장 수훈.

김대식
1918~1999
親日

만주국 군인, 친일 반민족 행위자, 한국군 장군, 정치인. 강원도 화천 출신으로 춘천고등보통학교를 졸업하고 잠시 광동학교에서 교사로 학생을 가르쳤다. 이후 만주국의 국경감시대에서 군인으로 복무를 시작했다. 1938년 국경감시대가 해체되고 간도특설대가 창설될 때 창설 요원으로 근무했다. 동북항일연군과 팔로군을 대상으로 토벌작전을 수행했으며 1940년 간도특설대 요원으로서 공로를 인정받아 일본 정부로부터 만주사변 종군기장을 받았다. 간도특설대를 제대한 후 만주국군에서 군속으로 일했다. 광복 후 귀국, 해안경비대에서 복무를 시작했고, 1949년 해병대 창설 요원으로 참여해 이후 해병 제1연대장, 해병학교장, 해병교육단장, 해병사령부 참모장, 해병 제1여단장 등으로 승진을 계속했다. 1957년 해병대 사령관으로 취임, 1960년 예편했다. 군 복무 중 공로를 인정받아 무공훈장을 받았다. 예편 후 1960년에 치러진 제5대 국회의원 선거에 출마해 춘천 지역에서 당선됐으나 1961년 '반민주 행위자 공민권 제한법'에 따라 자격을 상실했다.

김동진
1920~1982

독립운동가. 중국 허난성 카이펑에서 태어났다. 1937년 중국국민당 정부가 육군기차병단을 모집하자 이에 지원했다. 국민당군 소속이었던 1940년 9월, 충칭 대한민국임시정부의 한국광복군 창설 소식을 듣고 이에 지원해 임시정부 생계부 비서 및 한국광복군 총사령부 관병소비합작사 사원으로 활동했다. 광복 후 귀국하지 못하고 베이징에 살면서 교사로 재직하다 1982년 사망했다. 2013년 건국훈장 애족장 수훈.

김문택
1919~1988

독립운동가. 평안남도 진남포 출신으로 오산학교를 졸업하고 1943년 진남포에서 학생들을 규합해 항일운동을 주도하다 체포돼 평양검찰에서 징역 5년 형을 구형받았다. 1944년 학병 입대를 조건으로 출감됐고 일본 규슈에 학병으로 징집됐다. 규슈 서부 제17군 부대 소속으로 있던 중 1944년 5월 탈출했고 만주를 거쳐 중국 안후이성에 위치한 광복군 제3지대에 입대했다. 1945년 상하이에 비밀리에 파견돼 지하공작 활동을 벌였으며, 한중 합작 특별유격대의 제1편대장으로서 진포선 열차 폭파 사건을 주도해 일본 경비군 사살 및 다량의 군수품 획득이라는 쾌거를 이루었다. 1990년 건국훈장 애국장 수훈.

김병제
1905~1991

국어학자. 경상북도 경주 출신이며, 조선어학회의 핵심 인물인 이윤재의 사위다. 1930년대 후반부터 배재고등보통학교의 조선어 교사로 근무하면서 이 시기에 조선어학회 표준어 사정위원으로 활동했다. 이윤재가 조선어학회사건으로 투옥되고 사망한 후 이윤재의 뒤를 이어 《조선어사전》 편찬 실무를 맡았다. 광복을 맞이하자 《조선말 큰사전》 편찬 사업에 매진했으며, 이 외에도 1946년 《한글맞춤법 해설》, 1947년 《표준조선말사전》(이윤재와 공저), 1948년 《조선고어방언사전》(정태진과 공저) 등을 연달아 펴냈다. 1948년 7월에 월북, 북한에서 언어학 연구를 지속했고 김일성대학 언어학 교수, 사회과학원 언어학 연구소 소장 등의 직에 있었다. 북한에서 펴낸 주요 저서로 방언 연구 업적을 담은 《조선어방언학개요》, 《방언사전》, 《조선언어지리학시고》등이 있다. 《조선어사연구》와 《조선어학사》를 집필했으며 중급학교 교재인 《조선어문법: 어음론, 형태론》을 펴내기도 했다.

김복동
1926~2019

일본군 '위안부' 피해자, 평화운동가. 경상남도 양산 출신으로 1940년 일본군 '위안부'로 끌려갔다. 8년 동안 중국, 홍콩, 말레이시아, 인도네시아, 싱가포르 등으로 끌려다니며 일본군에게 고통을 받았다. 1947년 고향으로 돌아와 1992년, 일본군 '위안부' 피해 사실을 고발했으며, 1993년 유엔 인권위원회에서 피해 사실을 공개 증언했다. 이후 미국, 일본, 유럽 등에서 피해 사실을 증언했고, 2000년 '일본군 성노예 전범 여성 국제 법정'에 원고로 참여해 문서로 실상을 증언하는 등 활발한 활동을 벌였다. 2012년 전시 성폭력 피해자를 돕는 나비기금을 설립하고 전쟁, 무력 분쟁 지역의 어린이를 위해 장학금 5,000만 원을 기부했다. 2015년 국제 언론 단체가 발표한 '자유를 위해 싸우는 영웅'에 넬슨 만델라, 마틴 루서 킹 목사 등과 함께 선정됐다. 2015년 대한민국 인권상을 받았고, 2017년 무력 분쟁 지역 성폭력 피해자 지원 및 활동을 위한 '김복동평화상'이 제정됐다. 2015년 국민훈장 수훈.

김사철
1847~1935
親日

관료, 친일 반민족 행위자. 서울 출신이다. 1878년 문과에 응시해 을과 2위에 올랐다. 1883년 통리교섭통상사무아문에서 주사직을 맡았다. 1888년 주차 미국 전권대신 참무관을 지냈으며 1893년 주차 일본 판리대신으로 도쿄에 다녀왔다. 이후 성균관 대사성, 공조 참판, 병조 참판, 이조 참판 등 요직에 두루 있었다. 대한제국 시기에는 궁내부 소속으로 고종 황제를 보좌하는 자리에 있었으며 궁내부 특진관, 중추원 찬의, 규장각 제학 등에 임명됐다. '한일병합' 후 조선귀족령에 따라 남작의 작위를 받았으며 이와 함께 2만 5,000원에 달하는 은사 공채를 받았다. 김사철은 이에 기뻐하며 밤을 새워 큰 잔치를 열었다고 전해진다. 1912년 8월 일본 정부로부터 한국병합기념장을 받았다. 1915년 열린 조선물산공진회에 30원을 기부했으며, 1929년 식민 통치 20주년을 기념하는 조선박람회에 300원을 기부했다. 1935년 사망했으며 작위는 장남 김석기에게 이어졌다.

김석기
1874~1956
親日

관료, 친일 반민족 행위자. 서울 출신이다. 김사철의 아들로 태어나 1888년에 열린 식년시에서 진사로 합격했다. 1895년 장릉 참봉을 시작으로 1902년 영친왕부 전위, 1904년 영친왕부 전독을 지냈다. 1908년 관립 한성사범학교 교장으로 임명됐고 1910년까지 재임했다. '한일병합' 이후 1912년 일본 정부로부터 한일병합기념장을 받았으며 1914년 아버지인 남작 김사철의 사자(嗣子)로 선정돼 조선 귀족 종5위를 내려 받았다. 1928년 쇼와 대례기념장을 받았으며 1935년 아버지 김사철이 사망하자 남작 작위를 이어받았다. 1939년 일제 협력을 위한 정신운동을 추진하고자 설립된 조선유도연합회에서 평의원으로 선출돼 활동했다. 1941년 손자와 사위가 일본군에 지원병으로 자원하자 이를 영광으로 여긴다는 소감을 발표한 바 있다. 광복 후 1949년 8월 반민족행위 특별조사위원회에 자수했다.

김석원
1893~1978
親日

일본 군인, 친일 반민족 행위자, 한국군 장군, 교육자. 서울 출신으로 재동소학교, 교동고등소학교를 거쳐 1908년 대한제국 무관학교에 입학했다. 1909년 무관학교가 일본 통감부에 의해 폐지되자 일본 육군유년학교 2년에 편입했다. 육군유년학교를 마치고 일본 육군사관학교에 입학, 1915년 제27기생으로 졸업했으며 일본 육군 소위로 임관했고, 1919년 중위를 거쳐 1925년 대위로 연이어 승진했다. 1931년 일본이 만주를 침략하자 제20사단 제78연대의 기관총대 대장으로 참전해 헤이룽장성 일대에서 전쟁을 수행했다. 1937년에 발발한 중일전쟁에서는 중국 관내로 출전해 베이징 인근의 난위안전투에서 공적을 세우며 일약 중일전쟁의 영웅으로 떠올랐다. 1939년부터 국내로 돌아와 전국을 돌면서 침략 전쟁을 선전하고 조선인의 전쟁 참여를 독려하는 강연을 벌였다. 잠시 일본 히로시마, 중국 산둥성 등에 배치됐다가 1944년 육군 대좌로 진급한 후 조선군 사령부 평양 병사부에 배속됐고 전쟁을 선전하는 강연을 계속했다. 광복을 맞이하자 월남했으며 일본군 출신들을 모아 육해공군동지회를 조직하고 스스로 회장직에 올랐다. 1948년 육군사관학교를 특임 제8기로 졸업하고 대령 임관해 제1사단장을 맡았으나 1949년 일명 '북어사건'이 발생하자 잠시 예편했다. 1950년 6·25전쟁이 발발하자 수도사단장으로 복귀해 진천 지구 전투 및 경북 지역 방어전에 참전했다. 1956년 예편 후 본인이 설립한 원석학원의 이사장직에 있었다.

김성태
1910~2012
親日

음악가, 친일 반민족 행위자. 서울 출신이다. 1929년 경신중학교에 다니며 광주학생항일운동 시위에 참여했다가 3일간 구류되고 퇴학당했다. 1931년 연희전문학교 상과에 운동부 특기 장학생으로 입학했고, 연희전문학교 재학 중에 《김성태 동요작곡집》제1집을 출간했다. 1935년 일본 도쿄고등음악학교 작곡부에 입학했고, 1939년 경성방송국 위탁으로 편곡 일을 담당했다. 1941년 내선일체를 실천하기 위해 일본 농촌에 파견됐던 조선 청년들의 활약상을 일기 형식으로 기록한 영화 〈농업보국대〉에서 작곡과 지휘를 담당했다. 1942년 '국민 음악 보급의 정신대'로 활동하기 위해 중진 음악가들로 조직된 경성후생실내악단 창립 멤버로서 작곡과 편곡을 담당했다. 이후 조선인 총력 동원을 위해 열심히 활동했고, 1943년 만주국 신징으로 이주해 영화음악을 제작했다. 1944년 침략 전쟁을 선동하는 〈바다〉, 〈배〉 등의 작품을 작곡했다. 광복 직후 조선문화건설중앙협의회 음악건설부 의원 및 작곡부 위원장을 지냈다. 1946년 경성음악연구원이 경성음악학교로 개칭되면서 교수로 활동했고, 경성음악학교가 서울대학교 음악대학으로 개편되자 1976년 정년퇴임 때까지 근무했다. 1991년 대한민국 예술원 회장을 역임했다.

김세광
1910~?

독립운동가. 평안북도 용천 출신이며 조선혁명간부학교 제1기 출신으로 조선민족혁명당에서 활동했다. 1938년 조선민족혁명당 당대회에 참여해 중국 관내에서 항일운동을 전개해야 한다고 강조하는 김원봉에 찬성했다. 10월에 조선의용대 제1구대 부구대장으로 참여했고, 1939년 조선의용대 제3지대장으로 활동했다. 1940년 장시성 전선에서 항일 선전 활동을 하고 충칭으로 이동한 이후, 1941년 조선의용대 주력이 화베이 팔로군 지역으로 이동할 때 함께해 조선의용대 화북지대 제2지대장으로 임명됐다. 12월에 호가장전투에서 팔 하나를 잃었다. 1942년 화북조선독립동맹 결성 후 진서북 분맹 책임자가 됐고, 광복 이후 북한으로 귀국했다.

김시권
1884~?
親日

관료, 친일 반민족 행위자. 황해도 재령 출신으로 1910년부터 1914년까지 함경북도 회령군 서기, 1914년 함경북도 경원군수, 1917년 회령군수를 역임했다. 1918년부터 함경북도 온성군수로 있으면서 3·1운동이 일어나자 시위 확산 방지에 적극 나섰다. 1920년 경흥군수, 1922년 이사관으로 승진해 함경북도 내무부 지방과장을 맡았다. 1924년 반일운동을 막기 위해 일선 융화를 앞세운 동민회 회원이 됐다. 1928년 함경남도 재무부장, 1929년 조선박람회 평의원, 1932년 경상북도 산업부장이 됐고, 1936년 전북도지사로 승진했으며 1937년 강원도지사로 전임되고 1939년까지 재직했다. 강원도지사로 있으면서 식민 통치와 침략 전쟁에 적극 호응하며 친일 행위를 했다.

1938년 국민정신총동원 강원도연맹 총재를 지냈고, 도지사 퇴임 이후 국민총력조선연맹 이사 및 평의원으로 적극 활동했다. 1941년 전쟁 협력 단체인 흥아보국단과 임전대책협력회 위원이 됐고, 1942년 조선임전보국단 이사장으로서 침략 전쟁에 적극 협력했다. 광복 이후 반민특위에 체포됐고 특별재판부의 공판을 받았다.

김완룡
1918~2013

독립운동가. 함경남도 함흥 출신으로 1944년 '평양사단 학병 사건'의 총책임자다. 일본의 한국인 학병 학대에 저항하고, 민족 독립을 쟁취하기 위해 같은 학병들과 비밀 조직을 결성하고 총책임자로 추대됐다. 이들은 조국 독립 쟁취와 이데올로기를 초월한 단결을 명시한 4개 항의 행동 강령을 채택하고, 일시에 탈출해 게릴라전을 벌일 것을 맹세했다. 거사를 10월 1일로 정하고 한창 준비하던 때, 일본 헌병보조원에 발각됐고 70여 명의 학병과 함께 살인적인 고문을 받았다. 치안유지법 등 위반으로 징역 9년 형을 언도받았다. 1990년 건국훈장 애족장 수훈.

김용제
1909~1994
親日

시인, 친일 반민족 행위자. 충청북도 음성 출신이다. 일본에 유학해 1930년 일본 좌익 문예 동인지 《신흥시인》에 시 〈압록강〉을 발표하며 등단했다. 1931년 전일본무산자예술연맹(NAPF)에 가입했고, 그 후신인 일본프롤레타리아문화연맹(KOPF)에도 가입했다. 1932년 'KOPF 대탄압' 당시 치안유지법 위반으로 체포됐고 1936년 출소했다. 1937년 조선으로 강제송환된 뒤, 1938년 대동아공영권을 위한 군국주의 단체인 동아연맹 간사를 맡았다. 1939년 내선일체와 침략 전쟁 협력을 위한 동양지광사에 들어가 활동했다. 내선일체를 위한 문화운동 단체인 국민문화연구소 이사 겸 출판부장, 조선문인협회 발기인, 동양지광사 사업부장, 동양지광사 편집부장 등을 맡으며 활발히 반민족 행위를 수행했다. 1942년 조선문인협회 총무부 상무, 조선소국민문화협회 발기인으로 있었고, 같은 해 침략 전쟁과 대동아공영권을 찬양한 시집 《아세아시집》을 발간해 국민총력조선연맹에서 300원 상금을 받았고 그대로 국방헌금으로 기부했다. 1943년 일본 건국신화를 서사시로 써서 일본 덴노를 예찬한 시집 《서사시어동정》을 출간했고, 1944년 시집 《보도시첩》을 발간해 황도 조선의 건설을 찬양했다. 1945년 조선문인보국회 상무를 맡아 시집 《아름다운 조선》을 발간했으나 광복을 맞아 모두 폐기 처분했다. 1949년 여름 반민특위에서 조사를 받은 뒤 기소유예로 석방됐다. 6·25전쟁 이후 언론·출판계에서 활동했으며, 1954년 흥사단 이사로 선임돼 1983년까지 재직했다. 1978년 산문 〈고백적 친일문학론〉과 1993년 소설 형식의 수기 〈환상〉을 통해 자신의 친일은 항일 지하운동을 위한 위장이었다고 주장했으나 객관적 증거는 제시하지 못했다. 1981년 제5공화국 출범 때 평화통일정책 자문회의 자문위원으로 임명됐다.

김윤수
1909~?

법조인. 친일 반민족 행위자. 황해도 안악에서 태어나 1934년 경성법학전문학교를 졸업한 뒤 일본에 유학했다. 일본 주오대학 법학부를 나와 1939년 일본 고등문관시험 사법과에 합격, 1941년 4월에 경성지방법원에서 일을 시작했다. 이후 경성지방법원 검사 대리, 함흥지방법원 검사로 근무했으며 광복 후 미 군정에 의해 서울지방법원 검사로 다시 임명됐다. 정부 수립 후 반민족행위처벌법이 상정되자 자기반성의 의미에서 검사 12명과 함께 퇴직원을 제출했으나 수리되지 않았다. 이후 서울검찰청, 대검찰청 검사를 거쳐 부산지방검찰청 검사장, 춘천지방검찰청 검사장에 올랐다. 1960년 퇴직했다.

김응조
1906~1996

만주국 군인, 친일 반민족 행위자, 한국군 장군. 강원도 고성 출신으로 만주국 펑톈군관학교를 제4기로 졸업했다. 1936년 만주군 기병 소위로 임관한 이후 중국 화베이 지역에서 활동했다. 해방 이후 육사 제7기로 입학, 육군 제2군 사령부 정보처장 등을 역임한 뒤 육군 준장으로 예편했다.

김이현
1922~1998

독립운동가. 대구 출신으로, 1944년 일본군 대구 제24부대에 강제징병됐다. 모집된 학병 600여 명 중 대부분이 입대한 지 10여 일 만에 북중국으로 떠났는데 이때 김이현은 잔류하게 되어 문한우 등과 함께 학병 항쟁을 계획했다. 8월 8일 동지들과 집단 탈출에 성공해 팔공산에 입산하나 일 군경이 추격해오자 서울로 잠입했다. 1977년 건국포장 수훈.

김인승
1910~2001

화가, 친일 반민족 행위자. 경기도 개성 출신으로 어릴 때부터 그림에 재능이 있어 학생 미술전에서 항상 입상했다. 1937년 도쿄미술학교 유화과를 수석으로 졸업했으며, 〈나부〉로 창덕궁상을 수상해 조선의 천재라 불렸다. 이후 친일 미술 단체인 조선미술가협회 서양화부 평의원과 반도총후미술전 추천작가 등으로 활동하며 친일 미술인의 길을 걸었다. 1941년 국민총력조선연맹 문화부 위원으로 있으면서 경성미술가협회를 결성했다. 같은 해 경성미술가협회를 조선미술가협회로 명칭을 바꾸었고, 그즈음 김기창, 심형구, 김경승 등 조선인 미술인과 다른 일본인 화가들과 함께 구신회에 참여했다. 구신회는 채화 보국의 열의로 총후의 대작을 망라한다는 목적으로 설립된 친일 미술 단체였다. 1943년 조선과 일본 미술인 등 총 27명이 '성전 아래 미술 보국에 매진할' 목적으로 결성한 단광회에 참여했고, 다른 화가들과 함께 공동으로 '조선징병제 시행 기념' 기록화를 제작했다. 이후에도 군국주의 찬양과 전쟁 참여 선동에 앞장섰다. 광복 후 조선미술문화협회 결성에 앞장섰으며, 1947년부터 1974년까지 이화여대 교수로 재직했다. 1953년부터 1969년까지 국전 심사위원, 1955년 대한미술협회 부회장, 1961년 한국미술협회 이사, 1967년 한국미술협회 이사장을 역임하며 대한민국 아카데미즘 미술 형성에 엄청난 영향을 끼쳤다. 1968년 3·1 문화상을 수상했고 1974년 미국 LA로 이주했으며 2001년 사망했다. 친일 조각을 다수 남긴 김경승이 동생이다. 1969년 대한민국 문화훈장 동백장 수훈.

김일수
1896~?

사회주의자, 독립운동가. 함경남도 이원 출신이다. 1921년 한인사회당 입당 이후 사회주의자로 활동했다. 1931년 일제 경찰의 검거를 피해 만주로 피신했고, 그곳에서 중국공산당에 가입해 국내 공작을 준비하던 중 일제 경찰에 체포됐다. 1938년 만기 출옥 이후 공산주의 단체인 '자유와 독립' 그룹 결성에 참여했으며, 1944년 공산주의 자협의회 결성에 참여하고 군사부 책임자가 됐다. 일본, 소련 개전에 호응하는 무장봉기 계획 협의를 위해 소련에 입국할 당시, 소련 국경경비대에 밀정 혐의로 체포됐고 일제 패망 이후 출옥했다. 해방 이후 월북했다.

김정렬
1917~1992
親日

일본 군인, 친일 반민족 행위자, 한국군 장군, 정치인. 서울 출신이다. 일본군 보병 대위 출신인 김준원(일본 육사 제26기)의 아들이자 일본군 공병 중좌를 지낸 김기원(일본 육사 제15기)의 조카다. 일제 말 학병 출신인 동생 김영환과 함께 '한국 공군 창설 주역 7인' 중 한 명이었다. 1940년 일본 육사를 제54기로 졸업하고, 1941년 일본군 항공 소위로 임관했는데, 첫 부임지가 일본 항공 전대 중 가장 유명하고 인기 있던 규슈 제4전대였다. 1941년 타이완으로 이동했고 타이완 옆의 평후열도를 떠나 남방으로 향하는 배들을 엄호하는 작전을 수행했다. 1941년 12월 8일 필리핀 공격작전에 참가해 미국 공군과 전투를 벌임으로써 말레이시아 작전에 참가한 최명하, 노태순과 함께 태평양전쟁 개전 당일 참전한 세 사람의 조선인 장교가 됐다. 1942년 일본으로 돌아와 제4전대 본래 임무인 본토 방위를 맡았고, 1943년 일본 육사 제54기생 가운데 4명이 선발된 갑종 학생 과정을 이수했다. 갑종 학생 교육은 중대장, 전대장 생산을 위한 특별 교육과정으로 고급 항공 전술, 전투기·폭격기 연합작전, 해군과의 협력작전 등 고급 비행 훈련을 이수하는 과정이었다. 1943년 동기생 중 최초로 전투기 중대장이 되어 제248전대 제1중대를 이끌고 인도네시아 반둥으로 이동했다. 1945년 '비연전대'라 불리던 제35교육비행대를 이끌고 남방 유류 공급지인 수마트라 팔렘방으로 이동, 수마트라 서해안을 담당했다. 이때 연합국 비행기가 팔렘방으로 가는 것을 막기 위해 영국 비행기와 거의 매일같이 공중전을 치렀다고 한다. 일본 항복 당시 일본군 항공 대위였던 그는 1948년 육사의 전신인 국방경비사관학교를 제5기로 졸업하고 소위로 임관했다. 이후 육군항공사령부 비행부 대장, 육군항공사관학교 교장 등을 거쳐 1949년 초대 공군 참모총장을 지냈다. 1957년 공군 중장으로 예편했으며, 국방부 장관 재임 당시 4·19혁명을 맞았고, 1963년 민주공화당 초대 의장을 지냈다. 이후 1963년 주미 대사, 1967년 공화당 국회의원, 삼성물산 사장, 정우개발 회장, 국무총리 등을 지냈다.

김준엽

1920~2011

학자, 한국광복군. 평안북도 강계 출신이다. 일본에 의해 학도병으로 강제징집됐다가 탈영, 같은 조선인 학병 장준하와 합류한 뒤 충칭에 위치한 대한민국임시정부를 찾아갔다. 광복군 제2지대에 편입된 이후, OSS 훈련 정보파괴반을 수료하고 광복군 국내정진군 강원도반 반장에 임명되어 작전을 기다리던 중 광복을 맞이했다. 1949년 고려대 사학과 교수가 됐고, 같이 광복군에서 활동한 장준하가 만든 《사상계》의 주간을 맡기도 했다. 1982년 고려대 총장이 됐으나 전두환 정권의 여러 압력에 맞서다 결국 1985년 사임했다. 1990년 건국훈장 애국장 수훈.

김준영

1907~1961

親日

음악가, 친일 반민족 행위자. 황해도 해주 출신으로, 김기방, 김해암 등의 예명을 쓴 대중음악 작곡가다. 1933년 일본 유학에서 돌아와 본격적인 음악 활동을 시작했다. 경성방송국 라디오방송에 피아노 연주가로 자주 출연했고, 태평레코드사에서 가수 이난영의 데뷔곡인 〈시드는 청춘〉을 작곡했다. 1934년부터 콜럼비아레코드사 전속 작곡가로 활동하며 〈처녀총각〉, 〈개나리고개〉, 〈마의 태자〉, 〈먼동이 터온다〉, 〈추억의 소야곡〉, 〈청춘타령〉, 〈사랑에 속고 돈에 울고〉, 〈홍도야 울지 마라〉 등의 작품을 발표했다. 1940년 일본 영화사 쇼치쿠키네마에서 영화음악 중심으로 활동했는데, 이때 아사히나 노보루라는 이름을 사용했다. 김준영이 작곡한 군가로 〈반도의용대가〉, 〈승전가〉, 〈어머니가 노래한다〉, 〈일본남아〉 등이 있으며, 1941년 영화 〈지원병〉에서 음악을 맡았다. 광복 이후 일본에 거주하면서 음악 활동을 한 것으로 알려져 있으나 어떻게 생활했는지에 대해서는 상세히 알려진 것이 없다. 1961년 일본에서 사망한 것으로 전해진다.

김준원
1883~1969
親日

일본 군인, 친일 반민족 행위자, 한국군 장군. 서울 출신. 일본 육사 제15기로 일본군 중좌를 지낸 김기원의 동생이자, 일본 육사 제54기로 일본군 항공 대위를 지내고 한국 공군 초대 참모총장을 지낸 김정렬의 아버지다. 1907년 대한제국 육군무관학교에 입학했다가 1909년 일본에 의해 육군무관학교가 폐교되자 일본 육군유년학교에 편입했다. 이후 1912년 일본 육사에 진학했고 1914년 제26기로 졸업했다. 일본군 보병 소위로 임관한 그는 1915년 다이쇼 천황 대례기념장을 받았고, 제1차 세계대전에서 시베리아로 3년간 출전해 많은 전공을 세웠다. 1923년 일본군 보병 대위로 승진하고 다음 달 예편했으며, 정주 오산학교를 거쳐 배재중학교에서 15년간 역사와 지리를 가르쳤다. 1928년 쇼와 천황 대례기념장을 받았고, 1931년 부인이 서울에서 혼례 의상 및 용구를 대여해주는 근대적 혼례 서비스 사업으로 번창하자, 교직을 그만두고 광복이 될 때까지 이를 운영했다. 1937년 경성 재향군인회 이사를 지냈고, 광복 이후, 예비군의 일종인 호국군 소령으로 임관해 한 달 후 중령으로 올라갔다. 1950년 경남 지구 병사구 사령부 참모장, 제101사단 제102연대장, 경남 병사구 사령관, 육군 병사부 사령관, 서울 지구 민사부장 등을 거쳐 1954년 경남 병사구 사령관을 역임하고, 육군 준장으로 진급한 뒤 예편했다.

김진우
1883~1950

서화가, 독립운동가. 의암 유인석의 제자다. 사군자 중에서도 특히 대나무를 잘 그렸으며, 유작으로 1918년에 그린 〈묵죽도〉와 〈죽석도〉 등이 있다. 1919년 대한민국임시정부 의정원 강원도 대표 의원을 지냈고, 1921년 귀국해 독립운동을 하다가 3년 징역형을 받았다. 일제 말기 여운형 등과 함께 건국동맹을 결성했다.

김창룡
1916~1956
親日

일본 군인, 친일 반민족 행위자, 한국군 장군. 함경남도 영흥 출신이다. 일본 관동군 헌병보조원으로 근무했고 조선과 중국의 항일 조직을 정탐하는 임무를 담당했다. 1941년 소련-만주 국경 부근에 파견되어 중국공산당과 소련에 대한 첩보 활동을 수행했고, 1943년 지하공작을 통해 중국공산당 거물 왕진리 검거에 결정적인 공을 세웠다. 관동군 헌병대는 왕진리를 이용해 조직원 50여 명을 체포했다. 이 공로로 헌병 오장으로 특진했다. 1943년부터 공장 지대를 중심으로 암약하면서 50여 건이 넘는 항일 조직을 적발했고, 일제 패망 이후 고향인 영흥으로 돌아왔다. 소련 군정에 의해 전범으로 체포돼 사형선고를 받았으나, 월남하는 데 성공했다. 월남 이후 만주군 대위 출신인 김백일의 추천으로 조선경비사관학교에 제3기로 입교했다. 1947년 소위로 임관했고, 국방경비대 제1연대 정보주임 보좌관으로 임명돼 이른바 '숙군 작업'을 대대적으로 벌이고 좌익 세력 숙청에 주력했다. 1948년 여순사건이 일어나자 남로당 군사부 책임자 이재복, 박정희 등을 검거하고 특진했다. 1949년 7월까지 숙군 작업으로 군 병력의 5퍼센트에 달하는 4,749명을 처벌했는데, 이 과정에서 극단적 반공주의와 성과주의로 무고한 사람들을 고문·조작했다는 비난을 받았다. 1949년 육군 정보국 방첩대 대장으로 임명됐고, 중령으로 진급했다. 방첩대장으로 임명된 직후에 김구 암살 사건이 발생하자, 범인 안두희를 특무대 영창으로 범행 당일 이감해 특별 배려하면서 배후 은폐에 가담했다. 안두희 감형과 군 복귀에 직접 관여했으며 대령 예편 이후에도 후견인 역할을 맡았다. 1950년 6·25전쟁이 발발하자 경남 지구 방첩대 대장으로 임명됐고, 10월에 군·검·경 합동수사본부장으로 부임했다. 대령 진급 이후 서울을 중심으로 부역자 처벌을 주도했으며, 이로 인해 이승만 대통령의 절대적 신임을 얻었다. 많은 조작 사건으로 사람들에게 피해를 입혔다는 비판을 받아 합동수사본부가 해체하자, 육군 특무부대장으로서 이승만 대통령의 적극적인 지원 아래 각종 공안 사건을 지휘했다. 그가 처리한 수많은 공안 사건의 상당수는 정치적 목적이나 개인적 성과주의에 의해 조작됐다는 강력한 비판을 받는다. 군대 내 후생 차량 부정과 군 장병 월동용 원면 불법 매각 사건을 조사하던 중 1956년 출근길에 과거 부하였던 육군 대령 허태영의 사주를 받은 사람들의 총격으로 사망했다. 사망 당일 육군 중장으로 추서됐고 최초의 국군장으로 장례가 치러져 사설 묘역에 안장됐다. 묘비 앞면 묘주명은 이승만 대통령이 썼고, 묘갈명은 사학자 이병도가 지었다. 1998년 특무 부대의 후신인 국군기무사령부의 각별한 노력으로 대전현충원에 이장됐다.

김창만
1907~1966

독립운동가, 북한 정치인. 함경남도 영흥 출신이다. 중국 광둥 중산대학 재학 시절 김구의 측근인 안공근의 지시에 따라 한국국민당청년단을 결성했다. 중일전쟁 발발 이후 난징에서 조선민족혁명당에 입당했고, 중국 육군중앙군관학교를 졸업했다. 1939년 조선의용대 유동선전대 대장을 맡아 후베이성 제5전구와 시안 일대에서 활약했다. 1941년 화베이 팔로군 근거지로 이동했으며, 1942년 화북조선독립동맹 중앙집행위원 및 조선의용군 화북지대 정치위원으로 선임됐다. 1944년부터 화북조선독립동맹 적구공작반 선전 책임자로 활동했다. 광복 이후 북한으로 귀국, 1946년 북조선노동당 선전선동부장, 1949년 조국통일민주주의전선 중앙위원, 1953년 조선노동당 황해남도 위원장, 1956년 교육상, 1957년 최고인민회의 대의원, 내각 부수상 등을 지냈으나 1966년 숙청당했다.

김창영
1891~1967
親日

관료. 친일 반민족 행위자. 평안북도 강계 출신이다. 1916년 교토 리츠메이칸대학 법과를 졸업했고, 1917년 평안북도 강계군 공북면장을 지냈다. 이후 강원도 경찰부장 추천으로 경찰에 입문해 활동했다. 1933년 전라북도 금산군수에 임명됐으며, 금산군 농회 회장과 금산군 미곡통제조합 조합장 등을 함께 맡았다. 1937년 미나미 총독의 시정방침인 '선만일여'로 인해 만주로 전입, 만주국 치안부 경무사 사무관에 임명됐다. 1938년 동북항일연군 제1로군 제1군장 양징위의 부하인 여단장 뤼사오차이 등 항일 무장 세력 약 700여 명을 귀순시키는 등 만주국 치안부 경무사 사무관 및 이사관으로 일하면서 주로 일제의 치안숙정공작에 적극 협력, 동북항일연군 등 항일 무장 세력 체포 및 귀순 공작을 적극 수행했다. 1940년 동북항일연군 제1로군 제2군 참모장 박득범 이하 5명을 체포했고, 제1로군 제2군 제1단장 최현 부대의 무기 및 탄약을 탈취했다. 1942~1943년 숙청 공작을 추진, 최현의 참모인 임수산 이하 30여 명, 제1로군 제2군 제6사단장인 김일성의 부하 김재범 이하 6명 등 수백여 명의 항일 무장 독립군을 체포했다. 1943년 국내로 복귀해 전라남도 참여관 겸 전라남도 산업부 사무관 등으로 일했고, 전쟁 말기 화순의 무연탄 채굴 사업, 목재 반출 및 제재, 송탄유 산출, 기타 각종 군수물자 공출, 조선인 노무자 징용 등에 앞장서 일제 침략 전쟁에 적극 부역했다. 광복 후 반민특위에 체포됐고 공민권 정지 3년 형을 선고받았다.

김태진
1905~1949
親日

배우, 극작가, 친일 반민족 행위자. 황해도 원산 출신으로, 1923년 함흥에 공연 온 극단 예림회에 입단해 간도 순회공연에 참여하면서 연극계에 입문했다. 예림회 해산 후인 1924년 일본인들이 부산에 설립한 조선키네마주식회사에 들어가 엑스트라로 출연했다. 1925년 이경손 감독이 고려키네마에서 만든 〈개척자〉에서 비중 있는 배역을 맡았으며, 이 영화부터 남궁운이라는 예명을 썼다. 1927년 황운 감독의 〈낙원을 찾는 무리들〉 등 잇달아 여러 영화에서 비중 있는 배역을 맡아 영화배우로서 이름을 알렸다. 이 시기부터 좌파 사상에 공감하고, 좌파 영화인 김유영, 임화 등과 교유하면서 본격적인 좌파 예술운동에 뛰어들었고 1929년 신흥 영화예술가 동맹에 창립 멤버로 참여했다. 1933년 좌파 극단인 신건설, 동방키노 등에 참여했다가 구속됐다. 1940년

대 전반 친일 희곡들을 대거 집필했고, '총후 국민의 시국 정신'을 앙양할 목적으로 1941년 극단 성군에서 〈백마강〉을 집필했으며, 1942년 근로보국대를 미화하고 선전한 극본 〈행복의 계시〉를 집필했다. 1943년 극단 태양에서 반미 의식을 고취하는 내용의 연극 〈그 전날 밤〉의 극본을 집필했으며, 1944년 징병을 선전한 극본 〈성난 아시아〉를 공동 집필했다. 광복 직후 좌파 진영인 조선연극건설본부, 조선프롤레타리아연극동맹을 거쳐 두 조직이 통합된 조선연극동맹에서 극작가로 활동했다. 1947년 월북했고, 1949년 질병으로 사망했다. 북한에서는 그를 사회주의, 사실주의 연극과 영화에 기여한 예술가로 평가한다.

김태흡
1899~1989
親日

종교인, 친일 반민족 행위자. 서울 출신으로 1905년 심원사에서 출가했고, 1918년 법주사 대교과를 졸업했다. 1920년 일본에 유학해 인도철학과 종교학을 장기간 공부했으며, 1922년 일본에서 열린 조선 순회 불교 강연회에 참석하기도 했다. 1926년 니혼대학 종교과를 졸업했고, 1928년 니혼대학 고등사범부 국한과를 졸업했다. 조선으로 귀국한 뒤부터 조선불교 중앙교무원에서 포교사로 일했다. 불교계 인물로는 처음으로 경성방송국의 라디오방송을 통해 일반인들에게 불교의 가르침을 전했다. 1929년 1월과 10월에 각각 '소크라테스의 윤리 철학과 불교의 실천 도덕', '가정 평화의 묘체'란 제목으로 방송을 했으며, 1930년 이후 많은 찬불가와 희곡(1931년) 작품을 창작했고 1932년 직접 연극을 연출했다. 1935년 8월 5일부터 1944년 4월 15일까지 〈불교시보〉를 발행하는 동안 친일 활동에 적극 앞장섰다. 〈불교시보〉는 조선총독부 황민화 정책의 일환인 심전개발운동을 적극 홍보하고 보도했으며, 김태흡은 심전 개발과 관련된 강연 활동에 참가해 전국을 다니며 많은 강연을 했다. 특히 중일전쟁과 태평양전쟁 기간에는 일본의 침략 전쟁을 옹호하는 기사와 사설을 〈불교시보〉에 다수 실었고, 시국 강연을 병행하며 전쟁 지원에 앞장섰다. 특히, 스스로 창씨개명을 한 뒤 창씨개명 홍보와 이를 뒷받침하는 논리 개발에 적극 나섰다. 이런 활동으로 인해 '조선 제일의 친일 포교사'였다는 평가가 있다. 광복 후 팔만대장경 한글 번역에 종사하는 등 저술 활동을 했다.

김학철
1916~2001

작가, 조선의용대원. 함경남도 원산 출신으로 서울 보성고등보통학교 재학 중 중국 상하이로 갔다. 그곳에서 의열단의 후신인 조선민족혁명당에 입당해 독립운동을 하다가 황푸군관학교에 입교했다. 졸업 후 1938년 중국 만주 지역 항일 무장 독립 부대인 조선의용대의 분대장으로 활동했다. 1940년 8월 중국공산당에 입당, 이듬해 펑더

화이가 이끄는 팔로군에 합류했고, 1941년 타이항산에서 전투를 하던 중 포로로 잡혀 나가사키 형무소에 수감 복역 중 광복이 되어 석방됐다. 서울로 돌아와 1945년 단편 소설 〈지네〉를 발표하며 활발한 작품 활동과 공산당 활동을 펼치다 가 1946년 이승만 정권에 반대해 월북했다. 북한에서 〈로동신문〉 기자로 일했고, 1952년 중국 옌벤에 정착해 창작 활동 중 구속 수 감됐다. 1980년 복권됐고, 2001년 9월 25일 사망했다. 옌벤에서 장편소설 《격정시대》, 《20세기의 신화》, 《해란강아 말하라》, 소 설집 《무명소졸》, 자서전 《최후의 분대장》 등 많은 작 품을 창작했고, 2001년 6월 자전 수필을 모은 산문 집 《우렁이 속 같은 세상》을 출간했다.

김해송
1911~?
親日

가수, 작곡가; 친일 반민족 행위자. 평안남도 개천 출신이다. 1935년 오케레코드사에 입사, 자작곡 〈항구의 서정〉을 통해 가수 겸 작곡가로 활동을 시작했다. 1936년 여가 수 이난영과 결혼했으며, 1937년 장세정이 불러 크게 성공한 〈연락선은 떠난다〉와 〈잘 있거라 단발령〉 등을 작곡했다. 1938년 발표한 〈전화일기〉, 〈사나이 걷는 길〉 등 은 치안방해 등의 이유로 판매 금지 및 가두 연주 금지를 당했다. 1940년 반도애국호 자금 모집 및 북지 일본군 위문을 위한 매일신보사 베이징 지국 초청 순회공연에서 공연했다. 1942년 조선군 보도부가 내선일체와 지원병제도 선전을 위해 제작한 영화 〈그대와 나〉(감독 허영)의 주제가를 작곡했다. 이 외에도 조명암이 작사하고 박향림 이 노래한 〈총후의 자장가〉, 조명암이 작사하고 남인수, 이난영이 노래한 〈이천오백 만 감격〉 등을 작곡했다. 태평양전쟁 말기인 1944년 약초극장 전속 극단인 약초가극 단을 조직했으며, 같은 해 12월 조선흥행협회 주최로 개최된 대동아전쟁 3주년 기념 헌익예능대회에서 약초가극단이 공연한 〈승리의 노래〉 음악을 담당했다. 광복 이후 1945년 8월 조선문화건설중앙협의회 무대음악무용부 집행위원을 거쳐, 12월 KPK악 단을 조직했다. 이후 1949년 〈육탄 십용사〉 등의 대규모 뮤지컬을 KPK악단을 통해 공연했다. 6·25전쟁 당시 서울에 남아 있다가 납북되던 중 사망한 것으로 전해진다.

나웅
1909~?
親日

배우, 연출가, 친일 반민족 행위자. 서울 출신이다. 대륙키네마사의 창립 작품인 〈나 의 친구여〉로 데뷔했다. 1928년에 주로 대륙키네마사에서 활동하며 두 편의 영화에 더 출연했다. 이 당시 신인 배우의 면모를 막 벗어났음에도 불구하고 대륙키네마사가 야심차게 준비한 해외 로케이션 작품의 주인공을 맡는 기염을 토했다. 1929년 좌파

적 성향을 드러내며 프롤레타리아 영화 단체에 가입해 활동했고, 1932년 영화와 연극 관련 잡지《신흥예술》창간에 관여해 원고를 집필했다. 이 잡지는 신흥예술사에서 연극, 영화, 미술, 문예를 포함하는 종합잡지로 창간됐다. 집필자 중에는 김유영, 서광제, 석일양 등 좌파 성향 지식인이 다수 포함돼 있었다. 좌익 성향의 극단 신건설에서 연출가로 활동했는데, 1934년 5월에 접어들어 신건설이 일제 당국의 조직적 탄압을 받게 되면서 검거됐고 재판에 회부되기도 했다. 신건설사건 이후 시국대응전선사상 보국연맹 경성 지부 간사로 참여했다. 연극계에서도 활동하며 1940년 2월 부민관 무대에 오른〈춘향전〉(유치진 각색), 1941년 3월〈마의 태자와 낙랑공주〉(유치진 작) 등을 연출했다. 1943년 친일 영화〈우르러라 창공〉에 출연했고, 광복 후 조선영화동맹에서 활동했다. 이후 월북했다.

나항윤
1918~1997
親日

법조인, 친일 반민족 행위자. 충청남도 서천 출신이다. 와세다대학에 재학 중이던 1940년 일본 고등문관시험 사법과에 합격했고 대구지방법원 검사 대리, 예비 판사, 판사로 근무했다. 이때 다수 독립운동가들의 재판에 참여했고, 광복 이후에도 판사로 재직하며 현재의 대법관인 대법원 판사에 임명됐다.

남인수
1918~1962
親日

가수, 친일 반민족 행위자. 경상남도 진주 출신으로 최씨 집안에서 태어나 처음 이름이 최창수였다. 1935년 말에서 1936년에 시에론레코드사의 가수로 선발됐고, 1936년 2월〈눈물의 해협〉으로 데뷔했다. 그해 다시 오케레코드사로 이적, 1938년 이부풍 작사, 박시춘 작곡의〈애수의 소야곡〉으로 명성을 얻었고, 1943년까지 전속 가수로〈돈도 싫소, 사랑도 싫소〉등 130여 곡을 발표했다. 1938년에 발표된〈기로의 황혼〉은 치안방해의 명목으로 가두 연주 금지 처분을 받았다. 1942년 조명암이 작사하고, 김해송이 작·편곡한〈강남의 나팔수〉를 비롯해 조선군 보도부에서 지원병제도를 선전하기 위해 제작한 영화〈그대와 나〉(감독 허영)의 주제가인〈그대와 나〉(조명암 작사, 김해송 작·편곡) 등을 불렀다. 태평양전쟁 말기 음반 제작이 중단된 1944년 이후 약초가극단 등에 소속되어 무대에서 활동했으며, 1944년 9월 조선연극문화협회가 주최한 연극〈성난 아시아〉에 출연했다. 광복 이후 여러 악극단에서 무대 공연 중심으로 활동하다가 1947년 이후〈가거라 삼팔선〉등을 불렀다. 1949년 발매된〈여수야화〉의 경우 정부와는 다른 입장에서 여수·순천10·19사건을 다루어 판매 금지를 당했다. 6·25 전쟁 중에 국방부 정훈국 문예 중대 소속으로 군 위문 활동을 했고, 이후〈이별의 부산 정거장〉,〈추억의 소야곡〉등 다수의 곡을 발표했다. 1957년 대한레코드가수협회를 창설해 초대 회장이 됐고, 1960년 전국공연단체연합회 회장, 1961년 한국무대예술협의회 이사 등을 역임했다.

노기남
1901~1984
親日

종교인, 친일 반민족 행위자. 평안남도 중화 출신이다. 세례명은 바오로. 1930년 사제로 서품되어 종현성당(현 명동성당) 보좌신부로 있으면서 부속학교인 계성보통학교의 운영을 맡았다. 1937년 '황군에 대한 무운 장구 및 국위 선양 기도회'에 참석해 시국 강연을 했고, 1939년 국민정신총동원 천주교 경성교구연맹 이사를 맡는 등 중일전쟁 시기 활발한 친일 반민족 행위를 천주교에서 주도했다. 이후 1940년 국민총력 천주교 경성교구연맹으로 개편할 때 이사장을 맡아 매월 첫째 주일을 애국 주일로 지키며, 애국 주일에는 무운 장구 기원 미사제를 열고 애국식, 시국 강론, 신궁·신사 참배 등을 지시했다. 1944년 조선전시종교보국회 창설 때 천주교를 대표해 이사로 참여했으며 해방 후 서울대교구장을 지냈고, 1962년 대주교에 임명됐다.

노능서
1923~2014

한국광복군. 평안남도 용강 출신이다. 본명은 서철준. 일본 중앙대학 법학부 중퇴 후 고향에 머물다 일본 학도병으로 징집됐으나 중국에서 탈출한 후 한국광복군에 합류했다. 제3지대에 입대했고 뒤이어 제2지대에 편입되어 제2지구 전라도반에서 활동했다. 한국광복군에서 장준하, 김준엽과 함께 활동했으며, 미 전략정보국의 교습을 받고 국내진공작전을 계획했다가 일본의 항복으로 무산됐다. 1945년 8월 이범석 당시 한국광복군 참모장과 함께 여의도 비행장에 착륙했지만, 일본군의 저항으로 결국 중국으로 되돌아갔고, 같은 해 12월 귀국했다. 1990년 건국훈장 애족장 수훈.

노병한
1920~1945

독립운동가. 강원도 김화 출신이다. 1942년 일본군에서 인도네시아 자바섬의 연합군 포로 감시 임무를 맡았다. 그곳에서 반일 단체인 고려독립청년당에 가입했고, 손양섭, 민영학과 함께 일본군을 탈출해 일본군 군납업자와 형무소장을 사살했다. 이후 일본군에 쫓기다 손양섭과 서로 방아쇠를 당겨 자결했다. 2008년 건국훈장 애국장 수훈.

노수현
1899~1978
親日

화가, 친일 반민족 행위자. 황해도 곡산 출신으로 3·1운동 주요 인물 중 하나인 노헌용의 손자다. 1915년 서화미술회 부설 강습소 화과에 입학해 안중식, 조석진 등에게 그림을 배웠다. 1917년 김윤식이 조선총독부의 후원으로 개최한 문예 백일장인 시문서화의과대회(詩文書畵擬科大會) 그림 부문에서 1등을 했다. 1918년 졸업 이후 안중식의 화실인 경묵당에서 이상범 등과 함께 수학했다. 호인 심산을 이때 안중식에게 받았다. 1920년 김은호, 오일영 등과 창덕궁 벽화 제작에 참여, 〈조일선관〉을 그렸다. 1921년부터 1935년까지 서화협회전람회에 정회원으로서 매년 출품했다. 1922년 제1회 조선미술전람회에 입선했고, 이듬해인 제2회에서 수묵채색화 부문 3등을 차지했으며, 1926년 제5회에서 특선상을 받았다. 1921년 동아일보사에 입사, 미술부 기자를 담당했고 1923년 조선일보사로 옮겨 네 컷 만화 〈멍텅구리 헛물켜기〉를 수차례 연재했다. 1941년 잡지《신시대》에 일제의 시국 생활 규범과 총동원 체제에 대한 호응을 내용으로 하는 중편 만화 〈멍텅구리〉를 여러 차례 연재했으며, 1942년 황군 위문 부채 그림을 조선총독부에 헌납했고, 18~19세기 일본에서 유행한 남화의 연구·발표를 목적으로 조선남화연맹을 조직, 제1회 남화연맹전람회에 참여했다. 당시 출품작 수익금은 모두 일본군에 헌납했다. 광복 이후 조선미술건설본부 동양화부 위원장을 맡았고, 1946년 서울대학교 미술대학 교수가 됐고 1961년 동양화과 교수로 정년퇴직, 명예교수가 됐다. 1974년 은관문화훈장 수훈.

노용호
1904~1970
親日

법조인, 친일 반민족 행위자. 충청남도 서천 출신이다. 일본 교토제국대학 법학부를 졸업하고, 사법관 시보를 거쳐 조선총독부 판사로 임용된 뒤, 일제강점기 동안 대구복심법원 판사와 부산지방법원, 경성지방법원 판사를 역임했다. 1943년 기준으로 고등관 4등에 이르렀다. 미 군정하에서 남조선과도입법의원 부사무장을 맡았고, 대구고등법원 원장, 국회의원선거위원회 사무차장, 국회사무처 사무차장 겸 법제조사부장, 헌법기초위원회 전문위원, 대법원 초대 법원행정처장, 법전편찬위원회 위원 등을 거쳤다. 이후 변호사를 개업해 활동했다.

노천명
1911~1957
親日

시인, 친일 반민족 행위자. 황해도 장연에서 태어나 1930년 진명여학교를 졸업했다. 그해 이화여자전문학교 영문과에 입학했고 재학 당시《신동아》1932년 6월 호에 〈밤의 찬미〉를 발표하면서 등단했다. 1934년 졸업 이후 〈조선중앙일보〉에 입사, 학예부 기자로 근무했다. 1938년 대표작인 〈사슴〉을 비롯한 〈자화상〉 등이 실린 시집《산호림》을 출간했다. 1941년 8월 조선문인협회 간사가 됐고, 같은 해 조선문인협회가 주최한 결전 문화 대강연회에 참가해 시를 낭독했다. 12월에 조선임전보국단 산하 부인대 간사를 맡았고, 후방인 총후에서 여성들의 역할을 강조하는 '전쟁은 이제부터 본격 시작-동양의 평화를 지키자'를 〈매일신보〉 1941년 12월 12일 자에 실었다. 대동아공영권 건설의 당위성을 강조한 '싱가폴 함락'을 〈매일신보〉 1942년 2월 19일 자에 발표하는 등 친일 관련 시 여러 편을 발표했고, 〈매일신보〉 1944년 12월 6일 자에 가미카제로 나가 사망한 조선인들을 추모, 미화하는 시 '신익 - 마쓰이 오장 영전에'를 실었으며, 1944년 12월 〈매일신보(사진판)〉에 시 〈군신송〉을 썼다. 해방 이후 〈매일신보〉의 후신인 〈서울신문〉에서 1946년까지 근무했으며, 6·25전쟁 당시 서울에 남았다가 문학가 동맹 및 문화인 총궐기대회 등의 부역 활동에 참했다. 이로 인해 9·28수복 이후 부역자처벌특별법에 의거, 20년 형을 선고받고 서대문 형무소에 수감됐으나 여러 문인들의 구명운동으로 1951년 4월 출감했고 가톨릭에 입교해 영세를 받았다. 이듬해 부역 혐의에 대한 해명의 내용을 담은 〈오산이었다〉를 발표했다. 1957년 6월 16일 사망했다. 2001년 노천명문학상이 제정됐다.

모윤숙
1909 ~ 1990
親日

시인, 친일 반민족 행위자. 함경남도 원산 출신으로 1931년 이화여자전문학교 영문과를 졸업하고 북간도 룽정의 명신여학교 교사로 부임했다. 1932년 배화여자고등보통학교 교사가 됐고, 1934년 보성전문학교 교수였던 안호상과 결혼했다. 1935년 경성중앙방송국, 1938년 《삼천리》에서 활동했다. 1933년 첫 시집 《빛나는 지역》을 발표했고, 1937년 《렌의 애가》를 출간했다. 1940년부터 친일 단체 조선문인협회 등에서 활동하며 친일적인 시와 글을 발표했다. 1941년 조선임전보국단 결전부인대회에서 '여성도 전사다'라는 연설을 했고, 계속 지원병을 독려하는 행사에 참여해 강연을 이어나갔다. 1945년 7월 국민의용대의 경성부 연합 국민의용대 결성식에 참석했고, 1947년 10월 파리에서 열린 제3차 유엔총회에 한국 대표로 참가했으며, 1950년 한양여성클럽, 대한여자청년단총본부 등 여성단체의 대표를 맡았다. 1947년 시집 《옥비녀》를 출간하는 등 문학 활동을 계속했으며, 1951년부터 이화여자대학에서 강의를 했다. 1969년 여류문인협회 회장이 됐고, 1970년 민주공화당의 전국구 국회의원이 됐다. 이후 문예 활동과 사회 활동을 이어가다가 1990년 6월 7일 사망했다. 2009년 친일반민족행위 진상규명위원회가 발표한 친일반민족행위 705인 명단에 포함됐다. 1970년 국민훈장 모란장, 1990년 금관문화훈장 수훈.

무정
1905~1952

사회주의 독립운동가, 북한군 장군. 함경북도 경성 출신이다. 본명은 김병희, 무정은 별명이다. 어린 나이에 가정 형편 때문에 서울로 이주했다가 14세 때 3·1운동에 동참했다. 1923년 중앙고등보통학교를 중퇴하고 중국으로 건너갔고 1924년 중국 바오딩군관학교에 입학, 졸업했다. 1925년 중국공산당에 가입했고 상하이에서 활동했다. 중국국민당이 공산당을 공격하자 루이진에서 중국 홍군에 입대했다. 1934년 10월부터 시작된 대장정에 참여했고, 1937년 8월 홍군이 중국 국민혁명군 제8로군으로 개칭된 후에 총부 작전과장을 맡았다. 이듬해 포병단 단장에 올랐고, 1940년 포병대를 이끌고 팔로군이 화베이의 일본군에게 총공세를 펼친 백단대전에 참전했다. 이로써 옌안파의 핵심 인물이 됐고, 1941년 1월 타이항산에서 화북조선청년연합회를 조직해 회장에 올랐다. 1942년 7월 조선의용군을 조직해 총사령이 됐고, 같은 해 타이항산에서 화북조선혁명군사학교를 창설했다. 해방 후 북한으로 입국해 1946년 2월 북조선임시인민위원회 중앙위원, 1948년 3월 조선노동당 제2차 당대회 중앙위원 등에 선출되는 등 요직을 맡았다. 6·25전쟁이 발발하자 제2군단장에 임명됐고, 인천상륙작전 이후 인민군이 퇴각할 때 수도(평양)방위사령관을 맡았다. 1950년 12월 4일 조선노동당 중앙위원회 제3차 정기대회에서 패전에 대한 문책이 이루어져 불법 살인, 명령 불복종 죄로 숙청됐다. 중국 측의 요구로 중국으로 건너갔다가 1951년 북한으로 귀국한 후 병사했다. 북한 애국열사릉에 묻혔다.

문응국
1921~1996

한국광복군. 황해도 안악 출신이다. 1938년 한국청년전지공작대에서 지하운동을 전개했고, 한국광복군 창설 당시 제5지대에 들어갔다. 1942년 광복군 총사령부에 근무했으며, 이듬해 인도 주재 아시아사령부로 파견되어 일어 문서 취급, 포로 심문, 대적 공작 등으로 활약했다. 광복 이후 광복군 난징 지대 정치지도원으로 임명됐다.

문한우
1921~2000

독립운동가. 서울 출신으로 1943년 연희전문학교에 재학하던 중 학우들과 함께 항일성향의 토론회를 개최했다가 경찰에 체포되어 징역 1년, 집행유예 2년을 언도받았다. 이후 1944년 1월 20일 일본군 대구 제24부대에 강제징병됐다. 대구 제24부대에 모집된 학병 중 김이현 등과 함께 집단 항쟁을 계획했다. 먼저 탄약고 폭파 및 무기 탈취, 독극물로 일본군을 몰살한 후 집단 탈출하여 국외로 나가서 독립군에 가담한다는 계획을 세웠지만 독극물로 일본군을 몰살한다거나 무기를 탈취하는 것이 어렵게 되자, 일단 집단 탈출을 시도하기로 결심했다. 그 후 1944년 8월 8일 동지 6명과 부대 내 하수구를 통해 탈출에 성공한 뒤 팔공산에 입산했다. 그러나 이들의 탈출을 감지한 일본군 및 경찰의 추격이 따르자 권혁조와 한 조를 이루어 안동에 잠입한 뒤 서울로 가기 위해 역으로 나갔다가 체포됐다. 이후 3개월 동안 혹독한 고문을 받고 1944년 12월 조선군 임시군법회의에서 징역 5년을 선고받았으며 오쿠라 육군형무소에서 옥고를 치르다 광복 직후 출옥했다. 이후 조국으로 귀환해 조용히 지내다 2000년 5월 30일 사망했다. 1990년 건국훈장 애족장 수훈.

민복기
1913~2007
親日

법조인, 친일 반민족 행위자. 궁내부 대신, 중추원 부의장을 지낸 민병석의 아들로 태어나 1937년 경성제국대학 법문학부를 졸업하고, 일본 고등문관시험 사법과에 합격했다. 1938년 사법관 시보를 거쳐 1940년 경성지법 판사, 1945년 경성복심법원 판사가 됐다. 이 시기 독립운동가의 유죄판결에 영향을 끼쳐 비판을 받았다. 해방 후 서울지법 부장판사가 됐고, 법률심의국장, 법무부 검찰국장 등을 역임하다가 1950년 이승만 대통령의 비서관이 됐다. 1951년 11월부터 법무부 차관을 맡는 등 요직을 거쳐 1955년 제5대 검찰총장이 됐다. 퇴임 후 변호사로 재직하다가 5·16군사정변 이후 대법원 판사로 복귀했고, 1963년 제16대 법무부 장관이 됐다. 1968년 제5대 대법원장에 취임했고 1973년 연임돼 1978년까지 10년 2개월간 재직하여 최장수 대법원장이 됐다. 1975년 4월 9일 이른바 인혁당사건의 상고를 기각하고 8명의 피고인에게 사형을 선고했다. 18시간 만에 피고인들에게 사형이 집행되자 재판부는 초유의 사법 살인이라는 오명을 쓰게 됐고, 국제법학자협회는 이날을 사법사상 암흑의 날로 선포했다. 대법원장 퇴임 이후에도 1980년 국정자문위원을 맡는 등 주요한 역할을 했다. 1978년 국민훈장 무궁화장 수훈.

민영학
1916~1945

독립운동가. 충청북도 영동 출신이다. 1944년 일본군 소속으로 인도네시아 자바에서 연합군 포로 감시 요원으로 복무하던 중, 같은 포로 감시 요원 손양섭의 권유로 반일단체 고려독립청년당에 가입했다. 1945년 손양섭, 노병한 등과 함께 일본군을 탈출하고, 일본인 형무소장과 군납업자 등을 총살하며 항일투쟁을 전개하던 중 일본군 총에 중상을 입자 자결했다. 2008년 건국훈장 애국장 수훈.

민영휘

1852~1935

親日

대한제국 관료, 친일 반민족 행위자. 서울 출신으로 1877년 과거에 급제해 여러 관직을 두루 맡았다. 1887년 5월 도승지로서 주차 일본 관리대신에 임명돼 일본으로 건너갔고, 같은 해 12월에 돌아와 공조 참판을 맡았으며, 이후 평안도 관찰사, 강화부 유수, 공조 판서, 한성부 판윤, 이조 판서, 판의금부사, 예조 판서 등에 임명됐다. 1894년 병조 판서가 된 후 동학농민전쟁이 일어나자 위안스카이에게 군대 파병을 요청했고, 6월 일본의 압력으로 김홍집 내각이 수립되자 탐학을 이유로 전라도 임자도로 유배됐으나 탈출하여 청나라로 도피했다. 1895년 사면됐고 궁내부 특진관으로 복귀했으나 1896년 아관파천이 단행된 후 다시 교동군에 유배됐다가 풀려났고, 이후 대한제국에서 여러 요직을 두루 거쳤다. 1904년 사저에 광성의숙을 세웠고, 1905년 을사조약 체결에 앞장선 대신의 처벌을 상소했다. 1906년 고종의 명으로 광성의숙을 휘문의숙으로 개칭했다. 1907년 친일 보부상 단체인 동아개진교육회 찬성장으로 선출됐고, 7월에 궁내부 특진관이 되어 고종에게 헤이그밀사사건의 책임을 지고 양위할 것을 상소했다. 10월, 신사회(紳士會) 발기인 및 일본 황태자 순방 환영 위원장을 맡아 행사를 주도했다. 1909년 총리대신 이완용이 조직한 국민연설회 총대위원으로 참여하고 이후 합방 찬성 운동을 벌였다. 국권이 피탈되자 일본 정부로터 자작 작위와 은사금을 받았고, 조선귀족회 부회장에 선출되어 1912년 4월까지 재임했다. 이후로도 일제강점기 내내 총독부와 관련된 여러 요직을 맡으며 친일 행각을 벌였다. 1918년 휘문의숙은 휘문고등보통학교로 인가받았다. 2007년 친일반민족행위 진상규명위원회가 발표한 친일반민족행위 195인 명단에 포함됐으며, 친일반민족행위자 재산조사위원회에서 재산을 국가로 환수한다는 결정이 내려졌다.

민형식

1859~1931

親日

관료, 친일 반민족 행위자. 명성황후의 척족으로, 임오군란으로 실각한 명성황후가 충주로 몸을 피할 때 호종한 뒤 병조 참판, 형조 참판 등 고위 관직을 역임했다. 특히 병조의 요직과 함께 절도사, 삼도수군통제사 등을 지내며 국방 분야를 담당했다. 1894년 갑오개혁으로 김홍집의 친일 내각이 수립됐을 때 다른 척족들과 함께 탄핵을 받아 유배됐으나 곧 풀려나 다시 중용됐으며, 육군 부장과 참모관 등을 지내며 일제의 한일병합조약 체결에 협조해 일본 정부로부터 1910년 남작 작위를 받았다.

박마리아
1906~1960
親日

친일 반민족 행위자. 강릉 출신이다. 교역자인 어머니를 따라 개성으로 이주했고, 호수돈여자고등보통학교를 졸업했으며 이화여자전문학교 영문과를 졸업했다. 이후 미국으로 건너가 스칼릿대학과 피바디대학을 다녔으며 귀국 후 기독교여자청년회 (YWCA) 총무로 활동했다. 중일전쟁과 태평양전쟁이 벌어지자 일본의 침략 전쟁을 지원하는 친일 강연에 적극 참여했으며, 조선임전보국단에 가담하는 등 일제의 침략 전쟁에 적극 협력했다. 광복 후 남편인 이기붕이 이승만 대통령의 비서로 정계에 진출하도록 도왔으며, 본인은 대한걸스카우트 부회장, 이화여자대학교 부총장, YWCA 회장 등을 지냈다. 1960년 3·15 부정선거로 남편 이기붕이 부통령에 당선됐지만 4·19혁명이 일어나면서 자유당 정권이 붕괴됐고, 경무대로 피신했지만 4월 28일 권총으로 자살했다.

박부양
1905~1974
親日

관료, 친일 반민족 행위자. 경기도 고양 출신으로 을사오적 중 한 명인 박제순의 상속자다. 박제순이 1916년 사망하자 10대 초반의 나이에 자작 작위를 습작했다. 1923년 경성 제일고등보통학교를 졸업하고 조선총독부 관리가 됐다. 총독부에서 지방세 조사에 관한 사무를 촉탁받아 일했으며, 이후 군수와 중추원 서기를 지냈다. 일제강점기 동안 경제적으로 부유한 생활을 했다. 1925년 '청년 자작'으로 불리던 박부양이 당시 드물던 오토바이를 타고 가다가 낙상하는 사고를 당해 언론에 보도된 일이 있으며, 1937년 조선 귀족 모임인 동요회에서 이사를 맡았다. 1949년에 반민족행위처벌법에 따라 당연범으로 반민특위의 조사를 받고 검찰에 송치됐으나, 반민특위 활동이 무산되면서 처벌은 받지 않았다.

박승환
1869~1907

대한제국 군인, 애국지사. 서울 출신이다. 군대에 복무한 지 10여 년 만에 육군 참령이 됐다. 1895년 10월 일제가 명성황후시해사건을 자행하자 통분하여 일본인에 보복하고자 했으나 기회를 얻지 못했다. 1907년 7월 일제가 헤이그특사사건을 구실로 고종을 강제 양위시킬 때, 궁중에서 거사해 이를 저지하고자 했으나 화가 황제에게 미칠 것을 염려하고 중단했다. 시위대 제1연대 제1대대장으로 있을 때인 1907년 8월 1일, 일제가 대한제국 군대의 해산 통고를 하려고 새벽에 대대장 이상의 장교를 일제 통감의 관저인 대관정에 집합시켰으나, 병을 핑계로 불참했다. 오전 10시 일제가 군대 해산식을 강행하자 크게 분개해 "군인은 국가를 위해 경비함이 직책이어늘 이제 외국이 침략하고 있음에도 불구하고 홀연히 군대를 해산하니, 이는 황제의 뜻이 아니요 적신이 황명을 위조함이니 내 죽을지언정 명을 받을 수 없다"고 했다. 그리고 대

대장실에서 "군인이 능히 나라를 지키지 못하고 신하가 능히 충성을 다하지 못하면 만 번 죽어도 아깝지 않다"는 유서를 쓰고 "대한제국 만세!"를 외친 다음 권총으로 자결했다. 이를 보고 있던 장병들이 박승환의 자결을 모든 부대에 전하니 부대 장병들이 분격하여 탄약고를 부수고 탄환을 꺼내 무장봉기했다. 장병들은 일본군과 총격전을 벌이며 전투에 들어갔으며, 전투가 끝난 뒤에 상당수 군인이 의병으로 전환했다.

박시춘
1913~1996
親日

작곡가, 친일 반민족 행위자. 경상남도 밀양 출신. 부친이 기생 양성소인 권번을 운영한 영향으로 어릴 때부터 음악을 쉽게 접할 수 있었다. 유랑 극단에서 악기를 연주하다 시에론레코드의 이서구, 박영호를 만나 작곡가로 입문했다. 1938년 남인수가 불러 큰 반향을 얻은 〈애수의 소야곡〉으로 두 사람은 절정의 인기를 누렸다. 이후 〈고향초〉, 〈가거라 삼팔선〉, 〈신라의 달밤〉, 〈비 내리는 고모령〉, 〈낭랑 십팔 세〉, 신세영이 부른 〈전선야곡〉, 〈전우여 잘 자라〉, 〈굳세어라 금순아〉, 〈이별의 부산 정거장〉, 〈럭키 서울〉 등 수많은 히트곡을 발표했으며, 태평양전쟁 시기에 지원병으로 참전하는 것이 소원이라는 내용의 〈혈서지원〉을 비롯해 〈아들의 혈서〉, 〈결사대의 안해〉, 〈목단강 편지〉 등의 친일 가요를 작곡했다. 한국전쟁에 대한민국 해군 정훈국 소속으로 참전했다. 전중 가요 〈전우여 잘 자라〉는 이때 작곡한 곡이다. 1982년 문화훈장 수훈.

박일우
1903~1955

조선의용군, 북한 정치가. 함경북도 회령 출신이다. 룽징에서 교사로 재직하다 중국공산당에 가입했다. 1940년 간부학교를 졸업하고, 1942년 조선독립동맹 창립에 주도적인 역할을 했다. 조선의용군이 창설되자 부사령관에 취임했고, 1945년 조선혁명군정학교 부교장이 됐다. 1945년 11월 조선의용군과 함께 북한으로 귀국했으며, 1946년 8월 북조선노동당 중앙위원회 상무위원, 1949년 내무상, 1951년 정치보위상, 1953년 체신상을 맡는 등 북한 정권의 요직을 두루 거쳤다. 하지만 김일성 일인 독재 체제가 강화되는 과정에서 김일성의 지시에 반대하는 주장을 하여 눈 밖에 나기 시작했다. 옌안파 숙청 등의 문제를 놓고 의견 충돌을 벌였고, 결국 1955년 박헌영이 숙청당할 때 남로당에 가담했다는 이유로 함께 숙청당했다.

박임항
1919~1985
親日

만주국 군인, 친일 반민족 행위자, 한국군 장군. 함경남도 홍원에서 소학교를 졸업하고 간도로 건너가 룽징의 광명중학에 진학했다. 이후 신징군관학교 제1기를 수석으로 입학 및 졸업하고, 1940년 일본 육군사관학교로 건너가 1942년 졸업했다. 다시 펑톈 육군비행학교 조종과를 졸업하고 만주군 항공병 중위가 됐다. 박정희의 신징군관학교 1년 선배다. 해방 이후 귀국해 여운형의 건국준비위원회에서 일했고, 여운형이 남북협상을 위해 평양에 갔을 때 비서로 동행했다. 이후 북한의 강요로 조선인민군 창설에 역할을 했고, 미림자동차공장의 공장장도 맡았다. 하지만 불안을 느끼고 1947년 말 다시 몰래 서울로 돌아왔다. 1948년 육군사관학교를 졸업해 대위로 임관했으며, 이후 보병 제1사단장, 육군보병학교장, 제6관구 사령관 등을 역임하고 국방연구원 초대 원장이 됐다. 5·16군사정변이 일어나자 국가재건최고회의 최고위원 겸 제1군 사령관이 됐으며, 1962년 건설부 장관에 취임했다. 1963년 반혁명사건에 연루되어 투옥됐으나, 1966년 형 집행정지로 석방됐다.

박정희
1917~1979

만주국 군인, 정치가, 한국군 장군, 대한민국 제5~9대 대통령. 경상북도 구미 출신으로 1937년 대구사범학교를 졸업하고 문경소학교에서 3년간 교직 생활을 했다. 만주국 군관학교에 지원하기 위해 일본인으로서 개와 말의 충성을 다하겠다는 혈서를 써 지원서와 함께 제출했고, 1940년 만주의 신징군관학교 제2기생으로 입학했다. 군관학교를 최우등생으로 수료한 뒤 일본 육군사관학교 본과에 편입했고 졸업 후 1944년, 만주군 소위로 임관되어 관동군에 배치됐다. 광복 때까지 만주와 화베이 지방에서 일본군 장교로 전쟁에 가담했다가 1946년 귀국해 조선경비사관학교에 들어갔고 제2기로 졸업한 후 임관됐다. 육군본부 정보국에 근무하고 있던 1948년, 남로당 군 내부 프락치 혐의로 체포되어 군법회의에 회부됐다. 무기징역을 언도받았으나 육군본부의 동료 및 상사의 구명운동으로 사형을 피했다. 이 때문에 한때 군인 신분을 박탈당했다가 6·25전쟁이 일어난 뒤 현역으로 복직했고, 1953년 장군이 됐다. 1961년 박정희와 일부 장교들이 계엄령을 선포했으며, 이른바 혁명 주체 세력이 박정희를 의장으로 한 국가재건최고회의를 설치하고, 이를 통해 입법·행정권과 사법권의 일부를 행사했다. 이후 2년 7개월간 군정이 실시됐다. 박정희는 처음에 2년 후 정권을 민간에 이양하겠다고 약속했으나, 군정 연장을 계획하고 여론의 반대에 부딪혀 철회하는 등 정권 이양 약속 철회를 거듭했다. 결국, 1963년 대통령 선거에서 야당의 단일 후보인 윤보선을 근소한 차이로 누르고 당선됨으로써 제3공화국의 대통령이 됐다. 제3공화국에서 한일 국교 정상화가 추진됐다. 경제 발전에 필요한 자본 확보와 미국의 압력이라는 복합적인 이유에서였다. 군정 기간인 1961년 10월에 일본 도쿄에서 제1차 한일회담이 열렸고, 박정희는 국가원수로서 최초로 일본 수상과 회담하는 등 한일 문제 타결에 열의를 보였다. 이 같은 대일 자세는 친일 외교, 흑막 외교라는 비난을 받았고, 국민의 대일 감정을 자극했다. 나아가 한국 어민의 생명선이라 할 수 있는 어업 및 평화선 문제와 6억 달러의 대일 청구권 자금이 여론의 강력한 반대를 받았다. 한일 문제를 둘러싼 여야와 정부, 국민 간의 공방은 6·3사태 등 한때 정국의 위기까지 불러일으켰으나 박정희 정부는 반대 의견을 물리치고 일을 성사시켜 결국 1965년 6월 22일 한일 협정이 정식으로 조인됐다. 한일 국교 정상화에 따른 일본으로부터의 자금 도입과 기타 차관 등을 통해 제3공화국 후반부터 급속도로 경제성장이 이루어졌다. 박정희는 고성장, 수출드라이브, 산업 기지 건설 등을 통해 국정에 자신감을 가졌으며, 이와 함께 점차 독재 성향을 띠어가기 시작했다. 1972년 10월 헌법 효력의 일부 정지, 국회해산, 정당 활동 금지 담화를 발표했고 전국에 계엄령을 선포했다. 정부는 통일주체국민회의를 통해 대통령을 선출하는 유신헌법을 제정했다. 유신 체제는 사실상 박정희의 영구 집권을 가능하게 하는 체제였다. 또한 대통령의 권한을 막강한 것으로 보장해줌으로써 박정희에게 독재 체제의 길을 열어주었다. 이 체제 아래서 민주주의는 크게 후퇴했다. 유신헌법의 개정을 요구하는 주장이 야당과 재야 세력에서 광범위하게 대두했으나 박정희는 이를 대통령긴급조치로 탄압했다. 독재적인 통치에 의해 박정희 정부는 이 기간 연간 10퍼센트를 넘나드는 기록적인 경제성장을 이루었으나 빈부 격차가 가속화됐고, 황금만능사상으로 사회 갈등과 함께 국민정신 문화가 크게 황폐화됐다. 박정희는 남북적십자회담, 남북조절위원회 회담 등을 열었고, 남북 간 밀사 교환을 이루었으나 대화는 결국 실패로 끝났다. 1979년 유신 체제에 항거하는 부마사태가 절정을 이루던 때, 10월 26일 궁정동 만찬 석상에서 측근의 한 사람인 중앙정보부장 김재규가 쏜 총탄을 맞고 사망했다.

박종근
1920~1952

사회주의 운동가, 북한군 장교. 경상북도 의성 출신으로 1946년 대구 10·1사건 이후 서울로 이주해 남조선노동당에서 활동하다가 미 군정의 남로당 탄압을 피해 1947년 월북했다. 이후 모스크바 유학을 거친 뒤 남파되어 조선인민유격대 지휘관을 지내면서 유격전을 지휘했다. 한국전쟁이 발발하자 조선인민군 장교로 참전했고, 인민군이 후퇴했을 때 다시 산으로 들어가 유격대 활동을 계속했다. 1952년 2월 17일 태백산 토벌대의 포위 속에서 자살했다.

반야월
1917 ~ 2012
親日

작사가 겸 가수, 친일 반민족 행위자. 경상남도 마산 출신이고, 본명은 박창오다. 진해 농산학교 재학 중 가정 형편이 어려워 학업을 중단했으며 1939년 태평레코드사에서 주관한 콩쿠르에서 입상했다. 진방남이라는 예명으로 가수 데뷔를 했으며, 〈불효자는 웁니다〉, 〈꽃마차〉, 〈마상일기〉 등을 발표해 인기를 얻었다. 1942년 반야월이라는 이름으로 〈꽃마차〉를 작사하며 작사가로서의 활동을 시작했다. 일제강점기에 〈결전 태평양〉, 〈일억총진군〉 등의 노래를 불러 일제의 침략 전쟁에 협조했다. 2010년 이에 대해 매우 후회한다며 대국민 사과를 했다. 광복 후 마산방송국 문예부장으로 있으면서 1950년 〈울고 넘는 박달재〉, 1956년 〈단장의 미아리고개〉를 발표했다. 월북 작가들의 노래를 개사하기 위해 추미림, 박남포라는 필명을 사용하기도 했다. 1950년대 중반까지 가수로 활동했으며, 이후에는 작사 활동에 주력했다. 1956년 대한레코드작가협회 이사, 1964년 한국음악저작권협회 이사 등을 맡아 대중가요의 보급과 확립을 위해 노력했다. 1991년 문화훈장 화관장 수훈.

방원철
1920~1999
親日

만주국 군인, 친일 반민족 행위자. 한국군 군인, 경찰. 만주 옌지 출신으로 룽징 광명중학교를 졸업하고 1941년 만주 신징군관학교를 제1기로 졸업했다. 박정희의 신징군관학교 1년 선배로, 신입 생도인 그를 건방져 보인다는 이유로 체벌한 것으로 유명하다. 이후 이때를 떠올리며 박정희 생도가 독종이었다고 회고했다. 이후 만주군 제8단에서 박정희 등과 함께 근무했다. 광복 이후 여운형의 건국준비위원회에 가담해 월북했고, 1948년 조선인민군 창설에 참여했다. 그해 10월 대한민국으로 귀순해 육군 소령에 임관됐고, 6·25전쟁에도 참전했다. 1961년 5·16군사정변의 핵심 세력이었으며, 이후 내무부 치안국 정보과장에 임명되어 정보 업무를 전담했고, 미군과 쿠데타 세력의 조정 역할을 하기도 했다. 하지만 김종필과 갈등을 빚고, 1963년 만주군 출신 반혁명 세력의 주모자로 몰려 수감됐다. 2008년 민족문제연구소가 발표한 친일인명사전에 등재됐다.

방한준
1905~1950
親日

영화감독, 친일 반민족 행위자. 서울 출신이다. 일본 도쿄로 건너가 쇼치쿠키네마 가마다촬영소에 입사해 5년간 근무한 후 1935년 귀국했으며, 1935년 〈살수차〉, 1938년 〈한강〉, 1939년 〈성황당〉을 연출했다. 1944년 〈병정님〉, 〈거경전〉 등 상당수의 친일 영화를 연출했다. 광복 이후 조선문화건설중앙협의회의 조선영화건설본부에 참여했으며, 조선영화동맹과 영화감독구락부에 참여해 활동했지만, 실제 영화를 연출하지는 않았다.

배상명

1906~1986

親日

교육자, 친일 반민족 행위자. 평안남도 강서 출신으로 1923년 동덕여학교를 졸업하고 삼선학교 교사로 근무하다가 일본으로 건너가 도쿄고등기예학교 사범과에서 유학했다. 1937년 귀국하여 서울 종로에 상명고등기예학원을 설립하고, 1940년 교명을 상명실천여학교로 바꿔 교장이 됐다. 1940년부터 〈매일신보〉 등에 일제의 침략 전쟁에 참여할 것을 권유하는 기고를 했고, 1941년 조선임전보국단의 발기인 및 평의원으로 활동했다. 광복 후 재단법인 상명학원을 설립하고 미국 유학을 떠났다. 6·25전쟁이 일어나자 귀국을 미루고 미국에서 한국의 실정을 알리는 강연 활동을 했고, 1953년 귀국하여 교육사업에 종사했다. 1961년 동덕여학원 이사가 됐고, 1964년 상명초등학교를 설립했으며, 이듬해에는 상명여자사범대학을 설립해 초대 학장이 됐다. 1966년 부속유치원과 부속중·고등학교를, 이어 1967년 부속초등학교를 설립했다. 1980년 상명학원 이사장에 취임했다. 일제강점기의 친일 행적으로 2009년 친일반민족행위 진상규명위원회가 발표한 친일반민족행위 705인 명단에 포함됐다. 1982년 국민훈장 모란장 수훈.

백낙승

1896~1956

親日

기업인, 친일 반민족 행위자. 종로 시전 상인 백윤수의 4남 중 막내아들로 태어났다. 1915년 메이지대학 전문부와 1919년 니혼대학 상과를 졸업했다. 대학 재학 시절부터 부친의 사업에 참여했고, 1939년 태창직물주식회사 사장이자 큰형이었던 백낙원이 사망하자 경영권을 이어받아 사장에 취임했다. 1941년 교육 기금을 기부해 조선총독부로부터 포상을 받았고, 해군기 제작비와 비행기 한 대도 기부했다. 1942년 조선도변주공주식회사 사장에 취임했고, 조선총독부의 군수산업에 뛰어들었다. 1944년 강원 조선철공주식회사 사장이 됐고, 조선총독부의 지시에 따라 선박 15척을 생산했으며, 박흥식의 군수업체 조선비행기공업주식회사 설립에 참여하는 등 지속적으로 군수품을 생산하고 조달했다. 광복 후 한민당에 참여하는 한편 인민당에 사무실을 제공했다. 1949년 반민특위에 체포되나 불기소 석방됐다. 이후 태창공업주식회사 사장, 태창직물주식회사, 태창산업주식회사 사장, 태창방직주식회사 사장을 역임했다. 2009년 친일반민족행위 진상규명위원회가 발표한 친일반민족행위 705인 명단에 포함됐다.

백년설
1915~1980
親日

가수, 영화 제작자, 친일 반민족 행위자. 경상북도 성주 출신이고, 본명은 이갑룡이다. 1938년 문학을 공부할 목적으로 일본에 유학했으나 고베에서 〈유랑극단〉을 취입하고 1931년 1월 가수로 데뷔해 큰 인기를 얻었다. 1941년 태평레코드사와 전속 계약을 체결했고 〈나그네 설움〉, 〈번지 없는 주막〉, 〈복지만리〉 등을 유행시키면서 당대 최고의 인기 가수 반열에 올랐다. 이러한 인기를 바탕으로 일제는 그를 침략 전쟁의 선전에 이용했다. 그리하여 1942년 일본의 군국 가요를 번안한 〈모자상봉〉과, 지원병 선전을 위해 제작한 〈조선해협〉의 주제가 〈조선해협〉을 부르기도 했다.

백윤화
1893~1956
親日

법조인, 친일 반민족 행위자. 백상회를 운영하던 재력가 백운영의 아들로 태어났다. 보성중학교와 경성전수학교를 졸업하고 1915년 부산지방법원 진주 지청 서기 겸 통역생으로 법조인 생활을 시작했다. 1918년 부산지방법원 통영 지청 판사가 됐으며, 수원 지청을 거쳐 1921년 경성지방법원 판사가 됐다. 1922년 사이토 총독 암살을 목적으로 자택에 들어와 독립운동 자금을 요구한 의열단원 윤병구, 유석현, 김지섭 등을 경찰에 밀고했으며, 이후 학생운동가와 독립운동가의 재판에 참여했고, 1930년 경성복심법원 판사로 발령받은 이후 광복 때까지 경성지방법원에서 활동했다. 이로 인해 일본 정부로부터 여러 차례 표창과 훈장을 받았다. 광복 이후 미 군정청에 의해 해임되고 변호사로 개업했으며, 1948년 대일 배상 청구를 목적으로 강제징용에 동원된 청년들이 조직한 태평양동지회의 감사로 활동했다. 2009년 친일반민족행위 진상규명위원회가 발표한 친일반민족행위 705인 명단에 포함됐다.

서영해
1902~?

언론인, 독립운동가. 부산 출신으로 본명은 서희수. 1919년 17세의 나이로 3·1운동에 참여하고, 상하이로 건너갔다. 김규식의 권유에 따라 중국 국적으로 프랑스 파리로 건너가 유학하고 정착했다. 1929년 자신의 숙소에 고려통신사를 설립하고 소설 《어느 한국인의 삶과 주변》을 출간해 유럽에 한국을 알리는 선전 활동을 시작했다. 이 책 말미에 3·1운동 독립선언서를 프랑스어로 번역해 독립 의지를 밝혔다. 1933년 《만주의 한국인들: 이승만 박사의 논평과 함께 리튼 보고서 발췌》를 출간함으로써 이승만이 국제연맹에 한국 문제를 호소하는 수단 역할을 했다. 1934년 《거울, 불행의 원인》을 출간하고 〈흥부전〉, 〈심청전〉 등 우리 전래 동화를 소개했다. 1928년 자택에 한국연락처라는 기구를 창설해 활동했으며, 1932년 윤봉길의 홍커우공원 의거로 안창호가 체포되자 프랑스 언론에 '유럽의 자유 양심에 고함'을 발표해 일본의 만행과 한국의 억울함을 호소했다. 1936년 임시정부로부터 주프랑스 특파위원, 1944년 임시정부의 주프랑스 예정 대사에 임명되어 독립운동과 외교 활동을 펼쳤다. 광복 후 귀국, 연희전문학교 등에서 프랑스어를 가르쳤고 1948년 경남여중 교사 황순조와 결혼했으며, 김구, 김규식의 남북협상 때 기자로 방북하기도 했다. 하지만 남한 단독정부가 수립되자 회의를 느껴 파리로 돌아가기 위해 상하이로 건너갔다. 공산화된 상하이에서 억류되어 부인 황순조는 송환됐고, 중국 국적을 가진 그는 송환되지 못하고 연락이 끊겼다. 1995년 건국훈장 애국장 수훈.

서정주
1915~2000
親日

시인, 친일 반민족 행위자. 서울 중앙고등보통학교를 거쳐 중앙불교전문학교를 다니다 중퇴했다. 1936년 〈동아일보〉 신춘문예에 시 〈벽〉이 당선되면서 등단했고, 같은 해 김광균, 김동리, 오장환 등과 함께 《시인부락》을 창간했다. 1942년 7월 〈매일신보〉에 창씨개명한 이름으로 〈시의 이야기-주로 국민 시가에 대하여〉를 발표하면서 친일 활동을 시작했다. 1943년 수필 〈징병 적령기의 아들을 둔 조선의 어머니에게〉, 1944년 시 〈마쓰이 오장 송가〉 등을 통해 태평양전쟁과 가미카제 같은 일본의 전쟁범죄를 찬양했으며, 학도병 지원을 권유하고 징병의 필요성과 의미를 강조하며 일제의 식민 정책에 동조해야 한다고 주장했다. 광복 후 좌익 계열의 조선문학가동맹에 대항해 순수 문학의 기치를 내걸고 우익 성향의 조선청년문학가협회를 결성, 시 분과 위원장으로 활동했다. 조선대학교, 서라벌예술대학, 동국대학교 등에서 학생들을 가르쳤으며, 현대시인협회 회장, 한국문인협회 이사장 등을 역임하면서 한국 문학계에 큰 영향력을 행사했다. 하지만 일제강점기 친일 행위뿐 아니라 전두환 정권을 찬양하는 작품 등이 논란이 됐다. 민족문제연구소가 발행한 친일인명사전에 등재됐으며, 2002년 2월 민족정기를 세우는 국회의원 모임이 발표한 일제하 친일반민족행위자 제1차 명단에 포함됐다. 2000년 금관문화훈장 수훈.

서항석
1900~1985
親日

독문학자, 극작가, 친일 반민족 행위자. 함경남도 홍원 출신으로 1914년 홍원 모산학교를 졸업하고, 중성학교, 보성고등보통학교, 중앙고등보통학교, 도쿄 아오야마학원 중학부, 센다이 제이고등학교로 진학했다. 1926년 도쿄제국대학 독일문학부에 입학했다. 1929년 졸업과 동시에 귀국, 〈동아일보〉 정치부 기자가 됐다. 1931년 유치진 등과 함께 극예술연구회를 조직해 연기와 연출 활동을 했으며, 1937년 극예술연구회에 영화부를 설치하고, 이듬해 삼영영화사를 설립해 〈애련송〉을 제작했다. 1941년 유치진과 함께 극단 현대극장을 창립했고, 이후 연극을 통해 일제의 침략 정책에 적극 참여했다. 1942년 조선총독부가 주도하는 작가동호회 회장, 조선연예협회 이사, 조선연극문화협회 이사에 연이어 선임됐다. 광복 이후, 국립극장 설립을 주도해 1953년 제2대 극장장이 됐고 1960년까지 재임했으며, 이후에도 문학 및 연극과 관련된 다양한 보직을 맡았다. 1970년 한국인 최초로 독일 정부로부터 괴테 훈장을 받았다. 2009년 친일반민족행위 진상규명위원회가 발표한 친일반민족행위 705인 명단에 포함됐다. 1973년 국민훈장 모란장 수훈.

성기석
1920~1990

독립운동가. 경기도 파주 출신이다. 1940년 조선방송국 기술직으로 근무하던 중 직접 단파 수신기를 제작해 해외 방송을 청취하며 대한민국임시정부의 소식을 알게 됐다. 이후 아버지를 통해 이인, 조병옥 등 국내 요인들에게 알렸다. 1942년 개성방송소로 옮긴 이후 소장 이이덕과 함께 수신기를 제작해 계속 방송을 청취했다. 그 결과 연합군의 승전 및 대한민국임시정부 광복군의 활동 등의 소식을 국내에 전할 수 있었다. 특히 임시정부 구미위원부에서 이승만이 방송한 〈미국의 소리〉는 국내 청취자와 독립운동가들 사이에 큰 반향을 일으켰다고 한다. 1942년 12월 이 같은 사실이 일제에 발각되어 보안법 및 무선전신법 위반 혐의로 2년의 징역형을 선고받았다. 투옥 생활을 하다가 광복이 되어 출옥됐다. 1990년 건국훈장 애족장 수훈.

손양섭
1921~1945

독립운동가. 대전 출신이다. 1942년 강제징용되어 인도네시아 자바섬으로 보내졌고, 연합군 포로 감시 임무를 맡았다. 1944년 6월로 2년 계약이 만료됐는데도 고향으로 돌려보내주지 않자, 1944년 12월 이활을 중심으로 여러 동료들과 함께 고려독립청년당을 결성했다. 1945년 1월 3일, 자신을 포함한 6명의 동료가 말레이 포로수용소로 전속하라는 명령을 받았다. 이에 정체가 발각됐다고 판단, 다음 날 세마랑분소로 이동하는 과정에서 노병한, 민영학과 함께 차량을 탈취했다. 암바라와 분견소에서 무기를 획득한 후 형무소장 등 일본군 수십 명과 총격전을 벌여 12명을 사살했다. 치명상을 입은 민영학이 먼저 수수밭에서 자결했고, 노병한과 위생 재료 창고 안에서 저항하다 더 물러날 곳이 없게 되자 서로 방아쇠를 당기는 방식으로 최후를 맞았다. 2008년 건국훈장 애국장 수훈.

손영목
1888~1950
親日

관료, 친일 반민족 행위자. 경상남도 밀양 출신으로 밀양공립소학교, 진성학교를 졸업하고 1910년 보성전문학교 야학부를 중퇴했다. 1910년 경상남도 서기가 됐고, 한일 강제 병합 이후에도 계속 직을 수행했다. 경상남도에서 고성·동래·울산군수를 지내고, 1929년 조선총독부 사무관으로 승진했다. 이후 조선사 편수회 간사, 강원도 참여관, 경상남도 참여관을 거쳐 1935년 강원도지사, 1937년 전북도지사가 됐다. 1935년 총독부가 편찬한 《조선공로자명감》에 수록됐고, 1938년 비행기헌납기성회를 조직, 12월 육군에 한 대, 해군에 한 대를 헌납했다. 이러한 친일 행각은 1940년 퇴직 후에도 이어져 선만척식회사 이사, 국민총력조선연맹 후생부장 등을 역임했고, 홍아보국단, 조선임전보국단 등에 참여하면서 일제의 침략 전쟁에 적극 협력했다. 1945년 6월 강원도지사에 다시 임명됐다. 광복 이후 미 군정청의 강원도지사로 있다가 해임된 후 고향 밀양으로 내려갔고, 1949년 반민특위에 체포됐다. 그러나 병보석으로 풀려났고 1950년 고향에서 사망했다. 2009년 친일반민족행위 진상규명위원회가 발표한 친일반민족행위 705인 명단에 포함됐다.

송금선
1905~1987
親日

교육자, 여성운동가, 친일 반민족 행위자, 서울 출신이다. 숙명여자고등보통학교를 졸업하고 1919년 일본으로 건너가 니가타현 가시와자키고등여학교와 도쿄여자고등사범학교 가사과를 졸업했다. 1925년 귀국해 숙명여자고등보통학교 교사가 됐다. 이듬해 일본 유학 때 만난 박준섭과의 결혼을 부모가 반대하자 진주 일신여자고등보통학교로 옮겼다. 이때 단발과 반소매 원피스 등 봉건 관습을 타파하는 모습을 보여 지역사회의 논란이 됐다. 1929년 결국 박준섭과 결혼했다. 1934년 이화여자전문학교 교수가 됐고, 각종 관변 단체에 참여하며 일제의 식민 정책 홍보 사업에 협조했다. 1937년 중일전쟁 이후 애국금차회 발기인이 되어 금비녀 헌납 운동 등을 벌였고, 1939년 총독부 고위관료의 부인들과 여성계 명사들이 주축이 된 청담회에 참여했다. 1940년 차미리사로부터 덕성여자실업학교를 인수했으며, 이후 국민총력조선연맹 경성부연맹 이사를 맡았고, 부인과 여성을 대상으로 하는 순회강연을 했으며, 각종 신문과 잡지에 일본의 침략 전쟁을 미화하고 협력을 촉구하는 글을 발표했다. 광복 후 덕성고등여학교 교장, 1950년 덕성여자초급대학 초대 학장이 됐다. 이후 교육 활동과 여성활동을 벌이다가 1972년 통일주체국민회의 대의원이 됐다. 1970년 박준섭 사후 덕성학원 이사장에 취임했고, 1977년 장남 박원국에게 이사장을 물려줬다. 1974년 훌륭한어머니상을 받았다. 1974년 국민훈장 동백장 수훈.

송남헌
1914~2001

교육자, 독립운동가. 경상북도 문경 출신으로 1934년 대구사범학교를 졸업하고 재동초등학교 교사가 됐다. 아동문학에 관심을 갖고 문필 활동을 하면서 방송국 관계자들과 교류했다. 1943년 경성방송국을 통해 국제정세와 대한민국임시정부 활동 상황 등을 청취하고 주변에 전했다가 이른바 경성방송국 라디오 단파방송 사건으로 투옥됐다. 광복 이후 김규식을 만나 비서실장이 됐으며, 김규식과 함께 좌우합작운동을 주도하며 민족자주연맹 상임위원이 됐고, 남북협상자주연맹 대표를 맡아 평양에서 남북협상에 참여했다. 1961년 5·16군사정변이 일어나자 군부에 의해 혁신계로 몰려 투옥됐다. 1963년 출옥해 통일운동을 펼쳤고, 한국사료연구소 대표, 우사연구회 회장 등을 역임하며 현대사를 연구했다. 주요 저서로 《해방 3년사》, 《한국현대정치사》, 《김규식박사전집》 등이 있다.

신봉조
1900~1992
親日

교육자, 친일 반민족 행위자. 강원도 정선 출신이다. 배재고등보통학교 학생으로 3·1운동에 참여했다가 징역 6개월을 선고받았다. 1924년 연희전문학교에 입학해 역사학을 전공했으며, 졸업 후 배재고등보통학교 교사로 부임했다. 1927년 일본으로 건너가 도호쿠제국대학 법문학부를 졸업했고, 1930년 귀국하여 배재고등학교에 복직했으며, 1938년 이화고등여학교 교장에 취임했다. 1939년부터 국민정신총동원 조선연맹 참사, 1940년 황도학회 발기인 겸 회장 등을 맡으면서 일제의 침략 전쟁에 적극 협력했다. 학병 지원을 권유하는 강연을 했으며, 각종 신문과 잡지에 친일 내용의 글을 실었다. 광복 이후 1949년 반민특위에 체포되나 처벌받지 않고 풀려났다. 1953년 이화예술고등학교를 설립해 교장에 취임했고, 1954년 학교법인 상명학원의 이사 및 이사장, 1961년부터 학교법인 이화학원의 이사 및 이사장을 지냈다. 이 외에도 여러 학교법인에 관여해 이사로 재직했다. 2009년 친일반민족행위 진상규명위원회가 발표한 친일반민족행위 705인 명단에 포함됐다.

신상초
1922~1989

언론인, 정치가. 평안북도 정주 출신이다. 1944년 도쿄제국대학 재학 중 학도병으로 징집되어 중국전선에 배치됐으나 옌안으로 탈출해 조선의용군의 일원으로 항일 전쟁에 참여했다. 해방 후 고향으로 돌아왔지만 북한 정권에 체포되어 감옥 생활을 했으며 1949년 월남했다. 이후 성균관대학교, 한양대학교 교수를 역임했으며, 1954년 〈동아일보〉 논설위원을 시작으로 〈중앙일보〉 논설위원 등 언론인으로도 활동했다. 이승만 정부 시기 독재를 비판하는 글을 썼다. 1961년 2월 국회의원 재보궐 선거에 당선된 이후 제5대, 제8대, 제10대, 제11대에 걸쳐 의정 활동을 했다.

신용욱
1901~1961
親日

기업인, 정치인. 친일 반민족 행위자. 전라북도 고창 출신으로 1922년 일본 오쿠리비행학교와 도아비행학교, 다치가와육군비행학교를 거쳐 비행기 조종사 면허를 취득했으며, 1933년 미국에 유학, 실라헬리콥터학교 조종과 졸업 후 항공사 면허를 취득했다. 귀국 후 조선비행학교를 개교해 교장에 취임했으며, 1944년 조선항공공업주식회사를 설립하고 사장이 됐다. 비행학교 졸업생들을 전쟁에 출전시켰으며, 비행기를 생산해 일본군에 자진 헌납하는 등 친일 행위에 가담했다. 광복 후 현재 대한항공의 전신인 대한국민항공사 사장을 역임했으며, 1949년 반민특위에 체포되어 조사를 받았지만 불기소처분됐다. 자유당 소속으로 제2대와 제3대 국회의원을 지냈으며, 4·19 혁명 이후 부정 축재 혐의로 수사를 받았다. 제4대 국회의원 선거 낙선 후 1961년 자살했다. 2002년 민족정기를 세우는 국회의원모임이 발표한 친일파 708인과 2009년 친일반민족행위 진상규명위원회가 발표한 친일반민족행위 705인 명단에 포함됐다.

신응균
1921~1996
親日

일본 군인, 친일 반민족 행위자, 한국군 장군. 일본 나고야에서 태어났다. 친일 반민족 행위자로 일본군 장교 출신인 신태영의 아들이다. 1940년 일본 육군사관학교 졸업 후 일본 육군과학학교와 육군중포병학교를 수료했으며 1945년 태평양전쟁에 일본군 장교로 참전했다. 해방 후 1946년 귀국해 진명여고 교사로 근무하다 제주4.3사건 이후 항공 이등병으로 입대했다. 입대 후 한 달 만에 육군 장교가 됐으며, 포병학교 교장을 역임했다. 6·25전쟁 때 야전포병 사령관으로 활동했으며, 이후 제2사단장과 육군관리부장을 거쳐 육군 중장에 올랐다. 1959년 예편 후 터키대사와 서독대사 등을 역임했으며, 1970년 초대 국방과학연구소 소장에 임명됐다. 2009년 친일반민족행위 진상규명위원회가 발표한 친일반민족행위 705인 명단에 포함됐다.

신태영
1891~1959
親日

일본 군인, 친일 반민족 행위자, 한국군 장군. 서울 출신으로 1912년 일본 육군사관학교에 진학, 1914년 제26기로 졸업하고 일본군 육군 보병 소위로 임관했다. 1935년 만주사변 논공행상 시 욱일장 4등을 받았다. 광복 이후 입대하지 않다가 1948년 10월 여수·순천10·19사건이 터지자 자진 입대했다. 1949년 10월 소장으로 진급하면서 육군참모총장 대리가 됐으나 1950년 4월 퇴역했다. 1950년 한국전쟁이 발발하자 군에 복귀하고 전라북도 편성관구 사령관이 됐으나, 국방장관 신성모와 작전상 충돌이 생겨 면직됐다. 1952년 중장으로 승진했고, 3월 국방부 장관이 됐다. 1952년부터 1953년까지 재향군인회 회장을 역임했으며, 1954년 현역으로 복귀해 민병대 총사령관을 지냈다.

안석영
1901~1950
親日

작가, 영화감독, 친일 반민족 행위자. 서울 출신이다. 일본으로 건너가 도쿄의 양화연구소에서 공부한 후 귀국, 모교인 휘문고등보통학교 강사로 재직했다. 1922년 11월 나도향의 연재소설 〈환희〉에 삽화를 그리면서 삽화가의 길을 걸었다. 조선프롤레타리아예술동맹 결성에 참여했고, 1939년부터 본격적으로 일제의 침략 전쟁에 협조했다. 1940년 7월 '사변 3주년과 반도 문화인의 여명' 좌담회에 참석해 일제의 영화 통제를 옹호했고, 12월 지원병 훈련소를 견학하고 '문화인도 입소 필요'를 기고했다. 1941년 징병을 권하는 영화를 연출해 지원병제도와 황도 정신을 옹호했다. 다수의 평론을 기고해 전시 체제하에서 일제가 실시한 영화령을 비롯한 영화 정책을 옹호하고 선전했으며, 영화인의 전쟁 협력과 전쟁 참여를 역설했고, 징병제 선전 선동, 내선일체 강조, 황국신민의 의무를 피력했다. 1947년 〈우리의 소원〉을 작사했다.

안익태
1906~1965
親日

음악가, 친일 반민족 행위자. 평안남도 평양 출신으로 평양보통학교, 평양 숭실중학교를 거쳐 1921년 일본에 유학, 도쿄 소재의 세이소쿠중학교에 편입했다. 1926년 도쿄 구니다치고등음악학원에 진학해 첼로를 전공했으며 1930년 졸업 후 도쿄 도요음악학교 강사로 일했다. 다시 공부를 위해 미국으로 유학을 떠났고 신시내티음악원 및 필라델피아 커티스음악원을 거쳐 1937년 템플대학교 대학원에서 석사 학위를 받았다. 1938년 헝가리 부다페스트의 리스트페렌츠음악학교 연구원에 교환학생으로 입학했고, 같은 해 2월 더블린방송교향악단 객원으로 자작곡 〈한국환상곡〉의 초연을 지휘했다. 이 시기에 작곡한 곡으로 1938년에 발표한 〈관현악을 위한 환상곡 에텐라쿠〉가 있다. 그러나 이 곡은 일본 아악곡 〈에텐라쿠〉의 주제 선율을 그대로 차용한 것으로 본래 일본 천황 즉위식 때 사용되는 곡이며 천황에 대한 충심을 담고 있는 일본 정신이 배어 있는 곡이다. 1941년 독일 베를린으로 진출해 나치 제국의 제국음악원 총재인 리하르트 슈트라우스의 후원을 받으며 독일과 일본 관계를 보다 돈독히 하는 데 협력했다. 이때 슈트라우스가 작곡한 〈일본축전곡〉을 안익태가 직접 지휘해 빈 등지에서 연주한 바 있다. 1942년 만주국 건국 10주년을 축하하는 의미로 〈만주축전곡〉을 완성해 베를린, 빈, 로마 등지에서 지휘했으며, 1943년 나치 제국의 제국음악원 회원증을 정식으로 교부받아 회원이 됐다. 1944년 독일이 점령한 파리에서도 오케스트라를 지휘하며 〈일본축전곡〉을 연주했다. 독일 패전 후 스페인에서 활동을 이어나갔으며, 마요르카교향악단, 런던 로열필하모닉 등을 지휘했다. 1948년 8월 15일 정부가 수립되자 안익태의 〈한국환상곡〉 중 세 번째 악장 합창곡인 〈애국가〉가 공식 국가(國歌)로 지정됐다. 이후 지속적으로 해외 활동을 이어나가 1949년 〈코리아판타지(한국환상곡)〉를 샌프란시스코에서, 1952년에는 멕시코에서 순회 연주했다. 1955년 이승만 대통령 탄신 제80회 기념 음악회를 지휘하기 위해 일시 귀국했고 이때 제1호 문화포장을 받았다. 1962년 5·16군사쿠데타로 집권한 박정희 정부의 이미지를 환기시키고 '혁명'을 경축하기 위해 대한민국 국제음악제가 개최됐는데, 이때 교향시 〈논개〉, 가곡 〈흰 백합화〉, 추도곡 〈진혼곡〉 등을 작곡했다. 1965년 스페인 바르셀로나에서 사망했으며 1977년 국립묘지 제2유공자 묘역에 안장됐다. 1965년 문화훈장 대통령장 수훈.

안인식
1891~1969
親日

교육자, 친일 반민족 행위자. 충청남도 당진 출신으로 일제강점기 초기에 공주고등보통학교 교유를 지냈으며, 1930년대부터 조선총독부 직속 명륜학원 강사로 활동했다. 중일전쟁이 발발하자 조선인들의 전쟁 참여를 독려했으며, 1940년대에 조선유도연합회, 국민정신총동원 조선연맹, 국민총력조선연맹, 조선임전보국단 등 여러 단체에 참여하며 일제의 침략 전쟁에 적극 협력하는 활동을 했다. 광복 후 1949년 반민족행위처벌법에 따라 반민특위에 체포됐지만, 활동이 중단되면서 풀려나왔다. 2009년 친일반민족행위 진상규명위원회가 발표한 친일반민족행위 705인 명단에 포함됐다.

염상섭
1908~1960
親日

법조인, 친일 반민족 행위자, 정치인. 전라남도 광양 출신이다. 1938년 일본 고등문관시험 사법과에 합격했고, 1941년 광주지방법원 검사국 예비 검사를 거쳐 광주지방법원 검사국 검사에 임명됐다. 1942년부터 함흥지방법원 검사국 검사를 지냈다. 광복 후 서울지방검찰청 검사, 부산지방검찰청 검사장, 대검찰청 검사 등을 지내다가 1949년 서울에서 변호사를 개업했다. 1950년 홍익대학교 학장을 지내다가 제2대 민의원 선거 때 전라남도 광양에서 무소속으로 출마해 당선했다. 1951년 3월부터 12월까지 국회 법제사법위원회 위원장을 지냈다. 1956년 출간한 책에서 조선총독부 검사, 곧 고관을 지냈다는 것 자체가 일제의 조선 통치에 협력한 것이라고 입장을 밝혔다. 1958년 제4대 민의원에 당선했고, 1960년 4월 내각책임제 개헌기초특별위원회 위원장을 맡았다.

염창섭
1890~?
親日

일본 군인, 교육자. 친일 반민족 행위자. 소설가 염상섭의 형이다. 대한제국 육군무관학교에 입학했지만 폐교되면서 일본으로 건너가 일본 육군사관학교를 졸업했으며 일본군 장교로 임관했다. 3·1운동 이후 군복을 벗고 오산학교 교감으로 부임했으며, 이때 동생 염상섭을 오산학교 교사로 채용했다. 1926년 교토제국대학을 수료한 후 만주국 일본영사관 및 안둥성, 동만총성 등에서 만주국 관리로 근무했다. 민족문제연구소가 발표한 친일인명사전에 수록됐다.

유광렬
1899~1981
親日

언론인, 친일 반민족 행위자. 파주 출신. 〈황성신문〉을 창간하고, 만민공동회 간부를 지냈다. 매일신보사, 〈만주일보〉, 〈동아일보〉, 〈조선일보〉, 〈시대일보〉, 〈중외일보〉 등에 입사했다. 일제 말기인 1941년부터 신문과 잡지에 일제의 식민 통치에 협력하고 침략 전쟁을 선전 선동하는 글을 지속적으로 발표했다. 광복 이후 사망할 때까지 〈동아일보〉, 〈조선일보〉, 〈한국일보〉의 논설위원을 맡았다.

유만수
1924~1975

독립운동가. 경기도 안성 출신으로 일본에 건너가 노동자 생활을 하던 중 1943년 일본 가와사키의 일본 강관주식회사에 취업 중인 조선인에 대한 민족적 차별에 분노를 느끼고 농성 시위를 일으키는 데 주도적 역할을 했다. 이후 귀국하여 조문기, 강윤국 등과 함께 비밀결사인 대한애국청년당을 조직했다. 1945년 7월 24일 조선 총독과 조선군 사령관이 참석하는 아세아민족분격대회가 열린다는 소식을 듣고 조문기, 강윤국 등과 함께 대회장인 서울 부민관에 잠입해 미리 장치한 폭탄을 폭발시킴으로써 대회를 무산시켰다. 1977년 건국포장 수훈.

유승렬
1893~1968
親日

일본 군인, 친일 반민족 행위자, 한국군 장군. 충청남도 공주 출신으로 대한제국 말기에 관비 유학생으로 선발되어 일본에 유학했으며 1914년 일본 육군사관학교를 졸업한 후 일본군 장교로 임관했다. 이후 조선군 사령부에 근무하면서 일본군 보병 대좌에 올랐으며, 해방 후인 1949년 대한민국 육군에 다시 입대해 일본 육사 후배인 아들 유재흥과 함께 복무했다. 6·25전쟁 시기 경남 지구 계엄사령관에 임명됐으며, 1954년 예편 후 국방부 특임고문을 역임했다. 민족문제연구소가 발표한 친일인명사전에 아들 유재흥과 함께 수록됐다.

유재흥
1921~2011
親日

일본 군인, 친일 반민족 행위자, 한국군 장군. 일본 나고야에서 태어났다. 일본 육군사관학교를 졸업하고 일본군 대좌를 지낸 유승렬의 아들이다. 1940년 일본 육군사관학교에 입학했으며 일본군 보병 소위로 임관했다. 1943년 도쿄에서 열린 특별지원병궐기대회에서 조선인 학병 지원을 촉구하는 연설을 했다. 광복 후 귀국하여 1946년 육군 대위로 임관했으며, 1949년 3월 제주도 지구 전투사령관에 임명되어 4·3사건의 토벌작전을 지휘했다. 6·25전쟁 기간 중 제7사단장과 제2군단장, 제3군단장을 역임했으나 전투마다 패전했고, 특히 현리전투에서는 부군단장을 대리로 지정한 후 군단을 버리고 항공기 편으로 탈출했다. 전쟁 후 연합참모본부 총장 등을 역임했으며, 박정희 정권에서 태국, 스웨덴, 이탈리아 대사와 국방부 장관을 역임했다. 민족문제연구소가 발표한 친일인명사전에 아버지 유승렬과 함께 수록됐다.

유진오
1906~1987
親日

법학자, 정치인, 친일 반민족 행위자. 서울 출신으로 1924년 경성제국대학 예과에 수석으로 입학한 후 조선인 학생 모임인 문우회를 조직했고, 졸업 후 보성전문학교 법과 교수를 역임했다. 1927년 5월 단편소설 〈스리〉를 《조선지광》에 발표하면서 등단했으며, 1932년 극단 메가폰을 결성했다. 1933년부터 〈동아일보〉 객원 기자로 활동하면서 〈김 강사와 T 교수〉, 〈창랑정기〉와 같은 단편소설을 발표했고, 1939년 《유진오 단편집》을 출간했다. 1939년 중일전쟁 선전 글을 발표하면서 친일 활동에 가담했고, 이후 조선문인협회, 조선임전보국단, 국민총력조선연맹 등의 활동을 통해 징병제와 지원병을 독려하는 글을 발표하고 일제의 침략 전쟁에 적극 협력하는 활동을 했다. 광복 후 문인들의 모임에 나갔다가 이태준 등의 항의로 쫓겨난 후 작가의 길을 접었으며, 경성대학 법문학부 교수와 고려대학교 총장 등을 역임했다. 1948년 6월 대한민국 헌법기초위원으로 대한민국 헌법 초안을 작성했으며, 초대 정부의 법제처장을 역임했다. 1965년 고려대학교 총장 사임 후 정치 활동을 시작했고, 1966년 민중당 대통령 후보로 지명됐다. 이후 신한당과 합당해 신민당을 결성하고 총재가 됐으며, 1967년 신민당 소속으로 국회의원에 당선됐다. 1968년 박정희의 3선 개헌안 통과 시도에 반대했으며, 1970년 국회의원직에서 물러난 후 정계에서 은퇴했다. 1987년 사망 후 고려대학교에서 빈소를 마련하고자 했으나 일부 교수와 학생이 그의 친일 행위에 문제를 제기하면서 빈소 철거를 요구하기도 했다. 민족문제연구소가 발행한 친일인명사전에 등재됐으며, 친일반민족행위 진상규명위원회가 발표한 친일반민족행위 705인 명단에 포함됐다.

유치진
1905~1974
親日

작가, 연출가, 친일 반민족 행위자. 경상남도 통영 출신으로 유치환 시인의 형이다. 통영공립보통학교를 1918년에 졸업하고 일본에 유학했다. 도쿄 도요야마중학교를 거쳐 1926년 도쿄 릿쿄대학에 입학, 1931년 졸업했다. 이후 귀국해 연극에 뜻을 두고 극영동호회를 창립했으며 다시 이를 발전시켜 서항석, 이헌구 등과 함께 극예술연구회를 조직 및 주도했다. 1931년 희곡 〈토막〉을 《문예월간지》에 두 달간 연재하면서 극작가로 등단했고, 1933년 〈조선중앙일보〉에 〈버드나무 선 동리의 풍경〉을 연재했다. 1934년 다시 일본으로 건너가 삼일극장에서 〈빈민가〉를 공연했으며 지속적으로 신문에 작품들을 연재했다. 이어 1935년 〈동아일보〉에 〈소〉를 연재했고, 같은 시기 〈조선일보〉에 〈당나귀〉를 연재했다. 극예술연구회를 본격적으로 이끌게 되는 1935년부터 작품 세계가 점차 변화하게 되는데, 기존의 현실 지향적인 리얼리즘에서 현실 우회적인 낭만주의와 역사주의로 바뀌게 된다. 극 활동 영역에서는 지속적으로 성공을 거두는데, 1936년 극예술연구회의 제12회 공연작으로 저술한 〈춘향전〉은 3개월간 〈조선일보〉에서 연재하여 큰 인기를 끌었고, 이어서 〈신앙과 고향〉, 〈포기〉, 〈풍년기〉 등을 연출했다. 극예술연구회는 1938년 일제의 명령에 의해 단체 명칭을 극연좌로 바꾸게 되는데 이때 해외문학파 동인들이 탈퇴하면서 서항석과 유치진 위주로 극단이 운영되고, 다시 같은 해 12월에 젊은 연극인 집단이 극단 운영에 반발하며 탈퇴하면서 극연좌는 1939년 결국 해산한다. 1940년 12월 연극의 건전한 발달과 연극인의 질적 향상이라는 명분으로 결성된 조선연극협회 이사직에 취임하면서 본격적으로 친일 행보를 밟는다. 조선연극문화협회 상임평의원 및 영화기획심의회 위원으로 임명됐으며, 1943년 4월 조선문인보국회 이사직에, 같은 해 6월 조선문인보국회 소설·희곡부 회장에 취임했다. 1944년 조선문인보국회 극문학부 회장으로 임명됐다. 개인 활동 영역에서도 친일 활동을 적극적으로 모색했다. 1941년 자신이 직접 운영하는 현대극장을 총독부와 총력연맹 등 유력 기관 인사의 참석하에 창단했으며 내선일체의 의미를 담은 연극인 〈흑룡강〉을 부민관 등에서 경연했다. 러일전쟁 시기 이용구가 이끄는 일진회가 일본을 도와서 전쟁 승리에 기여했다는 내용을 담은 〈북진대〉도 무대에 올랐다. 광복 후 은둔 생활을 이어오다가 1947년 한국무대예술원 초대원장으로 취임하며 활동을 재개했고, 1949년 전국문화단체총연합회 부위원장에 선출됐다. 1960년 동국대학교에 연극영화학과를 개설해 학과장을 맡았으며 전국극장단체협의회장과 문교부 대학교수자격 심사위원 등으로 활동했다. 1971년 한국극작가협회 회장으로 선임됐다.

윤치소
1871~1944
親日

관료, 기업인, 친일 반민족 행위자. 충청남도 아산 출신으로, 대한민국 제4대 대통령 윤보선의 아버지, 초대 내무부 장관 윤치영의 형, 개화파 정치인 윤치호의 사촌 동생이다. 사헌부 감찰 관직에 있다가 동학농민운동이 일어나자 고향에서 사병을 모아 토벌에 나섰다. 대한제국 시기부터 기업 활동을 시작했고, 국권피탈 이후 관직을 사퇴하고 사업가로 활동했다. 1920년 조선교육회를 창립하고 이후 민립대학설립운동에도 참여했다. 1924년부터 3년간 조선총독부 중추원 참의를 지냈다.

윤치오
1869~1950

親日

정치인, 친일 반민족 행위자. 윤보선의 아버지 윤치소와 대한민국 초대 내무부 장관 윤치영의 형이며, 개화파 정치인 윤치호의 사촌 동생이다. 일본 게이오의숙을 졸업하고 1894년 의정부 주사를 시작으로 중추원 참서관, 학부 학무국장 등 여러 관직에 있었다. 1907년 안창호의 흥사단에 발기인으로 참여하기도 했으나, 국권이 피탈되자 중추원 부찬의, 찬의를 역임했다. 2009년 친일반민족행위 진상규명위원회가 발표한 친일반민족행위 705인 명단에 포함됐다.

윤해영
1909~1956

親日

시인, 친일 반민족 행위자. 가곡 〈선구자〉의 작사가다. 〈선구자〉의 작곡가 조두남의 회고록에 따라 독립운동가로 알려지기도 했지만 조두남과 함께 활동했던 음악인 김종화에 따르면 만주국의 건국이념을 찬양하는 여러 편의 친일 시를 발표했다고 하며, 만주국의 관제 단체인 오족협화회 지부의 간부를 지냈다는 사실도 밝혀졌다. 광복 후 북한으로 들어가 활동했다. 2009년 민족문제연구소가 펴낸 친일인명사전에 등재됐다.

이경식
1883~1945

親日

친일 반민족 행위자. 충청북도 제천 출신으로 대한제국 탁지부에서 서기를 지냈고 한일병합조약 체결 후 조선총독부 군서기로 근무했다. 1913년 단양군수를 시작으로 괴산, 충주, 진천, 옥천 군수를 역임했으며, 일제강점기 유교 교육기관이었던 경학원의 사성을 지낸 유교 계열의 유력 인물이었다. 1930~1945년 중추원 참의를 지냈으며, 중일전쟁이 발발하자 국민총력조선연맹과 조선임전보국단에서 활동했다. 일본 천황과 조선 총독을 찬양하는 글을 발표했으며, 태평양전쟁으로 징병제가 실시되자 조선인 청년들의 전쟁 참여를 축하하는 한시를 발표했다. 일제로부터 한국병합기념장과 훈5등 서보장 등 각종 포상을 받았다. 친일반민족행위 진상규명위원회가 발표한 친일반민족행위 705인 명단에 포함됐으며, 2008년 '친일반민족행위자 재산의 국가 귀속에 관한 특별법'에 따라 후손에게 물려준 보은군 소재 약 2만 제곱미터의 토지가 국가에 귀속됐다.

이규원
1890~1945

親日

관료, 친일 반민족 행위자. 부친은 을사늑약 당시 법부대신으로 일제로부터 자작 작위를 받은 이하영이며, 아들은 일본 육사를 졸업하고 중일전쟁과 태평양전쟁에 참여해 공을 세우고, 조선인 출신 장교로 일본 금치훈장을 받은 이종찬이다. 1909년 대한제국 궁내부 시종원 시종이 됐고, 일제강점기 대표적인 친일 단체 조선귀족회 이사와 부회장을 지냈다. 1929년 부친 이하영의 자작 작위를 승계했다. 2009년 친일반민족행위 진상규명위원회가 발표한 친일반민족행위 705인 명단에 포함됐다.

이근창
1913~?
親日

법조인, 친일 반민족 행위자. 평안북도 철산 출신이다. 일본 주오대학 법학부를 졸업하고 1939년 고등문관시험에 합격했다. 1940년 신의주지방법원 사법관 시보가 됐고 이후 광주, 정주에서 조선총독부 판사로 일했다. 광복 이후 미 군정에서도 서울지방법원 판사로 임명됐고, 부장판사, 서울고등심리원 판사를 역임했다. 6·25전쟁 발발 이후 실종됐다. 2009년 친일반민족행위 진상규명위원회가 발표한 친일반민족행위 705인 명단에 포함됐다.

이명세
1893~1972
親日

유학자, 친일 반민족 행위자. 서울 출신. 1918년 대구지방법원 상주 지청 서기에 임명된 뒤, 공주지방법원 서산 지청과 홍성 지청에 재직했다. 1923년부터 호서은행, 동일은행에서 근무했으며, 주식회사 이문당 및 동문사의 이사 겸 사장을 지내며 기업 활동을 했다. 1939년 조선총독부가 유도 황민화를 위해 만든 조선유도연합회 상임참사로 선출됐고, 1941년 상임이사가 됐다. 각종 시국 강연 및 강습 활동을 통해 일제의 침략 전쟁을 적극적으로 미화했으며, 조선인들의 전쟁 참여를 선동했다. 1942년 《유도》10월 호에 〈축 징병제 실시〉라는 한시를 게재해 징병제 시행을 축하했으며, 조선총독 미나미의 치적을 찬양하는 한시를 쓰기도 했다. 1944년 경학원 사성으로 활동했으며, 이후에도 일제의 승리를 기원하는 글을 썼다. 광복 이후 조선사회교육협회부이사장과 성균관대학교 상임이사를 역임했으며, 1957년 이승만의 독재를 비판한 성균관대학교 김창숙 총장을 몰아내고 이사장에 올랐다. 민족문제연구소가 발표한 친일인명사전에 수록됐으며, 2009년 친일반민족행위 진상규명위원회가 발표한 친일반민족행위 705인 명단에 포함됐다.

이무영
1908~1960
親日

소설가, 친일 반민족 행위자. 충청북도 음성에서 태어났다. 본명은 이갑룡, 필명이 이무영이다. 1925년 일본으로 건너가 세이조중학교에 다니며 작가 가토 다케오 문하에서 작가 수업을 했고, 1926년 6월 《조선문단》에 단편소설 〈달순의 출가〉를 발표하며 등단했다. 1932년 문인 친목 단체인 조선문필가협회 발기인으로 참여했으며, 1933년 이효석, 정지용 등과 함께 구인회의 동인이 됐다. 〈동아일보〉 학예부 기자로 재직하다가 1939년 퇴사한 후 경기도 시흥에서 농업에 종사하며 농민 소설을 쓰기 시작했고, 이 시기에 농민 소설의 대표작인 〈제1과 제1장〉,《흙의 노예》등을 발표했다. 1942년 조선총독부 관변 단체인 조선문인협회 상임간사로 활동하면서 일제에 협력하기 시작했고, 《대동아전기》를 비롯해 다수의 친일적인 글을 남겼다. 〈부산일보〉에 조선인 최초로 일본어로 쓴 소설 〈청기와집〉을 연재하면서 조선예술상 총독상을 수상했다. 광복 후 1946년에 발표한 《꽹창소전》에서 친일파 청산을 폄훼했으며, 6·25전쟁이 일어나자 해군 소령으로 입대해 정훈교육을 담당했다. 이후 전국문화단체총연합회 최고위원, 자유문학자협회 부회장 등을 역임했다. 민족문제연구소가 발표한 친일인명사전에 수록됐으며, 2009년 친일반민족행위 진상규명위원회가 발표한 친일반민족행위 705인 명단에 포함됐다.

이봉룡
1914~1987
親日

작곡가, 친일 반민족 행위자. 이난영의 오빠로 1933년 동생 이난영을 가수로 데뷔시켰고, 본인도 1937년 데뷔해 가수 활동을 했다. 이후 작곡가로도 데뷔하여 광복 전까지 〈목포는 항구다〉를 비롯해 60여 곡을 작곡했고, 일제의 침략 전쟁을 찬양하는 군국 가요도 작곡했다. 광복 이후 매부 김해송이 조직한 KPK악단에서 활동하며 작곡 활동을 이어갔다. 1969년 미국으로 이민을 떠났고 1986년 귀국해 지내다가 1987년 1월 사망했다. 2008년 민족문제연구소에서 발표한 친일인명사전에 등재됐다.

이상백
1904~1966

체육인, 학자. 대구에서 태어났다. 독립운동가이자 시인인 이상화의 동생이다. 1923년 와세다대학 사회철학과에 입학한 후 와세다대학 농구팀 대표로 미국 원정 경기에 출전했다. 1930년 일본농구협회를 창립했으며, 일본농구협회 상무이사와 일본체육회 전무이사에 선임됐다. 1932년 LA올림픽과 1936년 베를린올림픽에 일본 선수단 임원으로 참가했으며, 도쿄올림픽 준비위원으로 대회 유치와 준비 활동을 하면서 일본 체육계의 공로자가 됐다. 일본 체육 발전에 이바지한 공로로 1966년 훈3등 욱일중수장을 받았다. 창씨개명을 끝까지 거부했고, 1944년 여운형이 결성한 건국동맹에 참여했다. 광복 후 1947년 서울대학교 문리과대학 사회학과를 창설해 한국 사회학의 개척자로 활약했으며, 조선왕조사 연구에도 업적을 남겼다. 체육인으로서 해방 후 조선체육동지회 위원장, 조선체육회 이사장, 대한체육회 부회장을 역임했으며, 제15~18회 올림픽대회에 한국 대표단 임원, 단장으로 참석했다. 1964년 대한올림픽위원회 위원장과 국제올림픽위원회 위원으로 선출됐다. 그를 기념하기 위해 해마다 이상백 배 한일대학선발농구대회가 개최되고 있다. 1963년 건국훈장 대통령장, 국민훈장 모란장 및 무궁화장 수훈.

이상범
1897~1972
親日

화가, 친일 반민족 행위자. 충남 공주에서 태어났다. 1915년부터 1917년까지 서화미술원에서 미술을 공부하고 동양화가로 활동했다. 1925년부터 조선미술전람회에서 여러 차례 특선을 차지할 정도로 실력을 인정받았다. 1927년부터 〈동아일보〉 미술 책임 기자로 근무하던 중, 1938년 이길용 기자와 함께 금메달리스트 손기정의 가슴에 찍힌 일장기를 삭제해 해직됐다. 일제강점기 말기 조선미술가협회 일본화부에 가담했으며, 반도총후미술전람회 심사위원을 지내는 등 국방헌금을 모금하기 위한 국책 기획전에 참여했다. 〈매일신보〉에 징병제 실시를 축하하며 1943년 8월 6일 '님의 부르심을 받들고서'라는 징병제 개시 기념 시리즈에서 김종한의 시 〈나팔수〉의 삽화를 그리는 등 친일 활동을 했다. 민족문제연구소가 발표한 친일인명사전에 화가인 아들 이건영과 함께 수록됐다. 1962년 문화훈장 수훈.

이상조
1913~1945

독립운동가. 경상남도 통영에서 태어났다. 1938년 도쿄 릿쿄대학 재학 중 원용오 등과 함께 일제 침략 정책을 비판하고 독립운동의 방법을 논의했다. 졸업 후 도쿄에서 동포들을 상대로 민족정신을 고취하기 위한 지하운동을 벌였으며, 1943년 귀국 후 부산에서 항일 지하운동을 계속했다. 1944년 1월 경찰에 체포되어 일본으로 압송됐으며, 치안유지법 위반으로 옥고를 치르다 순국했다. 광복 후 1946년 5월 윤봉길, 백정기, 이봉창 의사의 유해와 함께 봉환됐다. 1990년 건국훈장 애국장 수훈.

이승엽
1905~1953

사회주의 운동가, 언론인, 북한 정치인. 경기도 부천 출신이다. 인천에서 여관을 경영하던 이기선의 아들로 비교적 부유한 어린 시절을 보냈다. 1923년경부터 사회주의에 심취한 것으로 보인다. 1925년 〈조선일보〉 인천 지부 기자로 활동하며 조선노동총동맹에 가입했고, 1925년 조선공산당 창건에 관여했다가 체포됐다. 1930년 3·1운동 11주년 기념으로 '전 조선 피압박 피착취 계급에 격함'이라는 격문을 뿌린 '격문사건' 주도자로 수배됐지만 도주에 성공해 검거되지 않았다. 1932년 이른바 '반제격문사건(반제사건)'으로 체포됐다. 석방된 후 조선공산당재건운동 및 사회주의 운동으로 감옥을 들락날락했고, 1940년 전향서를 쓰고 출소했다. 석방 이후 일제의 식량배급조합 이사로 있었고, 친일적인 글을 다수 썼기에 친일 반민족 행위자로 비판받는다. 1945년 봄 조선건국동맹 결성에 관여했으며, 광복 이후 조선공산당 결성에 가담했고 중앙위원에 올라 박헌영 다음의 사실상 2인자가 됐다. 1948년 월북해 북한 정권 수립 후 사법상에 임명됐다. 1949년 박헌영과 함께 조선인민유격대(이른바 빨치산) 지도자로 활동했으며, 6·25전쟁 당시 총괄 책임자로 활동했다. 1953년 정권 전복과 미

제 간첩 혐의로 체포되어 처형당했다. 물론 실제로 간첩 행위를 했다기보다는, 사실상 김일성의 정적 제거에 가까웠다.

이용상
1924~2005

독립운동가, 한국군 장교, 시인. 서울 출신이다. 1944년 1월 학도병으로 입대했으나 일본군에서 탈출해 중국 중앙군 형산유격사령부에서 특수공작 임무를 담당했다. 1945년 황의선, 강재식, 김광수 등을 일본군으로부터 탈출시켜 광복군에 입대하도록 했으며, 광복 후 일본 군대의 무장해제 준비에 참여하다가 1946년 귀국했다. 1949년 고려대학교 국문학과 졸업 후 정훈 제1기생으로 군대에 다시 들어갔고, 국방부와 국무원 보도과장을 역임했다. 육군 대령으로 예편하면서 1961년 공보부 공보국장, 1968년 문화공보부 예술국장, 국립극장장, 한국독립유공자협회 상임이사로 활동했다. 이후 시인으로 활동하면서 성남문화원 원장, 성남시민모임 고문 등 성남 지역의 원로로 왕성한 활동을 벌였고, 2005년 4월 81세의 나이로 별세했다. 대전국립현충원 애국지사 제3묘역에 안장됐다. 1980년 대통령 표창, 1990년 건국훈장 애족장 수훈.

이육사
1904~1944

시인, 독립운동가. 경상북도 안동 출신이며, 본관은 진성, 퇴계 이황의 14대손이다. 본명은 이원록, 개명은 이활, 자는 태경, 아호가 육사인데, 대구 형무소 수감 번호 '이육사(二六四)'에서 취함한 것이다. 어릴 때는 한학을 수학하다가 도산공립보통학교에 진학해 신학문을 배웠다. 1925년 가족이 대구로 이사한 뒤 형 이원기, 아우 이원유와 함께 대구에서 의열단에 가입했다가 1927년 장진홍의 조선은행 대구 지점 폭파 사건에 연루돼 대구 형무소에 투옥됐다. 이 밖에도 1929년 광주학생운동, 1930년 대구 격문사건 등에 연루돼 모두 17차에 걸친 옥고를 치렀다. 1932년 김원봉과 윤세주가 주도한 조선혁명군사정치간부학교를 제1기생으로 졸업하고 국내에 공작원으로 잠입하는 등 독립운동을 하다 1943년 서울에서 체포돼 베이징으로 송치됐고, 1944년 1월 베이징 감옥에서 작고했다. 문단 활동은 조선일보사 대구 지사에 근무하면서 1930년 1월 3일 자 〈조선일보〉에 시 〈말〉과 《별건곤》에 평문 〈대구사회단체개관〉 등을 발표하면서부터 시작됐고, 1935년 《신조선》에 〈춘수삼제〉, 〈황혼〉 등을 발표하면서 시작 활동이 본격적으로 전개됐다. 이후 《신조선》, 《비판》, 《풍림》, 《조광》, 《문장》, 《인문평론》, 《청색지》, 《자오선》 등에 30여 편의 시를 비롯해 소설, 수필, 문학평론, 일반 평문 등 많은 작품을 발표했다. 생존 시에는 작품집이 발간되지 않았고, 1946년 아우 이원조에 의해 서울출판사에서 《육사시집》 초판본이 간행됐다. 대표작으로 〈황혼〉, 〈청포도〉, 〈절정〉, 〈광야〉, 〈꽃〉 등을 꼽을 수 있는데, 이육사의 시작 세계는 크게 〈절정〉에서 보인 저항적 주제와 〈청포도〉 등에 나타난 실향 의식과 비애, 그리고 〈광야〉나 〈꽃〉에서 보인 초인 의지와 조국 광복에 대한 염원 등으로 나누어볼 수 있다.

이재호
1919~1960
親日

작곡가, 친일 반민족 행위자. 경상남도 진주에서 태어났으며, 본명은 이삼동이다. 일본고등음악학교 본과 2학년을 수료하고 지병인 폐결핵이 악화돼 고향에서 휴양 중 친구의 소개로 가요 작곡을 시작했다. 일제강점기에 그가 작곡하고 백년설이 부른 〈나그네 설움〉, 〈복지만리〉 등은 가요계의 명곡으로 꼽힌다. 1996년 문화훈장 수훈.

이종욱
1884~1969
親日

종교인, 친일 반민족 행위자. 아명은 이학순, 법호는 지암이다. 1896년 강원도 양양 명주사에서 출가했다. 1919년 3·1운동 때 월정사 승려 용창은과 함께 탑골공원 시위에 참가했으며 이탁 등과 함께 이완용 등 을사오적을 암살하기 위해 27결사대를 조직했으나 거사를 이루지 못했다. 한성임시정부에 강원도 대표로 참여했으며, 중국 상하이로 건너가 대한민국임시정부에 참여했고 내무부 특파원으로 함경남도와 경기도에 파견됐으며, 대동단 단장 김가진을 상하이로 망명시키고, 이어 의친왕 이강을 망명시키려다 실패했다. 1921년 임시의정원 의원으로 강원도 대표에 선임되었으며, 임시정부 연통제 실시를 위해 국내에서 활동하다 체포되어 3년간 복역했다. 출옥 후 오대산 월정사에서 승려로서 연통제 조직을 지하화하는 등 독립운동을 지원했다. 이후 총독부의 회유에 넘어가 1937년 31본산 주지회의 의장 및 총본산건설 기초위원에 선출됐으며, 이후 조선불교계의 실질적 책임자가 됐다. 1940년 국민총력조선연맹 참사 및 문화부 문화위원이 됐고, 조선총독부가 중심이 되어 조직한 조선불교총본산설립위원회 부회장에 임명되어 활동하면서 이후 조계종 설립을 주도했고 1941년부터 1945년까지 조계종 종무총장(현 총무원장)을 맡았다. 조선임전보국단 발기인으로 참여해 상무이사가 됐고, 국위 선양과 무운 장구를 기원하는 국도회에 참가하는 등 각종 시국 집회에 불교계 대표로 참석했으며, 1937년 전국 조선불교 사찰의 승려들에게 헌금을 모아 일본군에게 비행기를 헌납했다. 이런 강제 할당식 모금 활동으로 1942년까지 일본군에게 모두 다섯 대의 비행기를 헌납하고 조선불교호라 명명하는 등 불교계의 친일 활동을 주도했다. 광복 이후 종무총장직을 사임했으나 1950년 제2대 국회의원 선거에서 국민회 소속으로 강원도 평창 지역에 출마했고 당선됐다. 이후 자유당에 입당, 동국대학교 이사장을 겸했으며 조선불교조계종 총무원장에 다시 선출됐다. 1977년 건국훈장 독립장을 수훈했으나 2009년 친일반민족행위 진상규명위원회에서 친일반민족행위자로 분류되어 2010년 취소됐다.

이종찬
1916~1983
親日

일본 군인, 친일 반민족 행위자, 한국군 장군, 정치인. 경상남도 창원 출신으로 조부는 일제로부터 자작 작위를 받은 이하영이고, 부친 이규원도 자작 칭호를 물려받았다. 1935년 일본 육군사관학교를 제49기로 졸업했고 일본군 장교로 임관, 만주, 남양군도 등지에서 복무했다. 중일전쟁 때 소대장으로 참전했는데, 당시 신문에 이하영의 손자가 전투에 직접 참전해 공훈을 쌓았다고 대서특필됐다. 일본 천황의 은혜에 보답한다는 내용으로 지은 진중 시가 소개되기도 했으며, 일본군 최고 훈장인 금치훈장을 받았다. 이후 일본군 공병 소좌까지 진급했다. 광복 이후 귀국했고 1949년 육군 대령으로 임관, 국방부 제1국장으로 부임했다. 1950년 수도경비사령관과 수도사단장을 역임했으며, 이듬해 소장으로 진급하면서 육군 참모총장이 됐다. 1952년 대통령 이승만이 직선제 개헌을 관철시키기 위해 경남, 전남 지역에 계엄령을 선포하고 그에게 병력 출동을 지시했으나, 이에 응하지 않고 군의 정치적 중립을 지키라는 훈령을 내렸다. 이로 인해 참모총장에서 해임됐으며 1953년부터 7년간 육군대학 총장으로 재직하다가 1960년 육군 중장으로 예편했다. 4·19혁명 이후 과도 내각의 국방부 장관에 임명되어 3·15부정선거에 동조한 군인들을 숙청하고, 3군 참모총장과 해병대 사령관에게 헌법 준수 선서식을 하게 하는 등 군의 정치적 중립을 위해 노력했다. 1961~1967년 주이탈리아 대사, 1976년부터 유신정우회(약칭 유정회) 소속 제9대, 제10대 국회의원을 지냈다.

이주일
1918~2002
親日

만주국 군인, 친일 반민족 행위자, 한국군 장군, 관료. 함경북도 경성 출신이다. 1941년 만주군관학교와 1942년 일본 육군사관학교를 졸업했다. 이후 견습 사관을 거쳐 만주군 소위로 임관했다. 해방 후 국내로 들어왔고 1948년 육군사관학교 제7기 특별반을 졸업한 뒤 대위로 임관했다. 1949년 남로당 활동 등 좌익 혐의로 체포되어 무기징역을 구형받았으나 무죄로 풀려났으며, 이후 육군 제12사단장, 제2군 사령부 참모장 등을 거쳤다. 1961년 5·16군사정변에 참여했고, 군사혁명위원회 위원, 국가재건최고회의 재정경제위원장과 부의장 등을 역임했다. 이후 국가재건최고회의가 해산되면서 1962년 대한올림픽위원회(KOC) 위원장과 제20대 대한체육회 회장을 지냈다. 1963년 육군 대장으로 예편한 후, 1964년부터 1971년까지 감사원 원장을 지냈다.

이찬
1910~1974
親日

시인, 친일 반민족 행위자. 함경남도 북청 출신으로 본명은 이무종이다. 조선프롤레타리아예술가동맹(카프)에서 활동하다 출판법 위반으로 일본 경찰에 체포됐고 옥고를 치렀다. 출소한 뒤 고향인 북청으로 귀향해 대부분 그곳에서 활동했다. 좌익 계열의 문학 활동을 하면서 일제 치하에서 압박받는 민중의 수난과 고통을 노래한 시들을 발표했다. 1930년대 중반에 〈만기〉, 〈면회〉, 〈달밤〉 등을 발표했고, 광복에 대한 신념을 노래한 〈국경의 밤〉, 〈눈 내리는 보성의 밤〉 등을 창작했다. 하지만 이후 친일 성향을 보이며 일본의 태평양전쟁을 칭송하는 시와 희곡을 발표했다. 특히 일본의 징병제에 적극 참여를 권장하는 〈송출진학도(送出陣學徒)〉라는 시를 1944년 발표했다. 광복 이후 북한에서 활동하며 함경남도 혜산군 인민위원회 부위원장, 함남일보사 편집국장, 조선문학예술총동맹 중앙위원회 부위원장 등을 맡았다. 북한 체제를 찬양하는 시들을 주로 창작해 혁명 시인의 칭호를 받았다.

이충모
1896~?

사회주의 운동가. 함경남도 홍원 출신이다. 1924년 조선노동총동맹 중앙상무집행위원이 됐으며, 같은 해 8월 사회주의 사상 단체인 조선노동당 결성에 참여했다. 1926년 4월 정우회를 결성하고 상무집행위원으로 활동하던 중 6·10만세운동에 참여했다가 검거됐다.

이택주
1920~1950
親日

친일 반민족 행위자. 이완용의 양손자로, 이완용의 장남인 이해만의 사후 양자로 입양됐다. 1937년 경성 제일고등보통학교 재학 중 조부 이완용의 작위를 계승했으며, 1940년 일본 정부로부터 종5위에 서위됐다. 1941년 육군특별지원병 모집에 자작의 신분으로 지원하여 육군 지원병 훈련소에 입소했다. 광복 후 반민특위에 체포됐지만 불기소 처분됐고, 민족문제연구소가 발표한 친일인명사전에 수록됐으며, 2009년 친일반민족행위 진상규명위원회가 발표한 친일반민족행위 705인 명단에 포함됐다.

이하영
1858~1929
親日

대한제국 관료, 친일 반민족 행위자. 부산 출신이다. 1904년 대한제국 외부대신으로 재직 중 충청도, 황해도, 평안도의 어로권을 일본에 부여했으며, 제1차 한일협약을 체결해 많은 이권을 일본에 넘겼다. 이후 법부대신, 중추원 고문 등을 지냈으며 국권피탈 이후 조선총독부 중추원 고문에 임명되어 죽을 때까지 역임했다. 1910년 일본 정부로부터 한일병합의 공로로 자작 작위를 받았다. 2007년 친일반민족행위 진상규명위원회가 발표한 친일 반민족 행위자 195인 명단에 포함됐으며, 민족문제연구소가 발간한 친일인명사전에 아들 이규원과 함께 수록됐다.

이호
1914~1997
親日

법률가, 친일 반민족 행위자, 한국 관료. 경상북도 영천 출신으로 1939년 일본 고등 문관시험 사법과에 합격해 1942년 경성지방법원 검사국 검사로 근무했다. 해방 후 서울고등검찰청, 대검찰청 등에서 근무했으며 내무부의 초대 치안국장과 국방부 차관 등을 역임했고, 1955년 법무부 장관으로 재직했다. 민족문제연구소가 발간한 친일인명사전에 수록됐다.

임숙재
1891~1961
親日

교육자, 친일 반민족 행위자. 충청남도 예산 출신으로 일본에 유학해 1917년 도쿄여자고등사범학교를 졸업했다. 1921년 귀국하여 모교인 숙명여고 교사, 대구 경북고등학교 교사로 근무했으며, 1939년 숙명여자전문학교 교수로 임용됐다. 전공은 의상 재봉이었다. 숙명여전 교수를 지내며 기독교 조선감리교회의 부인연합회장을 역임했다. 1938년 조선부인문제연구회에 가담한 것을 시작으로, 1941년 조선임전보국단 부인대 지도위원, 1942년 대일본부인회 조선본부 이사, 1943년 국민총력조선연맹 총무부 기획위원회 위원 등을 지내면서 일제강점기 말기에 강연을 통해 전쟁 지원을 역설한 기록이 남아 있다. 광복 후 1945년 11월 숙명여전 교장이 됐고, 1955년 이 학교가 숙명여자대학교로 종합대학교 인가를 받자 그해 초대 총장에 취임했다.

임영선
1919~2000

독립운동가. 함경남도 장진 출신으로 일본 메이지대학에 재학 중이던 1941년, 독립운동에 투신하기로 결심했다. 1943년 10월 일본이 조선인 학도 육군특별지원병제를 공표하자 망명을 결심하고 중국에서 독립군과 접선을 꾀하던 중 일본 경찰에 체포되어 한국으로 이송됐다. 1944년 다시 만주로 갔으나 체포됐고 일본군 함흥 제43부대에 강제징집됐다. 입대 후 같은 학도병 출신인 태성옥, 이윤철 등과 함께 부대 탈출을 계획하고 탈출에 성공했으나(함흥학병탈출사건) 만주로 가던 중 다시 체포됐다. 일본 규슈의 육군형무소에서 혹독한 고문을 당하고 옥고를 치렀다. 광복 후 서울대학교 의과대학을 졸업하고 병원을 운영했다. 1977년 대통령 표창 수훈.

임학수
1911~1982
親日

문학가, 친일 반민족 행위자. 전라남도 순천 출신으로 1931년 〈동아일보〉에 시 〈우울〉과 〈여름의 일순〉을 발표하며 등단한 이후 《석류》 등 여러 시집을 간행했다. 1939년 《전선시집》을 발행했는데, 이는 일본군 위문사로, 북지전선을 방문한 경험을 시로 쓴 시집이었다. 김동인, 박영희 등이 함께 참여했다. 최재서, 임화, 이태준 등과 함께 황군위문작가단을 발의할 때 참여했으며 문필 보국을 표방한 조선문인협회 발기인으로 참여했고, 1943년 조선문인보국회 시 부회 간사로 활동하면서 전선 위문에 참가하는 등 친일 시와 글을 발표했다. 광복 이후 좌익 계열인 조선문화건설중앙협의회, 조선문학가동맹과 전향 작가를 포함한 한국문학가협회 결성에 참여했다가 6·25전쟁 때 납북되어 북한에서 김일성종합대학 초대 영어 교수, 외국어학장 등을 역임했다. 영문학을 강의했으며 북한 문학작품을 영어로 번역하는 데 힘썼다.

장세정
1921~2003
親日

가수, 친일 반민족 행위자. 평양 출신으로 보통학교를 졸업한 뒤 악기점 점원으로 일하다가 가수가 됐다. 1937년 〈연락선은 떠난다〉를 발표하며 정식으로 데뷔한 이후 오케레코드사에서 이난영에 버금가는 인기 가수가 됐다. 〈백만 원이 생긴다면〉, 〈처녀야곡〉, 〈남장여인〉, 〈불망의 글자〉 등을 불러 인기를 얻었고, 손목인이 작곡하고, 김능인이 작사한 〈아시나요〉와 조명암이 작사하고 양산포가 작곡한 〈토라진 눈물〉로 절찬을 받았다. 갖가지 군국 가요가 발표되던 1930년대 후반기에 오케레코드사에서 조명암이 작사하고, 고가 마사오가 작곡한 〈지원병의 어머니〉를 취입했다.

장우성
1912~2005
親日

화가, 친일 반민족 행위자. 충청북도 충주 출신이며 호는 월전(月田)이다. 1930년 이당 김은호 화숙인 낙청헌에서 동양화 실기를 습득하는 한편, 유교 한어학원에서 한자를, 김돈희 서숙인 상서회에서 서예를 익혔다. 1932년 조선미술전람회에 입선한 후 1941~1944년 연속 특선해 주목받기 시작했다. 일제강점기 말기 반도총후미술전람회에 출품하기 위해 전쟁 승리를 기원하는 불화를 제작했다. 1946~1961년 서울대 미술대 교수로 재직했고 1963년 미국 워싱턴에 동양예술학교를 설립했으며, 1964년 미국 국무성 화랑에서 개인전을 열었다. 1969년 한국미술가협회 부이사장, 1970년 한국예술문화단체총연합회 이사에 취임했고 그해 예술원 회원으로 선출됐다. 같은 해 대한민국미술전람회 운영위원이 됐고, 1971년부터 홍익대 미술대 교수, 미술학부장을 역임했다. 작품으로 아산 현충사 및 정읍 충렬사에 봉안돼 있는 〈이충무공 영정〉, 바티칸 궁전에 전시한 〈성모자상〉, 경주 통일전의 〈김유신 장군 초상화〉, 국회의사당 벽화인 〈백두산 천지〉, 예산 충의사의 〈윤봉길 의사 영정〉과 〈고사도〉, 〈김유신 장군상〉 등 다수가 있다.

장의찬
1923~1954

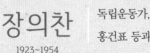

독립운동가, 국가유공자. 서울 출신으로 1939년 경복중학교 재학 중 친구 이현상, 홍건표 등과 함께 독립운동을 결심했다. 1941년 연희전문학교 진학 후 주낙원의 집

에서 이현상을 대표로 하는 흑백당을 결성하고, 부대표를 맡았다. 친일파 처단을 위한 명부를 작성하고 격문을 뿌리는 등 적극적으로 활동하다 1943년 조직이 발각되면서 수배를 받았다. 이에 광복군에 투신하기 위해 만주로 떠났다가 일본 경찰에 체포되어 징역 8년 형을 선고받았다. 1977년 건국포장, 1990년 건국훈장 애국장 수훈.

장준하
1918~1975

한국광복군, 언론인, 정치인. 평안북도 삭주에서 태어났다. 목사가 되기 위해 도요대학 예과(철학)를 거쳐 니혼신학교를 다니던 중 1944년 일본군에 징집되어 중국 쉬저우 지구에 배속됐으나 6개월 만에 동지들과 함께 부대를 탈출해 중국군에 합류했다. 1945년 1월 충칭의 대한민국임시정부에 도착, 곧바로 한국광복군 제2지대에 배속됐다. 한국으로 잠입하기 위해 비밀리에 진행된 미국 OSS 대원으로 자원, 특수게릴라 훈련을 받았으나, 8월 15일 일본이 항복하자 국내진입작전이 취소됐다. 8월 18일 연합군 군사사절단의 일원으로 이범석, 김준엽, 노능서와 함께 미군기를 타고 여의도에 착륙했지만, 일본군이 거부해 다시 중국으로 돌아갔다. 1945년 말 귀국하여 김구의 수행 비서를 맡기도 했다. 1948년 한국신학대학에서 신학 공부를 했고 출판사 한길사를 설립해 문화사업을 전개했으며 1953년《사상계》를 창간해 이승만 독재 비판에 앞장섰다. 5·16 쿠데타 이후에는 박정희 정부를 비판했다. 1962년 한국인 최초로 막사이사이 언론상을 받았다. 1966년 대통령 명예훼손 혐의로 복역한 것을 시작으로 긴급조치 1호 위반 등 민주화운동으로 10여 차례 투옥됐다. 1967년 정계에 들어가 옥중에서 제7대 신민당 소속 국회의원에 당선된 이후 박정희 정권에 맞섰고, 범민주 세력 통합에 힘썼으나 1975년 8월 17일 경기 포천군 소재 약사봉에서 의문의 사고로 추락사했다. 저서에《돌베개》가 있다. 1991년 건국훈장 애국장, 1999년 금관문화훈장 수훈.

전사옥
1915~1952

독립운동가. 경상남도 거창 출신으로 1931년 진주고등보통학교 재학 중 백지동맹사건으로 근신을 당했고, 사회사상연구단을 조직해 비밀결사운동을 벌이다가 체포됐다. 이후 일본 주오대학에 재학 중이던 1930년대 중반부터 재일 유학생들을 조직화하고 항일 사상을 고취시키는 데 앞장섰다. 1941년 귀국했고 서울 영등포 공장 지대를 중심으로 청년과 노동자 계급을 조직하여 항일 지하운동을 전개했다. 광복 이후 건국준비위원회에서 활동했으며 1945년 정판사사건의 핵심 인물로 지목되어 고초를 겪었다. 2019년 8월 15일 건국포장 수훈.

정광조
1883~1951
親日

종교인, 친일 반민족 행위자. 충청북도 음성 출신이다. 1891년 동학(천도교)에 입교했으며, 1905년 일본으로 건너가 도쿄 세이소쿠중학교와 제일고등학교, 와세다대학에서 수학했다. 1910년 졸업 후 귀국했고 천도교의 각종 직책을 맡았다. 손병희의 측근으로 1919년 3·1운동 준비에 참여했으며, 이후 천도교 운영과 사후 수습 등에 노력했다. 같은 해 5월 의친왕을 상하이로 탈출시키려 한 대동단사건에 연루되어 서대문형무소에서 심한 고문을 받았다. 1920년 신숙을 천도교 대표로 대한민국임시정부에 파견하고 군자금을 조달, 제공하기도 했다. 1912년 보성전문학교 교감으로 취임했으며, 1922년 이사로 재직했다. 1921년 조선인산업대회 발기인, 1930년 조선농민사 고문, 1934년 친일 단체인 시중회 발기인으로 활동했다. 천도교인의 친일 협력을 촉구하는 강연을 하고 여러 편의 글을 발표했다. 1943년 8월 천도교 대표로 직접 국민총력조선연맹 사무국에 징병제 실시 감사 헌금 500원을 전달했다.

정비석
1911~1991
親日

소설가, 친일 반민족 행위자. 평안북도 용천 출신이며 본명은 정서죽이다. 1929년 신의주중학교 재학 중 신의주고등보통학교 생도 사건으로 검거되어 치안유지법 위반과 불경죄로 징역 10월, 집행유예 5년을 선고받았다. 이후 도쿄 니혼대학에 입학, 1932년 중퇴하고 귀국했다. 니혼대학 시절 〈프롤레타리아신문〉에 단편소설 〈조선의 어린이로부터〉를 응모해 당선됐다. 귀국 후 1935년 1월 〈매일신보〉에 콩트 〈여자〉를 발표하면서 등단했다. 1940년 〈매일신보〉 기자로 입사했고 조선문사부대 자격으로 조선문인협회가 주최하는 육군 지원병 훈련소의 1일 행사에 참가하고, 그 소감문 '반도민초(半島民草)에 일시동인(一視同仁)'을 《삼천리》에 발표한 이후 친일 문인 단체인 조선문인보국회 소설·희곡부회 간사로 선임됐다. 친일 작품으로 〈국경〉, 〈군대생활〉, 〈사격〉, 〈희생적 정신의 구현자〉, 〈산본원수〉, 〈조국으로 돌아간다〉, 〈개척전사〉 등의 단편소설과 시, 산문 등이 있다. 광복 후 소설가로 활동하며 《자유부인》, 《명기열전》, 《소설 손자병법》, 《소설 초한지》 등과 수필집 《비석(飛石)과 금강산의 대화》, 그 외 《소설작법》 등을 썼다.

정인과
1888~1972
親日

종교인, 교육가, 사회사업가, 친일 반민족 행위자. 평안남도 순천 출신으로 평양 숭실중학교 및 숭실전문학교를 졸업했고, 1913년 미국 유학길에 올랐다. 1919년 국내의 3·1운동 소식을 듣고 휴학했으며, 대한인국민회 북미지방총회의 파송을 받아 황진남과 함께 안창호를 수행하고 중국 상하이로 떠났다. 임시의정원에서 미국령 교민 대표로 의원에 선임되어 교통위원장을 맡았다가 임시의정원 부의장이 됐다. 임시정부

통합 개편 때는 외무부 차장을 맡아 겸무했다. 그 후 임시정부 내분이 격화되고 독립의 전망이 어두워지자, 1920년 외무부 차장직과 임시의정원 의원직을 사임하고 다시 미국으로 건너가 프린스턴대학교에서 수학했다. 1924년 귀국하여 수양동우회 회원으로 활동하다가 1937년 동우회사건으로 구속된 후 변절, 국민정신총동원 조선예수교장로회연맹 상무이사 겸 총간사, 국민총력조선연맹 문화부 문화위원 등을 맡았다. 1941년 장로회 중앙상치위원회에서 전시 체제 실천 성명서 발표에 참여했고, 조선장로교신도 애국기헌납기성회 발기위원장과 회장을 맡았다. 1942년 4월 기독교신문협회 회장 겸 이사를 맡아 기독교계 언론을 통폐합한 〈기독교신문〉을 발행함으로써 언론을 통한 부일 협력 활동을 했다. 1949년 2월 반민특위에 체포되어 특별재판부의 재판을 받았으나, 건강 때문에 보석됐다.

정일권
1917~1994
親日

만주국 군인, 친일 반민족 행위자, 한국군 장군, 관료, 정치인. 함경북도 경원에서 태어나 1937년 만주국 평톈군관학교를 졸업, 1940년 일본 육군사관학교를 졸업했으며, 이후 만주국 대위 계급으로 간도 헌병대장을 맡았다. 해방 후 소련으로 끌려가다 탈출했으며, 1946년 군사영어학교를 졸업하고 조선국방경비대 정위(대위)로 임관했다. 1949년 2월 육군 준장이 됐고, 6·25전쟁 발발 후 채병덕 육군 참모총장이 초기 패배의 책임으로 해임되자 1950년 7월 육군 소장 진급과 동시에 육군 참모총장 및 육해공군 총사령관에 임명됐다. 육군 참모총장 재직 시절 국민방위군사건, 거창민간인학살사건 등이 문제가 되자 1951년 6월 참모총장직과 국군 총사령관직을 사임했으나 오히려 잇따라 진급한 후 1956년 육군 대장으로 연합 참모본부 총장(합참의장)이 됐으며, 1957년 예편했다. 이후 터키 주재 대사, 프랑스 주재 대사, 미국 주재 대사 등으로 활동했다. 1963년 귀국하여 박정희 정권의 외무부 장관에 임명됐으며, 1964년 5월 국무총리로 임명되어 1970년 말까지 재임했다. 총리 사임 후 국회의원이 됐고, 1979년까지 국회의장을 맡았다. 1980년 5·17사태로 국회와 정당이 무력화된 것을 계기로 정계에서 은퇴했다.

정태진
1904~1952

독립운동가, 국어학자. 경기도 파주 출신으로 1925년 연희전문학교 문과를 졸업하고, 1927년 미국으로 유학해 우스터대학 철학과, 컬럼비아대학교 대학원에서 교육학과를 마친 후 귀국, 영생고등여학교에서 교편을 잡았다. 1941년 조선어학회에서《조선말 큰사전》편찬 일을 맡아보다가 1942년 조선어학회사건으로 징역 2년을 선고받고 함흥 감옥에서 옥고를 치렀다. 광복 이후 조선어학회에 돌아와《조선말 큰사전》편찬을 다시 시작했고, 여러 대학에서 국어학 강의를 맡았다. 6·25전쟁 이후 1952년 서울로 돌아와 《조선말 큰사전》 속간을 위해 전념하다가 교통사고로 사망했다. 1962년 건국훈장 독립장 수훈.

조두남
1912~1984
[親日]

작곡가, 친일 반민족 행위자. 평안남도 평양 출신이며 1923년 가곡 〈옛이야기〉로 데뷔했다. 1928년 이후 교회에서 개최하는 부흥회에서 피아노를 연주했고, 1943년 만주국에서 일본 중심의 국민 음악 창조를 목적으로 조직된 만주작곡가협회에서 활동했다. 1943년부터 징병제를 찬양하고 낙토만주와 오족협화로서 대동아공영권을 건설하자는 내용의 군가풍 국민가요를 작사, 작곡해 보급했다. 1945년 광복과 함께 귀국하여 서울에서 창작 활동을 하다가, 6.25전쟁 때 마산으로 피난했고 그곳에 정착했다. 이후 한국문화예술단체총연합회, 한국음악협회 고문 등을 맡았다. 대표작으로 가곡 〈선구자〉, 〈옛이야기〉, 〈그리움〉 등이 있다.

조명암
1913~1993
[親日]

시인, 작사가, 극작가, 연출가, 레코드 회사 프로듀서, 친일 반민족 행위자. 충청남도 아산에서 태어났으며 본명은 조영출이다. 승려 출신이다. 1930년 건봉사 장학생으로 서울의 보성고등보통학교에 입학했다. 1932년에 시 〈님 오라 부르네〉를 《신여성》에, 〈밤〉을 〈조선일보〉에 발표했고, 1934년 〈동아일보〉 신춘문예 '신시' 부문에 〈동방의 태양을 쏘라〉, '유행가' 부문에 〈서울노래〉가 가작 당선되며 문단 및 연예계에 데뷔했다. 오케레코드사의 이철 사장을 만나면서 본격적인 대중가요 작사가로 활동하게 됐고, 오케레코드, 포리돌, 콜롬비아, 태평레코드 등에서 조명암, 김운탄, 이가실, 김다인 등의 필명을 두루 사용했다. 1930년대부터 1940년대에 작사한 대표적인 대중가요는 〈알뜰한 당신〉, 〈선창〉, 〈낙화유수〉, 〈서귀포 칠십 리〉, 〈진주라 천 리 길〉, 〈고구려 애상곡〉, 〈울며 헤진 부산항〉, 〈어머님 전 상서〉, 〈꿈꾸는 백마강〉 등이다. 1940년대에 일제의 전시총동원령 정책에 발맞추어 군국 가요와 친일극을 발표했다. 1941년 악극 〈추석제〉를 공연했고, 〈아들의 혈서〉, 〈지원병의 어머니〉 등 군국 가요를 작사했다. 1945년 학도병 지원을 옹호하는 희곡 〈현해탄〉, 악극 〈도화만리〉, 〈목련화〉 등을 공연했다. 광복 이후 조선연극건설본부 극작부 집행위원, 조선연극동맹 부위원장을 맡았고, 1946~1947년 각각 제1회, 제2회 '3·1 기념 연극대회' 참가작 〈독립군〉(연출 나웅), 〈위대한 사랑〉(연출 안영일)을 공연했다. 1948년 월북하여 북한 문화선전성 창작위원으로 활동했고, 전쟁 중에는 종군작가로 활동하며 〈어머니 우리 당이 바란다면〉 등을 작사했다. 이후 국립민족예술극장 총장, 교육문화성 부상 등 북한 예술계 고위직을 역임했다. 1960년에 작가, 작곡가, 안무가, 연출가, 지휘자, 무대미술가 등 50여 명의 창조 집단과 3,000명의 출연진이 만든 음악무용서사시 〈영광스러운 우리 조국〉 공연을 주도했다. 이 서사시는 집체창작 혁명 가극의 모태가 됐다. 이후 피바다식 혁명 가극 〈꽃 파는 처녀〉, 1988년에는 〈춘향전〉을 평양예술단 공연 작품으로 제작했다.

조문기
1927~2008

독립운동가, 대한민국 사회단체인. 경기도 화성에서 태어나 1942년 일본으로 건너간 뒤, 1943년 5월 일본 가와사키에 있는 일본 강관주식회사 연수생으로 있을 때 '조선인 멸시 규탄 파업'을 주도하다 유만수와 함께 수배되어 고국으로 돌아왔다. 1945년 5월 유만수의 주도로 서울 관수동에 있는 유만수의 집에서 유만수, 우동학 등과 대한애국청년당을 결성하고 국내에서 대일투쟁을 본격적으로 펼칠 것을 결의했다. 1945년 친일파 거두인 박춘금이 조직한 대의당이 서울 부민관에서 아세아민족분격대회라는 친일대회를 개최한다는 소식을 접한 뒤 이를 저지하기로 결의하고, 7월 24일 유만수, 강윤국 등과 함께 부민관에 폭탄 2개를 터뜨려 집회를 무산시켰다. 이후 조동필, 유태현 등과 함께 경기도 화성군 매송면 노림리에 은신하며 야학당을 중심으로 활동하다 광복을 맞았다. 부민관사건은 당대에는 일제의 보도 통제로 잘 알려지지 않았다가 1980년대에 들어와서 재조명됐다. 광복 후 대한애국청년당을 재결성하고, 인민청년군을 조직하여 조국의 완전한 독립과 통일을 위한 활동을 전개했다. 1948년 6월 이승만의 남한 단독정부 수립에 저항하여 인민청년군사건을 일으켰고, 이로 인해 1년 6개월의 옥고를 치렀다. 출옥한 뒤 10년 정도 연극배우 생활을 하다가 1959년 이승만 대통령 암살 및 정부 전복 음모 조작 사건에 연루되어 고문을 당하는 등 갖은 고초를 겪었다. 끼니를 거르는 생활고 속에서 독립유공자로 이름 올리기를 거부하다 사위가 몰래 등록하여 1983년부터 광복회 독립정신 홍보위원회의 홍보위원이 되어 전국 순회강연을 다녔고, 1991년부터 8년 동안 광복회 경기도 지부장을 지냈다. 친일인명사전 편찬 작업 중인 민족문제연구소의 이사장을 1999년부터 맡아 친일파 청산 문제에 관심을 가져왔다. 1982년 건국포장, 1990년 건국훈장 애국장, 2008년 국민훈장 모란장 수훈.

조택원
1907~1976
親日

무용가, 친일 반민족 행위자. 함경남도 함흥 출신이며 1927년 이시이 무용 공연을 경성공회당에서 관람한 뒤 무용에 관심을 갖게 됐다. 1928년 도쿄로 건너가 이시이 바쿠 문하에서 무용을 수련했고, 1929년 〈어떤 움직임의 매혹〉을 도쿄에서 발표한 이후 그 재능을 인정받았다. 1932년 이시이가 실명하자 경성으로 돌아와 중앙보육학교 무용 담당 교수로 취임했고, 조택원무용연구소를 개설해 후진 양성에 매진했다. 이후 한국과 일본을 오가며 공연을 개최했고, 1958년 일본 도쿄 히비야공회당에서 개최된 은퇴 공연까지 30년 동안 무용가로 활약했다. 1941년 국민총력조선연맹에서 주최한 〈부여회상곡〉 연출을 맡았으며, 1942년부터 황군 위문 및 방공대원, 산업 전사 및 유가족 위안을 위한 공연을 했다. 항상 예술과 민족과 조국은 운명 공동체라고 주장했으며, 인간의 영혼과 민족의 얼이 작품 속에 여과되지 못한 예술은 무가치하다고 역설했다. 1961년 귀국하여 한국무용협회 이사장, 한국민속무용단 설립자 겸 단장, 예술원 회원 등의 활동을 이어갔다.

진광화
1911~1942

조선의용대. 평안남도 평양 출신으로 본명은 김창화다. 1929년 광주학생운동이 전국적으로 확산되자 숭덕중학교의 동맹휴학을 주도했다. 이후 중국 난징으로 망명했고, 1935년 중국공산당과 연계된 중국청년항일동맹에 가입해 중국 학생들의 항일운동에 동참했다. 1936년 중국공산당에 입당했고, 중산대학을 졸업한 이후 옌안에 있는 중앙당학교에서 공산주의 사상과 이론을 학습했다. 1941년 조선의용대 화북지대 정치위원과 화북조선청년연합회의 주요 직책을 맡아 중국 관내 한인 독립운동에 매진했다. 1942년 조선혁명청년간부학교 건립에 참여했으며, 같은 해 일본군의 타이항산 일대 포위 공격에 맞서 진행되던 화왕산전투에서 전사했다. 1993년 건국훈장 애국장 수훈.

채병덕
1915~1950
親日

일본 군인, 친일 반민족 행위자, 한국군 장군. 평안남도 평양 출신으로 1937년 일본 육군사관학교를 제49기로 졸업하고, 일본군 육군 소위로 임관해 사세보에서 복무했다. 일제 패망 당시 일본 육군 포병 중좌로 경기도 부평에 있는 육군 조병창 공장장으로 근무했다. 광복 후 1946년 남조선국방경비대 제1연대장을 맡았으며, 1950년 제4대 육군 총참모장 겸 육해군 총사령관으로 임명됐다. 6·25 발발 직전 전국 비상 경계령을 해제했고 전방 지휘관들의 인사이동을 단행해 개전 초기 지휘 혼란을 야기했다. 전쟁 발발 당일 국무회의에서 당시 상황을 북한의 전면 공격으로 인식하지 못했으며, 즉각 대응으로 북한군을 몰아낼 수 있다고 주장했다. 이후 6월 30일 육군 참모총장에서 해임됐고, 7월 27일 하동 고개에서 전투 중 전사했다.

최대교
1901~1992
親日

법조인, 친일 반민족 행위자. 전라북도 익산 출신으로 1932년 일본 고등문관시험 사법과에 합격했고, 다음 해 조선총독부 사법관 시보로 근무를 시작했다. 1942년 광주지방법원 검사로 재직하면서 위안부 강제징용에 대한 유언비어를 유포한 혐의로 체포된 오종기를 기소했으며, 1945년 정읍 지청 검사로 재직 중일 때 조선의 독립을 이룩해야 한다고 말했다고 체포된 김태영, 김정길 등을 기소했다. 1949년 당시 상공부 장관이었던 임영신을 법무부 장관과 검찰총장의 압력에도 불구하고 사기 및 수뢰 혐의로 검찰에 고발하기도 했고, 1960년 3·15부정선거 사범과 4·19혁명 당시 발포 책임자들을 기소하기도 했다. 1991년 국민훈장 무궁화장 수훈.

최명하
1918~1942
親日

일본 군인, 친일 반민족 행위자. 경상북도 선산 출신으로 일본 육군사관학교를 제52기로 졸업했다. 조선인 최초로 항공 소위에 임관된 이후 소비에트연방과 만주국 국경 경비 임무를 수행했다. 1940년 중일전쟁 당시 일본군의 화난 방면 공격에 참전했고, 1942년 태평양전쟁 당시 일본군의 인도네시아 수마트라섬 공습에 참전 도중 불시착했으며, 교전 중 사망했다. 1943년 일본 정부로부터 육군 대위로 추증되고 욱일장을 받았으며 야스쿠니신사에 합사됐다. 일본은 이후 조선에서 징병제를 홍보하고 침략 전쟁을 미화하는 수단으로 최명하의 죽음을 선전했다.

최승희
1911~1969
親日

무용가, 친일 반민족 행위자, 북한 정치인. 강원도 홍천 출신으로 영화 제작자인 최승일의 동생이다. 숙명여학교를 졸업한 후 1926년 경성공회당에서 열린 현대무용가 이시이 바쿠 무용 발표회에 참석한 것을 계기로 무용가의 길을 걷게 됐으며 1927년부터 이시이 바쿠 무용단의 경성 공연에 출연했다. 1929년 서울에 최승희무용연구소를 설립하고 1930년부터 무용 신작 발표회를 가지기 시작했다. 고전무용에도 관심을 두어서 한성준으로부터 고전무용을 사사받았으며, 이 영향으로 승무, 칼춤, 부채춤 등의 고전무용을 현대화하는 데 성공했다. 1933년 다시 이시이와 합류해 전통과 현대무용을 접목시킨 창작극 〈에헤라 노아라〉를 발표했다. 1936년 영화 〈반도의 무희〉에 출연했다. 이 영화는 4년간 장기 상영됐다. 이때부터 4년간 세계를 돌며 각국에서 순회공연을 했으며, 브뤼셀에서는 제2회 세계무용경연대회 심사위원으로 활동하기도 했다. 중일전쟁을 거치며 전시 체제가 점차 강화되자 일제에 협력하기 시작했다. 1941년 오사카에서 협화회원의 노고를 위로하는 무용회를 개최했고 같은 해 도쿄에서 내선일체 의식을 담은 영화 〈그대와 나〉 시사회에서 축하 공연으로 〈화랑의 춤〉을 공연했다. 도쿄에서 공연한 수익금은 일본 육군성에 헌금으로 납부했으며, 1942년 조선 군사보급협회에서 주최한 무용 공연에 참여하고 발생한 수익금 전부를 기부했다. 일본에서 지속적으로 활동을 이어가면서 일본 전통 예능인 노, 가부키 등을 소재로 한 〈부콘〉, 〈오이와케〉, 〈이케니에〉 등을 발표했다. 광복을 맞이하는 순간 베이징에서 위문 공연 중이었던 그는 바로 귀국하지 못하다가 1946년 귀국할 수 있었다. 남한에서 친일 무용가라는 비판을 받자 남편을 따라 월북, 김일성의 지원을 받아 최승희무용연구소를 설립하고 공연을 시작했다. 1950년대 북한에서 최고인민회의 대의원, 무용학교 교장 등의 직책을 지냈으며, 1955년 인민배우 칭호를 받았다. 1958년 남편 안막이 반당 종파분자로 체포되면서 최승희도 영향을 받았고, 무용연구소가 폐쇄되기도 했다. 지속적으로 활동을 이어가 조선무용가동맹위원장으로 복귀했으나 다시 1967년 숙청됐고 1969년 사망했다.

최안국
?~?
親日

종교인, 친일 반민족 행위자. 1901년 천도교에 입교했고, 천도교 의주군 종리원 포덕사와 천도교 중앙종리원 총정을 지냈다. 1939년부터 국민정신총동원 천도교연맹 이사를 지냈고, 1941년 조선임전보국단 발기인으로 참가했다.

최홍희
1918~2002

체육인, 한국군 장군. 함경북도 명천 출신으로 일본 주오대학 재학 중인 1944년에 징용되어 평양의 제42부대에 배치됐다. 이후 전국 반일 동맹 조직을 도모했다가 검거되어 6년 형을 선고받고 평양 형무소에 수감됐고, 해방이 되어 풀려났다. 1959년 대한태권도협회를 창립해 초대 회장이 됐고, 1966년 국제태권도연맹을 서울에서 창설했다.

태성옥
1919~1993

독립운동가. 함경북도 명천 출신으로 일본 와세다대학을 졸업한 후 1944년 일본군 함흥 제43부대에 강제 입대했다. 입대 직후 임영선, 이윤철 등과 약속을 하고 탈출을 감행했지만 탈출 도중 일제 군경에 다시 검거됐다. 1944년 평양 육군 군법회의에서 징역 5년 6월 형을 받고 일본 형무소에서 형을 살다가 해방 이후 귀국했다. 1990년 건국훈장 애족장 수훈.

하준수
1921~1955

공산주의 활동가. 경상남도 함양 출신으로 남도부라는 가명을 사용했다. 일본 주오대학 법학부에 다니던 중 태평양전쟁 발발 이후 학도지원병제가 발표되고 학병으로 징집되자 이를 피해 귀국했고, 지리산 근처로 숨어들었다. 1945년 지리산 근처에서 보광당이라는 항일 결사 단체를 결성하여 군사훈련을 실시하고 경찰 주재소를 습격하기도 했다. 일제가 패망하자, 건국 활동에 뛰어들기도 했으나 미 군정의 탄압을 받았다. 1949년 조선인민유격대가 창설되자 사령관인 김달삼과 함께 태백산 일대의 유격대를 지휘했다. 1954년 대구에서 체포됐고, 1955년 처형됐다.

한길수
1900~1976

독립운동가. 경기도 장단 출신으로 1905년 부모와 하와이로 이민을 갔고 사탕수수 농장에서 일하며 성장했다. 1921년 샌프란시스코로 건너가 구세군훈련대학에서 수학한 후, 구세군 대위로 임관되어 하와이 각지에서 봉사 활동에 참여했다. 1931년 일제가 만주를 침략하자 하와이 대한인 교민단은 1932년 한인공동회를 개최했는데 이때 구미부 서기로 임명되어 선전 외교 활동에 참가했다. 1933년 이용직과 함께 한인혁명당이라는 사설 조직을 만들어 비밀 정보 요원 활동을 했고, 중한민중동맹단을 설립하고 대표가 되어 미국 정부와 국회, 미 국민을 상대로 일본의 팽창 위협과 전쟁 음모를 폭로하는 외교 활동 및 강연, 기고 활동을 펼쳤다. 하지만 선전 외교 활동 과정에서 이승만과 충돌한 이후, 대한민국임시정부의 김구를 비롯한 한국독립당 세력은 한길수를 반임정주의자로 비판했다. 한길수의 항일운동의 영향은 태평양전쟁 발발 직후 미국 정부가 1942년부터 미국 내 일본인들을 별도의 장소에 수용하는 강력한 통제 정책을 편 데서 드러났다. 해방 이후 유엔을 위한 비공식위원회인 대변인연구위원회의 부의장으로 활동했다.

한빈
1901~?

사회주의 독립운동가, 북한 정치인. 함경북도 경원 출신으로 출생 이후 블라디보스토크에 살았으며, 만주 지역 사회주의 운동에 참여했다. 1926년 제3차 조선공산당의 모태가 되는 레닌주의동맹을 결성했다. 1930년 부산경찰서에 붙잡혀 6년간 복역했고, 출감 후 허정석과 함께 중국으로 망명, 난징에서 김원봉이 주도하던 조선민족혁명당에 참가했다. 1941년 무정이 설립한 조선의용대 간부 훈련반의 교사로 활동했으며, 1945년 광복 이후 남한에서 조선독립동맹 부위원장으로 활약했다. 1945년 12월 평양으로 들어갔다가 남한에서 조선독립동맹 조직 기반을 강화하고자 1946년 1월 조선독립동맹 부위원장으로 서울에 왔다. 그 후 김명시와 함께 순회강연 등에 주력하는 한편, 조선독립동맹 경성특별위원회를 결성했다. 2월에는 북한에서 조선독립동맹이 조선신민당으로 개편되자 부위원장이 됐다. 1956년 옌안파 숙청 때 국립도서관 관장으로 좌천됐다고 한다.

한징
1886~1944

한글학자, 독립운동가. 서울 출신이다. 1922년 〈시대일보〉, 〈중외일보〉, 〈조선중앙일보〉 기자로 근무하며 민족 언론 창달에 노력했고, 1923년 대종교에 입교했다. 1930년 일제의 조선어 말살 정책에 항의해 조선어학회에 가입했으며, 이윤재 등과 함께 《조선어사전》 편찬 전임위원이 됐다. 조선 표준어 사정위원회 위원이 되어 사정 심사에 참여, 활동하던 중 1942년 조선어학회사건으로 붙잡혀 홍원경찰서에서 일본 경찰의 고문을 받다가 1944년 이윤재와 함께 옥사했다. 1962년 건국훈장 독립장 수훈.

함상훈
1903~1977
親日

언론인, 친일 반민족 행위자. 황해도 송화 출신으로 와세다대학 정경학부를 졸업하고, 일제강점기에 〈동아일보〉, 〈조선일보〉에서 근무했다. 《조광》의 대표 필진으로 친일 논설을 발표하고, 임전대책협의회, 조선임전보국단, 조선언론보국회 등 여러 친일 단체에서 활동했다. 광복 이후 한국민주당에서 활동하는 등 우익 계열 정치 활동을 했다.

허영
1908~1952
親日

영화감독, 친일 반민족 행위자. 만주 출신으로 10대에 일본으로 건너갔다. 히나츠 에이타로, 히나츠 에이 등의 이름으로 일본인 행세를 하면서 영화 일을 배웠다. 귀국 후 1941년 내선일체를 홍보하는 문예봉 주연의 〈그대와 나〉를 연출했고, 태평양전쟁 당시 일본군이 점령하던 인도네시아 자바섬으로 가서, 일본군 포로수용소를 다룬 선전 영화 〈호주에의 부르는 소리〉의 각본과 연출을 맡았다.

홍사익
1887~1946
親日

일본 군인, 친일 반민족 행위자. 경기도 안성 출신으로 1909년 일본에 유학해 일본 육군사관학교, 육군대학을 졸업했다. 1931년 만주사변이 일어나자 만주 중앙육군훈련처 교관이 됐다. 이후 중일전쟁 당시 흥아원 조사관으로 상하이에 파견됐고, 1942년 조선에서 징병제 실시는 천황 폐하를 위해 보국할 기회라고 역설했다. 1944년 필리핀전선으로 가서 연합군 포로를 관리했고, 중장으로 진급되어 종전을 맞았다. 전후에 필리핀 마닐라 국제 전범 재판에서 B급 전범으로 교수형을 구형받았고 1946년 필리핀 마닐라에서 사망했다.

홍순봉
1898~?
親日

경찰, 만주국 관리, 친일 반민족 행위자, 한국군 장교, 한국 경찰. 평안남도 대동 출신이다. 1922년 경부 시험에 합격한 이후 평양경찰서 순사부장을 맡았다. 1931년 만주사변 당시 항일운동 세력을 진압하는 한편 일본군에 협력한 공로로 만주국 건국 공로장과 일본 정부로부터 만주사변 종군기장을 받았다. 1939년 항일운동 탄압을 목적으로 조직된 간도성 의용자위단 결성식에 참여했으며, 1941년 흥아청년구락부를 결성했다. 만주국 중앙고등경찰학교 교관 겸 연구원을 역임하면서 일본인 간부들을 상대로 만주국 형법과 행정법에 대한 강의를 했으며, 1945년 만주국 국무원 총무청 홍보처 참사관을 역임했다. 1948년 4·5사건 이후 제주도 경찰감찰청장으로 발령되어 4·3사건 진압에 참여했고, 6·25전쟁 중 경찰에서 소령으로 임관, 헌병 대령으로 예편했다. 1952년 제6대 치안국장을 맡았다.

홍익범
1897~1944

독립운동가, 언론인. 함경남도 정평 출신이다. 미국으로 가서 이승만과 함께 항일운동을 전개했고, 1933년 귀국하여 〈동아일보〉 정치부 기자 활동을 했다. 1938년 이후 서울 경신학교 교장 쿤스 선교사가 청취한 충칭 임시정부 소식과 미국의 이승만이 보내는 〈미국의 소리〉 방송 내용을 국내로 전파했다. 1943년 항일 활동이 일본 경찰에 발각되어 2년의 징역형을 선고받고 서대문 형무소에서 옥고를 치렀다. 1990년 건국훈장 애족장 수훈.

황신덕
1898~1983
親日

교육자, 친일 반민족 행위자. 평안남도 평양 출신으로 평양 숭의여학교를 졸업하고 일본에 유학 중이던 1920년, 3·1운동 1주년을 기념해 도쿄 히비야공원에서 독립 만세를 외치고 구류 7일에 처해졌다. 1926년 졸업 후 귀국하여 〈시대일보〉, 〈중앙일보〉, 〈동아일보〉에서 15년간 기자로 근무하며 언론 활동을 했고, 1927년 근우회를 조직해 전형위원 및 집행위원으로 활동했다. 1937년 중일전쟁 이후부터 애국금차회 회원 활동, '비상시국과 가정경제'라는 제목의 강연, 임전대책협의회 참석, 조선임전보국단 발기인 참여 등과 같은 친일 활동을 주도했다. 특히, 1943년 근로정신대 지원을 권유하는 강연을 했고, 제자인 경성가정여숙 김금진 학생을 여자근로정신대로 차출하여 일본 군수공장으로 보냈다. 광복 이후 건국부녀동맹을 조직하고, 과도입법의원 관선 의원에 지명됐다. 1961년 추계학원의 이사장이 됐다.

황종률
1887~1961
親日

종교인, 친일 반민족 행위자. 1909년 대구 계성학교를 졸업하고 구세군에 입대했다. 일제강점기 말기에 기독교 교단이 신사참배 강요에 굴복하고 국민의례, 황거요배, 국경일 경축 등에 동참했을 때 구세군의 신사참배 계획에 대한 담화를 발표했고, 조선전시종교보국회라는 어용 단체에 구세군 대표로 참가했다. 이 과정에서 순회강연반에 포함되어 학병 지원을 권유하는 유세를 펼치기도 했다. 광복 후 1946년 구세군 교단을 재건해 서기장에 임명됐다.

황철
1912~1961

배우, 북한 정치인. 충청남도 청양 출신이다. 1931년 말 조선연극사를 찾아가 연기 수업을 받았고, 임선규 각본의 신파극 〈사랑에 속고 돈에 울고〉에서 철수 역을 맡아 유명해졌다. 이후 극단 아랑, 낙랑극회에서 활동하며 '조선 최고의 배우'로 평가받았다. 태평양전쟁 기간 중 친일 연극 단체인 현대극장의 창단부터 가담했고 조선총독부가 후원한 연극대회에서 연기상을 수상했다. 광복 이후 남조선노동당에 입당했다가 미군정의 체포령을 피해 1948년 월북했다. 6·25전쟁 시기 전선예술공작대로 선무 공연 활동에 참가했고, 이 과정에 미군의 공격을 받아 오른팔이 절단되는 부상을 입었다. 이 참전 공로를 인정받아 인민배우 칭호를 받았다. 이후 최고인민회의 대의원, 교육문화성 부상, 조국평화통일위원회 중앙위원 등의 요직을 역임했다.

한국광복군행동9개준승
(1941년)

1. 한국광복군은 아국(중국)의 항일작전 기간에는 본회에 직예直隷하고, 참모총장이 장악 운용한다.

2. 한국광복군은 본회에서 통할 지휘하되 아국이 항전을 계속하는 기간 및 한국독립당 임시정부가 한국 국경 내로 추진하기 전에는 아국 최고 통수부의 군령만을 접수할 뿐이고, 기타의 군령이나 혹은 기타 정치적 견제를 접수하지 못한다. 한국독립당 임시정부와의 관계는 아국의 군령을 받는 기간에 있어서는 고유한 명의名義 관계를 보류한다.

3. 본회에서 해당 군(한국광복군)이 한국 내지 및 한국 변경 접근 지역을 향하여 활동함을 원조하되 아국의 항전 공작과 배합함을 원칙으로 하며, 한국 국경 내로 추진하기 전에는 한인을 흡수할 수 있는 윤함구淪陷區(중국 내 일본군 점령 지역)를 주요 활동 구역으로 삼는다. 군대를 편성하는 기간에 있어서는 아국 전구戰區 제1선 부근에서 조직 훈련하되 그 지역의 최고 군사 장관의 절제節制를 받아야 한다.

4. 전구 제1선 이후 지구에서는 다만 전구의 장관 소재지 및 본회 소재지에서만 연락 통신 기관을 설립할 수 있으며, 부대를 모집 편성하여 임의로 체류하거나 기타 활동은 할 수 없다.

5. 해군 총사령부의 소재지는 군사위원회에서 지정한다.

6. 해군은 윤함구 및 전구 후방을 물론하고 아국적의 사병을 모집 수합하거나 행정관리를 마음대로 둘 수 없다. 만일 중국어로 된 문화 공작이나 기술 인원을 사용하려면, 이를 모두 군사위원회에서 파견한다.

7. 해군의 지휘명령이나 혹은 문서와 무기의 청구 수령 등에 관한 것은 본회에서 지정한 판공청 군사처와 상의한다.

8. 중일전쟁이 끝나기 전에 한국독립당 임시정부가 한국 국경 내에 진입하였을 때는 해군과 임시정부의 관계는 별도로 의논하여 규정하되, 종전대로 본회의 군령을 계속 접수하여 중국군과 배합하여 작전함을 위주로 한다.

9. 중일전쟁이 끝났을 때도 임시정부가 한국 국경 내로 진입하지 못한 경우, 이후 광복군을 어떻게 운용할 것 인가는 본회의 정책에 기본하고 당시 정황을 살펴서 책임지고 처리한다.

고노에 내각의
시국 처리 요강 골자

1. 세계정세 변화 국면에 대처하여 내외 정세를 개선할 것.

2. 속히 제3국의 원장행위援蔣行爲, 중국 장개석 정권을 원조하는 행위 금절禁絶을 주안으로 하는 대지정책對支政 策, 중국에 대한 정책을 강화하고, 지나사변의 해결을 촉진할 것.

3. 제3국과 개전開戰에 이르지 않는 한도에서 남방 문제를 해결할 것.

4. 전 3항의 시책으로서 특히 다음의 건을 실행할 것.

(1) 한편으로는 미국에 대해서 엄연한 태도를 가지고, 다른 한편으로는 독일 이탈리아와 정치적 결속을 강화하 며 소련에 대한 국교의 비약적 조정을 도모한다.
(2) 프랑스령 인도지나, 홍콩 및 조계에 대한 장개석 원조를 금절하고 적성敵性을 뿌리 뽑는 시책을 강화한다.
(3) 중요한 물자 취득을 위하여 네덜란드령 인도지나에 대한 외교를 강화한다.
(4) 국내 전시 태세를 쇄신한다.

대한민국임시정부 대일 선전 성명서

(1941년)

우리는 삼천만 한국 인민과 정부를 대표하여 삼가 중국, 영국, 미국, 소련, 캐나다, 호주 및 기타 모든 나라의 대일 선전이 일본을 물리치고 동아시아를 재건하는 가장 유효한 수단이 됨을 축하하여 이에 특히 다음과 같이 성명한다.

1. 한국 전체 인민은 현재 이미 반침략전선에 참가하였고, 일개 전투 단위가 되어 축심국軸心國(주축국)에 대하여 선전포고한다.

2. 1910년 합병조약 및 일체 불평등조약이 무효임을 거듭 선배포한다. 아울러 반침략 국가들이 한국 내에 가지고 있는 합리적 기득 권익을 존중한다.

3. 왜구倭寇를 한국 중국 및 서태평양에서 완전히 축출하기 위하여 혈전으로 최후의 승리를 이룩한다.

4. 맹세코 일본이 비호하여 조성된 창춘長春(만주국) 및 난징 정권南京政權(왕징웨이 정권)을 승인하지 않는다.

5. 나구선언(대서양헌장) 각조를 단호히 주장하며 한국 독립을 실현하기 위하여 적용하며, 이것으로 인해 특히 민주전선의 최후 승리를 미리 축하한다.

대한민국임시정부 주석 김구, 외무부장 조소앙

대한민국 23년(1941년) 12월 10일

조선임전보국단 설립 취지서

(1941년)

　　우리나라는 지금 유사 이래 미증유의 가장 중대한 시국에 직면한 동시에, 또 가장 숭고하고 존엄한 동아 공영권 확립의 성업聖業 완수의 한가운데에 있다. 이런 때, 삶을 황국에서 누리고 있는 자는 그 누구를 불문하고 그 직분에 따라 정성을 다하여 국운의 진전에 기여해야 한다는 것은 논의의 여지가 없는 것이다.

　　이런 때를 맞이하여 우리 조선 반도 사람들은 과연 지금과 같은 태세 이대로 있어도 좋은 것일까? 설령 우리는 특별지원병 외에 일반적으로 병역에 복무할 수 있는 명예를 얻을 기회가 없다 하더라도, 적성赤誠으로서 정신적·물질적으로, 또 노무적勞務的으로 있는 힘을 다해 총후銃後의 봉공奉公에 한층 더 철저를 기함으로써 충렬한 장병들의 분투에 대해, 한없는 황은皇恩의 만분의 일이라도 보답할 수 있는 길이 열려 있다. 게다가 그와 같이 조선 반도가 물심양면으로 병참기지의 진가를 발휘할 수 있는 기회는 두 번 다시 찾아오지 않을 것이다.

　　따라서 우리는 억누르기 힘든 애국의 지극한 마음에서 감히 여기에 국민운동의 강력한 한 기관으로서 '조선임전보국단'의 설립을 기도企圖하고, 널리 조선 반도 이천사백만 제군들에게 □□를 호소하고자 하는 바다. 우리 취지에 찬성하고 나라를 걱정하고 뜻을 같이하는 강호의 지사들은 속히 달려와 참여하여, 이 애국운동의 발전 조성에 전폭적인 힘을 실어줄 것을 바라 마지 않는다.

1941년 9월 11일

발기인 일동

강령

　　하나. 우리는 황국신민皇道臣民으로서 황도 정신을 선양하고 사상의 통일을 기한다.

　　하나. 우리는 전시 체제에 임해 국민 생활의 쇄신을 기한다.

　　하나. 우리는 근로보국勤勞報國의 정신에 입각해 국민개로國民皆勞의 결실을 맺을 것을 기한다.

　　하나. 우리는 국가 우선의 정신에 입각해 국채의 소화, 저축의 장려, 물자의 공출, 생산의 확충에 매진할 것을 기한다.

조선식량관리령

(1943년, 일부)

제1조 이 영은 국민 식량의 확보 및 국민 경제의 안정을 도모하기 위하여 식량을 관리하고, 식량의 수급 및 가격의 조정과 배급의 통제를 목적으로 한다.

제2조 이 영에서 미맥 등이라 함은 미곡·대맥·과맥·소맥 및 밤을 말하고, 주요 식량이라 함은 미맥 등 및 조선 총독이 정하는 기타 식량을 말한다.

제3조 미맥 등의 생산자 및 소작료(조선 총독이 정하는 기타 급부를 포함한다. 이하 같음)로 미맥 등을 받는 자는 조선 총독이 정하는 바에 의하여, 생산 또는 소작료로 받은 미맥 등으로 조선 총독이 정하는 것은 조선 식량영단에 정부에 매도하여야 하는 취지의 위탁을 하여야 한다.

제4조 전조에 게기하는 자는 생산 또는 소작료로 받은 미맥 등으로 동조의 규정에 의하여 매도의 위탁을 하는 것 이외의 것은 조선 총독이 정하는 바에 의하여, 조선식량영단에 정부에 매도하여야 하는 취지의 위탁을 하는 것 외에는 매도하지 못한다. 다만, 조선 총독이 정하는 경우에는 그러하지 아니다.

제6조 전 2조의 규정에 의하여 정부가 미맥 등을 매입하는 때의 가격은 생산비 및 물가, 기타의 경제 사정을 참작하여 조선 총독이 정한다.

제8조 ① 정부는 매입한 미맥 등을 조선식량영단 또는 조선 총독이 지정하는 자에게 매도하는 것으로 한다.

제9조 ① 정부는 식량 관리상 필요하다고 인정되는 때는 미맥 등 이외의 주요 식량을 매입 또는 매도할 수 있다.

제10조 ① 정부는 식량 관리상 필요하다고 인정되는 때는 주요 식량의 수입 또는 이입을 목적으로 하는 매입이나, 수출 또는 이출을 목적으로 하는 매도를 할 수 있다.

제38조 조선 총독은 조선식량영단에게 주요 식량의 배급상 필요한 사업을 수행할 것을 명하고, 기타 업무에 관하여 공익상 필요한 명령을 할 수 있다.

식량 공출의 실상

일본 내지에서 소화 15년(1940년) 산미가 그 작황이 매우 불량하였기 때문에 소화 16년 미곡연도의 1인당 소비량을 2합合3작勺으로 하는 내선內鮮 당국 간의 당초의 협정에 의해서는 도저히 그 해를 지나는 것이 곤란하게 되자, 다시 내선 공히 1인당 1일 소비량을 2합合1작勺으로 절제하고 조선으로부터 4월 이후 7개월분의 위에 의한 잉여 수량을 내지로 증송하는 것으로 협정을 다시 하고 추가 공출의 할당을 행한 것… 이 때문에 제일선의 역소役所 및 농민 일반에게는 일체 정부는 재공출 할당을 하지 않는다고 약속했으면서도 이를 깨뜨렸다. 게다가 이미 농가가 대부분의 미米를 먹어버린 때에 할당을 받더라도 도저히 그 수량을 확보하는 것은 곤란하다고 하여 심하게 분격憤激을 사기에 이르렀다. 그러나 총독부로서는 내지에 대하여 약속한 수량은 반드시 이출하지 않으면 안 되는 책무가 있고, 도군道郡도 역시 본부本府(조선총독부)에 대하여 할당받는 수량은 절대로 공출을 확보하지 않으면 변명이 서지 않는다고 하는 결의하에 심하게는 죽창竹槍을 가지고 가택 수색을 한다. 농가는 농가에서 혹은 변소에, 연돌 아래에, 밭 가운데 숨긴다는 풍風으로 음참한 공기가 지방 일대에 넘치고 살벌한 광경이 각 곳에 전개되고 인심은 현저하게 동요하기에 이르렀다.

대장성 관리국, 《일본인의 해외 활동에 관한 역사적 조사, 조선편 제9분책》, 1946, 52쪽.

카이로선언문

(1943년, 일부)

루스벨트 대통령과 장개석 총통, 그리고 처칠 수상에 의해서 만들어졌으며, 1943년 12월 1일 자 발표됨.

(삼국은) 일본에 대항하는 미래의 군사작전에 대해서, 몇몇 군사 임무에 합의하였다. 세 위대한 연합국은 그들의 잔인한 적들에 대하여 해상, 육지, 공중으로 끊임없는 압력을 가할 결의를 표명하였다. 이러한 압박을 이미 증가시키고 있다.

세 위대한 연합국은 일본의 침략을 제지하고 처벌하기 위하여 이 전쟁에서 싸우고 있다. 그들은 그들 자신을 위한 이익을 탐내지 않으며, 영토 확대를 생각하지 않는다. 그들의 목적은 일본이 1914년 제1차 세계대전 시작 이래 장악하거나 점령한 태평양의 섬들을 일본으로부터 떼어 내고, 일본이 중국인들로부터 훔쳐 온 영토들, 예를 들면 만주, 대만, 평후군도 등을 중국에 반환하는 것이다. 일본은 또한 폭력과 탐욕으로 얻은 다른 모든 영토로부터 축출될 것이다. 앞서 언급한 세 위대한 강대국들은 한국 인민의 노예 상태에 유의하여, 한국이 적절한 시기에 자유롭게 독립할 것을 결의한다.

한국독립운동사편찬위원회, 《한국독립운동의 역사》(전60권), 2007.
친일인명사전편찬위원회, 《친일인명사전》(전3권), 민족문제연구소, 2009.

이이화, 《이이화의 한국사이야기》(19~22권), 한길사, 2003.
조정래, 《아리랑》(1~10권), 해냄, 2014.
강준만, 《한국 근대사 산책》(6~10권), 인물과사상사, 2008.
주진오, 박찬승 외, 《고등학교 한국사》, 천재교육, 2014.
도면회, 이건홍 외, 《고등학교 한국사》, 비상교육, 2014.
한철호, 김시승 외, 《고등학교 한국사》, 미래앤, 2014.
주진오, 신영범 외, 《고등학교 한국근현대사》, 중앙교육진흥연구소, 2011.
전국역사교사모임, 《살아있는 한국사 교과서 2》, 휴머니스트, 2012.
김육훈, 《살아있는 한국 근현대사 교과서》, 휴머니스트, 2007.
전국역사교사모임, 《살아있는 세계사 교과서 2》, 휴머니스트, 2005.
류시현 외, 《미래를 여는 한국의 역사 5》, 웅진지식하우스, 2011.
박은봉, 《사진과 그림으로 보는 한국사 편지 5》, 웅진주니어, 2003.
박찬승, 《한국 근현대사를 읽는다》, 경인문화사, 2014.
교과서포럼, 《대안교과서 한국근·현대사》, 기파랑, 2008.
역사교육연대회의, 《뉴라이트 위험한 교과서 바로 읽기》, 서해문집, 2009.
이규헌, 《사진으로 보는 독립운동》(상, 하), 서문당, 2000.
신기수 엮음, 《한일병합사 1875-1945》, 눈빛, 2009.
염복규 외, 《아! 그렇구나 우리 역사 13》, 여유당, 2011.
한국근대현대사학회, 《한국독립운동사강의》, 한울아카데미, 2007.
박찬승, 《한국독립운동사》, 역사비평사, 2014.
최익현 외, 《원문 사료로 읽는 한국 근대사》, (이주명 편역), 필맥, 2014.
박은식, 《한국통사》, (김태웅 역해), 아카넷, 2012.
박은식, 《한국독립운동지혈사》, (김도형 역), 소명출판, 2009.
강만길, 《한국사회주의운동 인명사전》, 창비, 1996.
임경석, 《한국 사회주의의 기원》, 역사비평사, 2003.
장영숙, 《고종 44년의 비원》, 너머북스, 2010.
오영섭, 《고종황제와 한말의병》, 선인, 2007.
임종국, 《실록 친일파》, 돌베개, 1991.
정운현, 《친일파는 살아있다》, 책보세, 2011.
한홍구, 《대한민국사 2》, 한겨레신문사, 2003.
고석규 외, 《역사 속의 역사읽기 3》, 풀빛, 1997.
이호룡, 《한국의 아나키즘》, 지식산업사, 2015.

김삼웅, 《서대문형무소 근현대사》, 나남, 2000.

정혜경, 《징용 공출 강제연행 강제동원》, 선인, 2013.

김동진, 《1923 경성을 뒤흔든 사람들》, 서해문집, 2016.

님 웨일즈 외, 《아리랑》, (송영인 역), 동녘, 2005.

조한성, 《한국의 레지스탕스》, 생각정원, 2013.

이재갑, 《한국사 100년의 기억을 찾아 일본을 걷다》, 살림출판사, 2011.

김육훈, 《민주공화국 대한민국의 탄생》, 휴머니스트, 2012.

한일공통역사교재 제작팀, 《한국과 일본 그 사이의 역사》, 휴머니스트, 2012.

유용태 외, 《함께 읽는 동아시아 근현대사 1》, 창비, 2010.

염인호, 《조선의용군의 독립운동》, 나남, 2001.

김성호, 《1930년대 연변 민생단사건 연구》, 백산자료원, 1999.

박청산, 《연변항일유적》, 연변인민출판사, 2013.

전광하 박용일 편저, 《세월속의 용정》, 연변인민출판사, 2002.

황민호, 《일제하 만주지역 한인사회의 동향과 민족운동》, 신서원, 2005.

김효순, 《간도특설대》, 서해문집, 2014.

한일관계사연구논집 편찬위원회, 《일제 식민지지배의 구조와 성격》, 경인문화사, 2005.

한일관계사연구논집 편찬위원회, 《일제 식민지배와 강제동원》, 경인문화사, 2010.

신용하, 《일제 식민지정책과 식민지근대화론 비판》, 문학과지성사, 2006.

전상숙, 《조선총독정치 연구》, 지식산업사, 2012.

나가타 아키후미, 《일본의 조선통치와 국제관계》, (박환무 역), 일조각, 2008.

수요역사연구회, 《식민지 동화정책과 협력 그리고 인식》, 두리미디어, 2007.

임종국, 《친일문학론》, 민족문제연구소, 2013.

엄만수, 《항일문학의 재조명》, 홍익재, 2001.

연변대학교 조선문학연구소, 《항일가요 및 기타》, 보고사, 2007.

김희영, 《이야기 일본사》, 청아출판사, 2003.

앤드루 고든, 《현대일본의 역사2》, (문현숙 외 역), 이산, 2015.

나리타 류이치, 《다이쇼 데모크라시》, (이규수 역), 어문학사, 2012.

가토 요코, 《만주사변에서 중일전쟁으로》, (김영숙 역), 어문학사, 2012.

요시다 유타카, 《아시아 태평양전쟁》, (최혜주 역), 어문학사, 2012.

박경희, 《일본사》, 일빛, 1998.

야마다 아키라, 《일본, 군비확장의 역사》, (윤현명 역), 어문학사, 2014.

위텐런, 《대본영의 참모들》, (박윤식 역), 나남, 2014.

이규수, 《일본 제국의회 시정방침 연설집》, 선인, 2012.

W. G. Beasley, 《일본제국주의 1894-1945》, (정영진 역), 한국외국어대학교출판부, 2013.

야마무로 신이치, 《키메라 만주국의 초상》, (윤대석 역), 소명출판, 2009.

김창권, 《일본 관동군 731부대를 고발한다》, 나눔사, 2014.

이시와라 간지, 《세계최종전쟁론》, (선정우 역), 길찾기, 2015.

김희영, 《이야기 중국사 3》, 청아출판사, 1986.

조관희, 《조관희 교수의 중국현대사 강의》, 궁리출판, 2013.

김명호,《중국인 이야기》(1~4권), 한길사, 2012.

헬무트 알트리히터,《소련소사》, (최대희 역), 창비, 1997.

박노자,《러시아 혁명사 강의》, 나무연필, 2017.

케빈 맥더모트 외,《코민테른》, (황동하 역), 서해문집, 2009.

폴 콜리어 외,《제2차 세계대전》, (강민수 역), 플래닛미디어, 2008.

김구,《원본 백범일지》, 서문당, 2001.

김상구,《김구 청문회》(전1~2권), 매직하우스, 2014.

한시준,《김구》, 역사공간, 2015.

정병준,《우남 이승만 연구》, 역사비평사, 2005.

김상구,《다시 분노하라》, 책과나무, 2014.

김삼웅,《몽양 여운형 평전》, 채륜, 2015.

김삼웅,《약산 김원봉 평전》, 시대의창, 2008.

안재성,《박헌영 평전》, 실천문학사, 2009.

이호룡,《신채호 다시 읽기》, 돌베개, 2013.

김명섭,《이회영》, 역사공간, 2008.

이준식,《김규식》, 역사공간, 2014.

김도훈,《박용만》, 역사공간, 2010.

권기훈,《김창숙》, 역사공간, 2010.

김영범,《윤세주》, 역사공간, 2013.

김인식,《중도의 길을 걸은 신민족주의자》, 역사공간, 2006.

김병기,《김동삼》, 역사공간, 2012.

신주백,《이시영》, 역사공간, 2014.

김경일,《이재유 나의 시대 나의 혁명》, 푸른역사, 2007.

조문기,《조선혁명군 총사령관 양세봉》, (안병호 역), 나무와숲, 2007.

유순호,《김일성 평전》(상), 지원인쇄출판, 2017.

로버트 스칼라피노, 이정식,《한국 공산주의운동사》, (한홍구 역), 돌베개, 2015.

최백순,《조선공산당 평전》, 서해문집, 2017.

신용하,《신간회의 민족운동》, 지식산업사, 2017.

박찬승 외,《조선총독부30년사》(중, 하), 민속원, 2018.

최웅, 김봉중,《미국의 역사》, 소나무, 1997.

김호준,《유라시아 고려인, 디아스포라의 아픈 역사 150년》, 주류성, 2013.

조한성,《해방 후 3년》, 생각정원, 2015.

이영훈,《반일 종족주의》미래사, 2019.

김종성,《반일 종족주의, 무엇이 문제인가》, 위즈덤하우스, 2020.

호사카 유지,《신친일파》, 봄이아트북스, 2020.

일본역사학연구회,《태평양전쟁사 1》, (아르고인문사회연구소 외 편역), 채륜, 2017.

제프리 주크스 외,《제2차 세계대전》, (강민수 역), 플래닛미디어, 2008.

이덕일,《잊혀진 근대, 다시 읽는 해방전사》, 역사의아침, 2013.

와다 하루끼,《와다 하루끼의 북한 현대사》, (남기정 역), 창비, 2014.

박시백의 일제강점사

35년 7

박시백 글·그림

초판　1쇄 발행일　2020년 8월 15일
개정판 1쇄 발행일　2024년 10월 7일

발행인 | 한상준
편집 | 김민정 · 손지원 · 최정휴 · 김영범
디자인 | 김경희 · 양시호
마케팅 | 이상민 · 주영상
관리 | 양은진

발행처 | 비아북(ViaBook Publisher)
출판등록 | 제313-2007-218호(2007년 11월 2일)
주소 | 서울시 마포구 월드컵북로 6길 97(연남동 567-40) 2층
전화 | 02-334-6123　전자우편 | crm@viabook.kr　홈페이지 | viabook.kr

《35년》 편집위원
차경호(대구시지고등학교 역사 교사)
김정현(김해고등학교 역사 교사)
김종민(천안쌍용고등학교 역사 교사)
남동현(대전가오고등학교 역사 교사)
문인식(충남기계공업고등학교 역사 교사)
박건형(대전도시과학고등학교 역사 교사)
박래훈(고흥포두중학교 교장)
오진욱(청주용암중학교 역사 교사)
정윤택(서라벌고등학교 역사 교사)

ⓒ 박시백, 2024
ISBN 979-11-92904-98-6　04910